西安交通大学人文社科资金资助

大学义证

（全本全注全解）

黎 荔⊙著

天津社会科学院出版社

图书在版编目（CIP）数据

大学义证 / 黎荔著 . -- 天津 : 天津社会科学院出
版社 , 2021.3
ISBN 978-7-5563-0667-1

Ⅰ . ①大… Ⅱ . ①黎… Ⅲ . ①儒家②《大学》- 研究
Ⅳ . ① B222.15

中国版本图书馆 CIP 数据核字 (2020) 第 232257 号

大学义证

DAXUE YIZHENG

出版发行 :	天津社会科学院出版社
地　　址 :	天津市南开区迎水道 7 号
邮　　编 :	300191
电话／传真 :	（022）23360165（总编室）
	（022）23075303（发行科）
网　　址 :	www.tass-tj.org.cn
印　　刷 :	香河利华文化发展有限公司

开　　本 :	710 × 1000毫米　1/16
印　　张 :	12.5
字　　数 :	156千字
版　　次 :	2021年3月第1版　2021年3月第1次印刷
定　　价 :	59.00元

序

　　《大学》是划时代的，影响最深、传播最广的中华传统文化经典，是中华民族的传家宝，是中华文明的宣言书和播种机！早在两千多年前，《大学》就向全世界庄严宣告：大学之道，在明明德、在亲民、在止于至善。自天子以至于庶人，壹是皆以修身为本！

　　《大学》之旨，明明德止于至善而内圣、明明德亲民止于至善而外王，独善其身、兼善天下，修齐治平、天下大同，圣人因之而成圣、常人因之而为贤、学人因之而建立学术体系。《大学》之道，身心合一、知行合一、天人合一，融汇天地情怀、家国情怀、人生情怀，开辟熏陶高尚情操、实现美好人生、塑造健全人格的圣贤坦途，无论过去现在，还是未来，都具有伟大而深远的现实意义和历史意义！

　　明明德就是做好人，亲民就是干大事，止于至善就是攀高峰！成己成人、己立立人！好学近乎智、力行近乎仁、知耻近乎勇，知者不惑、仁者不忧、勇者不惧！学而时习之、觉而时悟之、知而时行之！身体力行、久久为功，精诚所至、心想事成！

　　东西南北中、仁义礼智信，悠悠数千年，春风吹又生，更上一层楼。中华民族已经站起来、富起来、强起来，一个全面复兴的时代正在到来！此时此刻，务必富而教之、强而化之，务必我将无我，不忘初心！这是崇高的境界、伟大的道路、奋进的号角。方向已经指明、道路已经开通、号角已经吹响，文化自信、文明自觉，理所当然、势所必然！

　　《大学义证》，博采大家，持中守和，继承发展，发现发明。三纲六证两条例六条目之发现，足以正往圣之误；诚意至善、诚身至诚之发明，足以启来学之蒙。凡善之者，博学之、审问之、慎思之、明辨之、笃行之，居敬持志、循序致精，精益求精、密益求密，惟精惟一、允执厥中。立德立功立言，构建人类命运共同体，其惟何远乎也哉！

是为序。

杨 郁

己亥年冬于北京枫林绿洲

凡 例

　　"瓜木底集"包括《易学卷》《老学卷》《孔学卷》等，此为《孔学卷》之《大学义证》。《大学》是"四书"之一，"四书"的出现逐渐取代了"五经"的地位，因此《大学》具有划时代的意义。《大学》作为孔学五经（孔子的《论语》、曾子的《大学》、子思的《中庸》、孟子的《孟子》、乐正克的《学记》）之一，是中华传统文化"修身"的经典，"三纲"提出"修身"之大纲、"六证"说明"修身"之层次、"两条"论述"修身"的方法、"六目"提供"修身"之细目，所谓"自天子以至于庶人，壹是皆以修身为本"。基本概念是"三纲、六证、两条、六目"，其中"三纲"也称"三纲领"，"两条"也称"两条例"，"六目"也称"六条目"。中华文化传统的核心观念在是，民族复兴、文化自信、文明自觉的基础在是，践行中华传统文化核心价值观，《大学》是一本不得不读的书，《大学义证》是一本不得不著的书。

　　一、《大学义证》之版本以《黄侃手批白文十三经》之《大学》文本为底本，参考朱熹《大学章句》《大学或问》、黎立武《大学近指》、王阳明《大学》古本等，壹是以《礼记》文本为准，对历史上的不同观点给予必要之说明。

　　二、《大学义证》以精读以便践行《大学》为基本目标。"义"即《大学义证》之基本观点，被概括为《天人诚学铭》：无名无形道为体，有名有形德为用；无善无恶为上德，有善有恶为下德。无诚无伪之谓性，有诚有伪之谓教；尽性穷理曰诚明，穷理尽性曰明诚。此部分内容以"大学义证"说明之。"证"即引用历代学人之经典著作阐释《大学》文本及《大学义证》之基本观点，包括朱熹、黎立武、湛若水、王阳明、王艮、憨山、孙奇逢等，目的是把握《大学》基础，明辨往圣得失，特别是程朱理学、阳明心学的得失，提醒今人勿舍本求末、急功近利。

　　三、历代学人之研究，对《大学》的主题思想、文本结构等多有争论，而基本没有争论的却是"三纲八目"的说法。对于"三纲八目"，即令出现不同的诠释，可也没有明确否定或具体阐述，而对《大学》的理解之所以不断出现所谓"圣人之误"，其原因就是没有从根本上纠正"三纲八目"之根本缺陷。如不明白"明明德"对应"诚意正心、修身齐家""亲民"对应"修身齐家、治国平天下"，而格物、致知是之于"三纲六目"基本方法，即使烂熟于心也于事无补。只要明白了这一点，就不可能出现程朱理学于《大学》之"经传体"、朱熹阳明"格物、格心"即"格物诚意"之争。所以阅读《大学》乃至《大学义证》，务必熟悉有关基本观点。

　　四、《大学义证》之基本结构是熟读背诵理解研究《大学》，因此全书之前为"《大学义证》导读"，内容为《大学礼记本》《大学义证本》，以下内容依次是"《大学义证》序篇、三纲篇第一、六证篇第二、两条篇第三、六目篇第四、《大学义证》附篇"。"三纲篇第一"至"六目篇第四"包括大学文本的阐释、重点、热点、难点的专题论述等。《大学义证》附篇是进一步研究《大学》的必需，有心者继续深造之。孔子有"共学、适道、与立、与权"等"好学"之次第，因此，有缘"共学"《大学》者，务必静心耐心细心真心，有望"适道、与立"，久久为功，乃至"与权"，大有裨益！

　　五、校点原则：原文尽量少用标点符号，以免破碎文脉，而在解读和注释中则尽量完整地使用标点符号，以便对照研读。严格区别顿号、逗号、分号、句号，以突出文句的层次性，这跟其他《大学》版本的标点符号有不少区别。对《大学》原文没有翻译，目的是以免词不达意、影响阅读而损害文章的精彩，且很多概念如"明德、至善"等难以翻译。因此，引证的文献，也不翻译，读者自学、自悟，可以。

　　六、阅读方式：《大学义证》的基本逻辑是"三纲、六证、两条、六目"，此为《大学义证》纵向逻辑结构。其横向逻辑分别以说明及朱熹《大学章句》、黎立武《大学本旨》等结构而成，其中在有关部分插入王阳明《传习录》及《王阳明全集》（天津社会科学院出版社，2015年5月第一版）、憨山大师《大学纲目决疑题辞》、孙奇逢《大学近指》等有关内容，并以"【谨案】"说明之。分别研读横向的有关内容，可以连贯性地了解各家的主旨。

目　录

《大学义证》导读

《大学义证本》

【谨案】

《大学礼记本》即《大学》古本。《大学》，主题鲜明、重点突出、逻辑严密、结构精妙，是中华传统文化之经典文献。明白《大学》之原貌、源流，熟悉、背诵《大学》原文，是精读《大学》之立足点和基本功。《大学义证》为研究《大学》多年之作，故刊《大学礼记本》于此，以便跟《大学义证本》相互对照、相得益彰、开章明义焉。

《大学》结构之研究，素来纷纷。吾辈以"三纲、六证、两条、六目"为纲、以章节为目，名之且插入原文，以明《大学》之结构、以发《大学》之奥意，此即《大学义证本》。"三纲篇第一"为《大学义证本》所加，去掉此则为《大学礼记本》，读者细参可矣。

大学

三纲篇第一

大学之道，在明明德、在亲民、在止于至善。

六证篇第二

知止而后有定，定而后能静，静而后能安，安而后能虑，虑而后能得。

两条篇第三

一、知本章

物有本末、事有终始，知所先后则近道矣。

二、格致章

古之欲明明德于天下者，先治其国；欲治其国者，先齐其家；欲齐其家者，先修其身；欲修其身者，先正其心；欲正其心者，先诚其意；欲诚其意者，先致其知；致知，在格物。物格而后知至，知至而后意诚，意诚而后心正，心正而后身修，身修而后家齐，家齐而后国治，国治而后天下平。

三、修身章

自天子以至于庶人，壹是皆以修身为本。其本乱而末治者，否矣。其所厚者薄；而其所薄者厚，未之有也。此谓知本，此谓知之至也。

六目篇第四

一、诚意章

1.自谦

所谓诚其意者，毋自欺也，如恶恶臭，如好好色，此之谓自谦。

2.自律

故君子必慎其独也。小人闲居为不善，无所不至，见君子而后厌然，掩其不善，而善其善。人之视己，如见其肝肺然，则何益矣？此谓诚于中，形于外。故君子必慎其独也。曾子曰：十目所视，十指所指，其严乎！富润屋，德润身，心广体胖，故君子必诚其意。

3.自立

《诗》云：瞻彼淇澳，菉竹猗猗。有斐君子，如切如磋，如琢如磨。瑟兮僴兮，赫兮喧兮。有斐君子，终不可喧兮！如切如磋者，道学也。如琢如磨者，自修也。瑟兮僴兮者，恂栗也。赫兮喧兮者，威仪也。有斐君子终不可喧兮者，道盛德至善，民之不能忘也。《诗》云：于戏！前王不忘。君子贤其贤而亲其亲，小人乐其乐而利其利，此以没世不忘也。

4.自明

《康诰》曰：克明德。《大甲》曰：顾諟天之明命。《帝典》曰：克明峻德。皆自明也。

5.自新

汤之《盘铭》曰：苟日新，日日新，又日新。《康诰》曰：作新民。《诗》曰：周虽旧邦，其命维新。是故，君子无所不用其极。

6.自止

《诗》云：邦畿千里，惟民所止。《诗》云：缗蛮黄鸟，止于丘隅。子曰：于止，知其所止，可以人而不如鸟乎！《诗》云：穆穆文王，於缉熙敬止。为人君止于仁，为人臣止于敬，为人子止于孝，为人父止于慈，与国人交止于信。

7.自诚

子曰：听讼，吾犹人也。必也使无讼乎！无情者不得尽其辞，大畏民志，此谓知本。

二、正修章

所谓修身在正其心者，身有所忿懥则不得其正、有所恐惧则不得其正、有所好乐则不得其正、有所忧患则不得其正。心不在焉、视而不见、听而不闻、食而不知其味。此谓修身在正其心。

三、修齐章

所谓齐其家在修其身者，人，之其所亲爱而辟焉、之其所贱恶而辟焉、之其所畏敬而辟焉、之其所哀矜而辟焉、之其所敖惰而辟焉，故好而知其恶、恶而知其美者，天下鲜矣。故谚有之曰：人，莫知其子之恶、莫知其苗之硕。此谓身不修不可以齐其家。

四、齐治章

1.孝慈

所谓治国必先齐家者，其家不可教而能教人者，无之。故君子不出家而成教于国。孝者所以事君也，弟者所以事长也，慈者所以使众也。《康诰》曰：如保赤子。心诚求之，虽不中、不远矣，未有学养子而后嫁者也。

2.仁让

一家仁、一国兴仁，一家让、一国兴让，一人贪戾、一国作乱，其机如此，此谓一言偾事、一人定国。

3.忠恕

尧舜率天下以仁而民从之、桀纣率天下以暴而民从之，其所令反其所好而民不从，是故君子有诸己而后求诸人、无诸己而后非诸人。所藏乎身不恕而能喻诸人者，未之有也。

4.宜家

故治国在齐其家。《诗》云：桃之夭夭，其叶蓁蓁；之子于归，宜其家人。宜其家人而后可以教国人。《诗》云：宜兄宜弟。宜兄宜弟而后可以教国人。《诗》云：其仪不忒，正是四国。其为父子、兄弟足法，而后民法之也。此谓治国在齐其家。

五、治平章

1.絜矩

所谓平天下在治其国者，上老老而民兴孝、上长长而民兴弟、上恤孤而民不倍，是以君子有絜矩之道也。所恶于上毋以使下、所恶于下毋以事上，所恶于前毋以先后、所恶于后毋以从前，所恶于右毋以交于左、所恶于左毋以交于右，此之谓絜矩之道。

2.保民

《诗》云：乐只君子，民之父母。民之所好好之、民之所恶恶之，此之谓民之父母。《诗》云：节彼南山，维石岩岩；赫赫师尹，民具尔瞻。有国者不可以不慎，辟则为天下僇矣！《诗》云：殷之未丧师，克配上帝；仪监于殷，峻命不易。道，得众则得国，失众则失国。

3.慎德

是故君子先慎乎德。有德此有人，有人此有土，有土此有财，有财此有用。德者本也，财者末也，外本内末，争民施夺。是故财聚则民散，财散则民聚。是故言悖而出者亦悖而入，货悖而入者亦悖而出。

4.善道

《康诰》曰：惟命不于常。道，善则得之、不善则失之矣。《楚书》曰：楚国无以为宝，惟善以为宝。舅犯曰：亡人无以为宝，仁亲以为宝。

5.进贤

《秦誓》曰：若有一介臣，断断兮，无他技，其心休休焉，其如有容焉。人之有技若己有之，人之彦圣其心好之，不啻若自其口出，实能容之，以能保我子孙黎民，尚亦有利哉！人之有技媢疾以恶之，人之彦圣而违之俾不通，实不能容，以不能保我子孙黎民，亦曰殆哉！唯仁人放流之，迸诸四夷，不与同中国。此谓惟仁人为能爱人、能恶人。见贤而不能举、举而不能先，命也；见不善而不能退、退而不能远，过也。好人之所恶、恶人之所好，是谓拂人之性，菑必逮夫身。

6.忠信

是故君子有大道，必忠信以得之、骄泰以失之；生财有大道，生之者众、食之者寡、为之者疾、用之者舒，则财恒足矣。仁者以财发身，不仁者以身发财。未有上好仁而下不好义者也，未有好义其事不终者也，未有府库财非其财者也。

7.义利

孟献子曰：畜马乘不察于鸡豚、伐冰之家不畜牛羊、百乘之家不畜聚敛之臣，与其有聚敛之臣宁有盗臣。此谓国不以利为利，以义为利也。长国家而务财用者，必自小人矣。彼为善之小人之使，为国家菑害并至，虽有善者，亦无如之何矣。此谓国不以利为利，以义为利也。

《大学义证》序篇

《大学》本来只是《小戴礼记》中的一篇短文，总长1753字。但从有唐、宋以来，伴随着《大学》地位的不断升迁，其版本却被"二程"（程颢、程颐）、朱熹等众多学者改动，形成了纷纷扰扰的局面。直至当下，仍有学人孜孜以求改本，可见朱熹流毒之深、影响之大，今不得已正之。《大学》版本流传、成书时代、变化轨迹、文本结构、现代意义等，为人瞩目。

一、《大学》作者说

《大学》是《礼记》中的一篇，郑玄给《礼记》作注的时候，多数篇章都注明了作者，而《大学》并没有注明作者。《大学》的作者是谁，应该是一桩文化公案，我们讨论的目的并非一定要把《大学》的作者给确定下来，而是为了更深入地研究《大学》。《大学》作者，历来众说纷纭，主要有以下多种说法。

1.孔子说

最早把《大学》与孔子联系在一起的是程颢。张载推测说："《中庸》《大学》出于圣门，无可疑者。"程颢继承此提出了《大学》出自孔子的观点。程子曰："《大学》乃孔氏之遗书，须从此学则不差。""《大学》，孔氏之遗言也。学者，由是而学则不迷于入德之门也。"

程颢认为《大学》是"孔氏之遗书"。"孔氏之遗言"之说法并无古籍可考。对于这一说法，程颢也并未说明何据。"孔氏遗书"指的是孔子所作的遗书还是孔子保存的遗书？程子也没有详细说明。受此影响，后代大多学人认为《大学》出自孔子之手，并对此深信不疑。《大学》作者究竟为何人，还没有发现古籍记载，《史记·孔子世家》所云"故书传礼记自孔氏"一语可能就是现在能够看见的证据。孔颖达《礼记正义》说："《礼记》之作，出自孔氏，但正《礼》残缺，无复能明……至孔子没后，七十二之徒，共撰所闻，以为此记。或录旧礼之义、或录变礼所由、或兼记体履，或杂序得失，故编而录之，以为记也。"

《大学》中有两处"子曰"，即："子曰：于止，知其所止，可以人而不如鸟乎？""子曰：听讼吾犹人也，必也使无讼乎！"从汉语表达习惯看，引用他人之说才说"某曰"，而如果引用自己的著述则直接言说即可，不可能出现"子曰"等说法，因此由"子曰"似乎可以说明《大学》的作者并非孔子。

2.孔曾说

朱熹《大学章句》把《大学》分为"经一章、传十章"两部分，且推测说："经盖孔子之言，而曾子述之。其传十章，则曾子之意，而门人记之也。"朱熹《大学或问》推测："辞约而理备，言正而指远，非圣人不能及也。"《大学》不合乎"经、传"体例，而《大学》是孔子、曾子及门人合撰的观点也不过是朱熹的推测而已，也没有文献可以作证。

3.曾子说

《三字经》有"作《大学》，乃曾子"的说法。《三字经》一般认为是王应麟[1]所撰，而《三字经》是中华文化经典之"蒙学"读物，影响大、流传广，因而曾子作《大学》，可谓家喻户晓、常人皆知。《三字经》不是学术著作，因此曾子作《大学》之说，有此说而已，个别深信深究。

4.子思说

明刘宗周云："汉儒贾逵[2]云：子思穷居于宋，惧圣道之不明，乃作《大学》以经之、《中庸》以纬之。今抽绎二书，《中庸》原是《大学》注疏，似出一人之手，而篇中又有'曾子曰'一条，意其遗言多本曾子，而曾子复得仲尼所亲授，故程子谓'孔氏遗书'，而朱子谓'曾子之意，门人记之'，有以[3]也。"明清学人认为《大学》为子思所作，依据都是汉代贾逵的观点，而朱熹的"其传十章，则曾子之意，而门人记之也"的说法，起到了推波助澜的作用，乃至有此说。贾逵并无古籍为证，跟朱熹的

---

[1] 王应麟（1223-1296）：字伯厚、号深宁居士、又号厚斋，庆元府鄞县（即今浙江省宁波市鄞州区）人，南宋著名学者、教育家、政治家，学宗朱熹，涉猎经史百家、天文地理，熟悉掌故制度，长于考证，著有《三字经》《困学纪闻》《小学绀珠》《玉海》《通鉴答问》《深宁集》《诗地理考》等。

[2] 贾逵（30-101）：字景伯，扶风郡平陵县即今陕西咸阳市人，东汉著名经学家、天文学家，著作等身，所撰经传义诂及论难达百余万言，又作诗、颂、诔、书、连珠、酒令凡九篇，学者宗之，被誉为"通儒"。

[3] 有以：指有原因、有作为、有什么、有条件等。

推测相似。现代学者高明[1]曾说："书中有'曾子曰'三字，纵使是说曾子门人记的，何以知道曾子门人一定是子思呢？"子思论述过"义利"的关系，《大学》有"仁者以财发身，不仁者以身发财……此谓国不以利为利，以义为利也"等说法，两者具有逻辑上的联系。可这也不能断定《大学》就必然是子思所作而确定无疑。

5.荀子说

现代学者冯友兰[2]说："《中庸》大部分为孟学，而《大学》则大部分为荀学。"其后有学人赞同此说。《大学》"为荀学"的观点，主要是通过《大学》文本跟《荀子》文本对比而得出的结论。《荀子·解蔽》曰："学也者，固学止之也。恶乎止之？曰：止诸至足。曷谓至足？曰：圣也。"这跟《大学》"止于至善"相类似。《荀子·不苟》曰："五寸之矩，尽天下之。"这跟《大学》"絜矩之道"相类似。《荀子·大略》曰："义与利者，人之所两有也。虽尧、舜不能去民之欲利，然而能使其欲利不克其好义也。"《大学》"诚于中，形于外"及"慎独"等均见《荀子》。《大学》跟《荀子》内容有些相同之处，并不能说明《大学》的作者就是荀子。如果以这样的方法来证明作者，那与朱熹改《大学》的危害相差无几。

6.董仲舒说

现代学人傅斯年[3]说："孟子说：'人有恒言，皆曰天下国家，天下之本在国，国之本在家，家之本在身。'可见孟子时尚没有一种完备发育的'身、家国天下'之系统哲学，孟子只是提到这个思想。换言之，这个思想在孟子时是胎儿，而在《大学》时代已是成人了。"《大学》是专论、《孟子》是散论，孟子时代没有"身、家国天下之系统"，并不能说明《大学》不能有"身、家国天下之系统"。《老子·第五十四章》曰："修之于身，其德乃真；修之于家，其德乃余；修之于乡，其德乃长；修之于邦，其德乃丰；修之于天下，其德乃普。故以身观身，以家观家，

[1] 高明（1909年–1992）：江苏高邮人，现代学者、教育家，著作有《帛书老子校注》《中国古文字学通论》等。

[2] 冯友兰（1895–1990）：字芝生，河南省南阳市唐河县人，著名哲学家、教育家，主要著作有《中国哲学史》《中国哲学简史》《中国哲学史新编》等。

[3] 傅斯年（1896—1950）：初字梦簪（zān）、字孟真，山东聊城人，历史学家、古典文学研究专家，著作有《性命古训辨证》《古代中国与民族》等。

以乡观乡，以邦观邦，以天下观天下。"这就是"身家国天下之系统"的哲学。从学术发生发展角度来论证《大学》的作者，这是可以的。从董仲舒的著作中有很多跟《大学》的内容不谋而合而认为《大学》的作者可能是董仲舒，这也不过推测而已，可能是董仲舒引用《大学》。傅斯年认为孟子年代没有"身、家国天下之系统"之说不成立，"《大学》作者董仲舒"说自然就值得怀疑了。

7.老孔说

民间学者段正元[1]在《七三寿辰法语》《阴阳正宗略引》等中讨论《大学》作者的时候，信誓旦旦地说："其实非曾子所作、亦非孔子所作，是乃天经地义，历来大圣人递相传授之心法。至周时，孔子问礼于老聃，老聃举以告之，始著为明文。故原文载在礼经。其开首不标'子曰'或'孔子曰'，足以证之……孔子……问礼老聃，得闻《大学》至善之道……后游历列邦，道不行而辙还东鲁，删订纂修而约以《大学》。"段正元认为，《大学》是上古以来圣人相传的心法，老子传给孔子，孔子晚年删订整理古代文献始成文章，原文是："《大学》之道，在明明德、在亲民、在止于至善。知止而后有定，定而后能静，静而后能安，安而后能虑，虑而后能得。物有本末，事有终始，知所先后则近道矣。"共五十八字，而从"古之欲明明德于天下者"一句到"此谓知之至也"，是孔子"系辞"。民间学者段正元的胆大妄为，由此可见一斑！这种说法，虽然缺乏足够的依据，似乎言之有理，故立此存照而已。

二、《大学》主题说

大学之道：大学、道等是用来表达概念的字眼，一般来说，大学是做君子、为圣人的大原则、大学问，即大人之学，"大学之道"是"内圣外王"之道。"大学之道"，就路径而言有两条路径：一是"明明德而止至善"，这是每个人都应该走的道路，此即"素王"；一是"明明德、亲民而止至善"，这是只有少数人才可能走的道路，此即"圣王"。

"大学之道"的"大学"有各种诠释，我们以"大学"作为一个文化概念阐释之。"大学之道"的"道"字，也有多种意思，这里的"道"相当于方法、要领、宗旨等。"道"是一个多义字，道路的"道"、道理

---

[1] 段正元（1864—1940）：俗名德新、道号正元，四川省威远县人，编有《阴阳正宗》《道德发凡》等书，长期讲授《四书》《五经》等。

的"道"、规律的"道"、"一阴一阳之谓道"的"道"、"道体德用"的"道"、"道生德畜"的"道"等，不同语言环境有不同的含义，不能混淆。"大学"是一个具有特定含义的概念，不能翻译，只能解释。"大学"虽然有不同的含义，可按照《大学》文本的基本思想去诠释"大学"，庶几不会偏离方向。

"大学"或"大学之道"的基本思想或中心思想是以"修身为本"，而"三纲"之"明明德、亲民、止于至善"是其内容，"六证"之"知止、有定、能静、能安、能虑、能得"是其层次，"两条"之格物、致知是其功夫或方法，"六目"之"诚意正心、修身齐家、治国平天下"是其细目及次第。基于此来讨论"大学"之含义，其准确性和全面性应该可以得到充分的保障。

《大学》的中心思想是"修身为本"，《大学》文本结构是"三纲、六证、两条、六目"。三纲是修身的大纲，六证修身的层次，两条例修身的方法，六条目修身的次第。"明明德"是"修身"之基础，"明明德、亲民"是"下学"、"止于至善"是"上达"。"修身"有两条基本路径：一条是"明明德而止至善"即孟子所谓"独善其身"，一条是"明明德亲民而止至善"即孟子所谓"兼善天下"。《孟子·尽心上》说："古之人得志，泽加于民；不得志，修身见于世。穷则独善其身，达则兼善天下。"常人只能"自明其德"即"独善其身"，所谓"不得志，修身见于世"；而圣贤不仅能够"明明德"还能够"亲民"即"兼善天下"，所谓"得志，泽加于民"。"明明德而止至善"是素王之路，"明明德亲民而止至善"是帝王之路。中华文化传统的基本观念认为，人人可能为素王，而并不要求人人都去做帝王，此即《孟子》独善、兼善。

1.大学之学

"大学"在《大学》文本中不仅是学校的意思，即使是学校的意思也不能仅跟所谓的"小学"相提并论。历史上很多学人都把"大学"跟"小学"相对，因此引来了很多的质疑。朱熹《大学章句·序》说："《大学》之书，古之大学[1]所以教人之法也。"《大学章句》曰："大旧音泰，

---

[1] 大学：从这里可以发现，朱熹是把"大学"作为古代学校的一类而言的。这是朱熹的理解，不一定是《大学》文本的本义。后人如陈确以此来批评《大学》，有以偏概全、借题发挥之嫌疑。

今读如字。"陈确《大学辨》针对此开始批判《大学》，实际应该是批判朱熹。朱熹在《大学章句·序》《大学或问》有很多如此论述。《大学章句·序》对于理解朱熹有关《大学》的基本思想至为重要，介绍如下。

《大学章句·序》

大学之书，古之大学所以教人之法也。盖自天降生民，则既莫不与之以仁义礼智之性矣。然其气质之禀或不能齐，是以不能皆有以知其性之所有而全之也。一有聪明睿智能尽其性者出于其间，则天必命之以为亿兆之君师，使之治而教之，以复其性。此伏羲、神农、黄帝、尧、舜，所以继天立极，而司徒之职、典乐之官所由设也。

三代之隆，其法寖备，然后王宫、国都以及闾巷，莫不有学。人生八岁，则自王公以下，至于庶人之子弟，皆入小学，而教之以洒扫、应对、进退之节，礼乐、射御、书数之文；及其十有五年，则自天子之元子、众子，以至公、卿、大夫、元士之适子，与凡民之俊秀，皆入大学，而教之以穷理、正心、修己、治人之道。此又学校之教、大小之节所以分也。

夫以学校之设，其广如此，教之之术，其次第节目之详又如此，而其所以为教，则又皆本之人君躬行心得之余，不待求之民生日用彝伦之外，是以当世之人无不学。其学焉者，无不有以知其性分之所固有，职分之所当为，而各俛焉以尽其力。此古昔盛时所以治隆于上，俗美于下，而非后世之所能及也！

及周之衰，贤圣之君不作，学校之政不修，教化陵夷，风俗颓败，时则有若孔子之圣，而不得君师之位以行其政教，于是独取先王之法，诵而传之以诏后世。若《曲礼》《少仪》《内则》《弟子职》诸篇，固小学之支流余裔，而此篇者，则因小学之成功，以著大学之明法，外有以极其规模之大，而内有以尽其节目之详者也。三千之徒，盖莫不闻其说，而曾氏之传独得其宗，于是作为传义，以发其意。及孟子没而其传泯焉，则其书虽存，而知者鲜矣！

自是以来，俗儒记诵词章之习，其功倍于小学而无用；异端虚无寂灭之教，其高过于大学而无实。其他权谋术数，一切以就功名之说，与夫百家众技之流，所以惑世诬民、充塞仁义者，又纷然杂出乎其闲。使其君子不幸而不得闻大道之要，其小人不幸而不得蒙至治之泽，晦盲否塞，反覆沉痼，以及五季之衰，而坏乱极矣！

天运循环，无往不复。宋德隆盛，治教休明。于是河南程氏两夫子出，而有以接乎孟氏之传。实始尊信此篇而表章之，既又为之次其简编，发其归趣，然后古者大学教人之法、圣经贤传之指，粲然复明于世。虽以熹之不敏，亦幸私淑而与有闻焉。顾其为书犹颇放失，是以忘其固陋，采而辑之，闲亦窃附己意，补其阙略，以俟后之君子。极知僭逾，无所逃罪，然于国家化民成俗之意、学者修己治人之方，则未必无小补云。

【谨案】

朱熹认为"大学之书"是"古之大学所以教人之法也"。把"大学之书"理解为"教人之法"是朱熹理解《大学》的基点，因为这个基点，所以朱熹把"大学"认定是"太学"即"大旧音泰，今读如字"。于是乎朱熹不厌其烦地从"自天降生民"而"天必命"伏羲、神农、黄帝、尧、舜为"亿兆之君师"云云，于是有"小学、大学"，小学"教之以洒扫应对"等，大学"教之以穷理正心"等。"小学、大学"教学内容有别，可"洒扫应对"当然且必然能够"穷理正心"，朱熹之偏不言自明。至于朱熹反对"俗儒记诵词章之习""异端虚无寂灭之教"，那是有关哲学体系等的争执，不再赘言。朱熹曰："顾其为书犹颇放失，是以忘其固陋，采而辑之，闲亦窃附己意，补其阙略，以俟后之君子。极知僭逾，无所逃罪，然于国家化民成俗之意、学者修己治人之方，则未必无小补云。"因为《大学》古本"为书犹颇放失"，朱熹对《大学》古本所进行"极知僭逾，无所逃罪"的修改。此在有关地方论之可参考朱熹《大学或问》。

2.大人之学

（一）

朱熹《大学章句》把"大学"解释为"学校"或"太学"的方法、教材等，这不过他的多种观点中的一种，朱熹也说过"大学"是大人之学。

《大学章句·经一》说：

大学者，大人之学也。

《大学或问》记载：

或问：《大学》之道，吾子以为大人之学，何也？

曰：此对小子之学言之也。

曰：敢问，其为小子之学，何也？

曰：愚于序文已陈之，而古法之宜于今者，亦既辑而为书矣，学者不可以不之考也。

【谨案】

"小子之学"即"小学"，教学内容大率是："洒扫应对、进退之节，礼乐、射御、书数之文"；"大人之学"即"大学"，教学内容大率是"穷理、正心、修己、治人之道"。"大人之学"跟"小子之学"对应，"大人、小子"是年龄关系，是所学内容不同的关系，朱熹把"大人之学"跟"小子之学"相对起来，这是违背了中华文化传统及孔孟之道的基本精神的。中华文化传统认为，无论什么年龄、什么时间，无论做什么，只要持中守正、正心诚意，无不是修身养性，而并非只有劳心者才是修炼而劳力者就不是修炼。

朱熹在《大学章句·序》中认为：小学指"洒扫应对、进退之节，礼乐、射御、书数之文"，大学指"穷理、正心、修己、治人之道"，并且明确指出"此又学校之教、大小之节所以分也"。把"洒扫应对"等跟"穷理正心"等区别开来甚至对立起来，不仅不合乎中华文化传统的基本观点，也不合乎实际情况。

（二）

"洒扫应对、进退之节，礼乐、射御、书数之文"不能"穷理正心"等，历来对此误解不少。

《论语·子罕篇第九》说：

太宰[1]问于子贡曰：夫子圣者与？何其多能也？子贡曰：固天纵[2]之将圣，又多能也。子闻之，曰：太宰知我乎？吾少也贱，故多能鄙事[3]。君子多乎哉？不多也。

【谨案】

作为孔子弟子的子贡认为孔子是圣人且上天使他多才多艺，这不奇怪。但孔子却认为太宰不了解他，他之所以"多能"，是因为"少也贱"，所以"多能鄙事"，这表明，孔子从来不承认自己"圣"，而"多

---

[1] 太宰：官名，掌握国君宫廷事务。

[2] 纵：让，使，不加限量。

[3] 鄙事：鄙俗琐细之事。

能"也是环境所致。孔子历来认为自己是"学而知之",不是"生而知之",不是圣人,因此自称:"君子多乎哉?不多也。"

"君子多乎哉?不多也。"值得注意。杨伯峻《论语译注》译文:"真正的君子会有这样多的技巧吗?是不会的。"《论语译注》因为不明白孔子的一贯思想,所以有此误解。《论语译注》"真正的"三字从何而来?"会有"又从何而来?"这样多的技巧"又是从何而来?"不多也"怎么会译为"是不会的"呢?只能说这仅仅是在"意译"即"臆测"的层面上去翻译。

《论语译注》所继承的是自古以来的观点如朱熹等,而今的钱穆《论语新解》、李泽厚《论语今读》等,虽然译文和解读有所不同,可意思大同小异。英译"多乎哉?不多也"的,也兼收并蓄,囫囵吞枣,如Arthur Waley英译:Does it be fit a gentlemen to have many accomplishments? No, he is in no need of them at all.——"有很多成就对君子适合吗?不,他根本不需要。"辜鸿铭英译:You think a wise and good man requires much knowledge to make him so; no, he does not require much.——"你觉得君子需要很多知识才能成为君子吗?不,他不需很多。"

从本章前后文看:圣人、君子跟"多能"不是排斥关系,而是融通关系。圣人、君子不仅高瞻远瞩做大事,而且脚踏实地做鄙事。修炼仁德,不在于做大事还是做鄙事,而在于用什么心去做人做事。《关尹子·极》说:"圣人之于众人,饮食衣服同也,屋宇舟车同也,富贵贫贱同也。众人每同圣人,圣人每同众人。"由此可见,圣人何以排斥"多能"?"多能"何以排斥圣人?"多能"何以不圣人?圣人何以不"多能"?

从"多乎哉?不多也"看:"多"有"很多、多余"等意思,是"少"的反面。"乎"可以是"于"也可以"语气词"。"乎"作"于"用,其对象肯定是"鄙事"即"多乎鄙事"。"乎"作"语气词","乎哉"连用,表示疑问的语气,起加强的作用。哉:表示疑问语气。因此"多乎哉"即"多吗"。无论是"多"作"很多""多余"理解,都不可能出现"君子"不应该会做这么多"鄙事"的结论。至于"不多也","也"表示的是判断,而不是"矣"表示的陈述,所以"不多"即跟现在的"不多"差不多,完全不可能是杨伯峻《论语译注》的"是不会的"或鸿铭英的:"No, he does not require much."——"不,他不需很多。"

鲁迅《孔乙己》中满嘴"之乎者也"的孔乙己引用"多乎哉,不多也"来说明茴香豆的情况，倒是很准确。"君子多乎哉？不多也！"我们的译文是："君子多乎哉？"相当于"君子多余这些技艺吗？"或"君子认为这些技艺多余吗？""不多也！""一点也不多余！"或"不多余！"

（三）

轻视"洒扫应对"，认定"洒扫应对"不能"穷理正心"，由来已久。孔子弟子子游跟子夏对此有过争论。

《论语·子张篇第十九》记载：

子游曰：子夏之门人小子，当洒扫应对进退，则可矣，抑[1]末也。本之则无，如之何？子夏闻之，曰：噫，言游过矣！君子之道，孰先传焉？孰后倦[2]焉？譬诸草木，区以别矣。君子之道，焉可诬[3]也？有始有卒者，其惟圣人乎？

【谨案】

子游认为"洒扫应对进退"不是学习的根本，可子夏对此不同意，认为"君子之道""有始有卒"，能够这样教导弟子的"其惟圣人乎"！子游、子夏谁更接近孔子的观点呢？当然是子夏！

（四）

门人有言：邵端峰[4]论童子不能格物，只教以洒扫应对[5]之说。

先生曰：以洒扫应对就是一件物，童子良知只到此，便教去洒扫应对，就是致他这一点良知了。又如童子知畏先生长者，此亦是他良知处。故虽嬉戏中见了先生长者，便去作揖恭敬，是他能格物以致敬师长之良知了。童子自有童子的格物、致知。

又曰：我这里言格物，自童子以至圣人，皆是此等功夫。但圣人格物，便更熟得些子，不消费力。如此格物，虽卖柴人亦是做得，虽公卿大夫以至天子，皆是如此做。

---

[1] 抑：但是、不过，表示转折的意思。

[2] 倦：诲人不倦。

[3] 诬：欺骗。

[4] 邵端峰：人名，具体不详。

[5] 洒扫应对：孩子力所能及的日常生活。

【谨案】

王阳明这里说的格物，其实跟子游、子夏所讨论的是一个问题。格物不是高不可攀的"无上神功"，而是实实在在地做事情。格物之中自有"诚意、正心"功夫在。每个人每天都在做实实在在的事情，只要把这些实实在在的事情做好了，就是格物。不要一听说格物就以为这是圣人之所为，愚夫愚妇望尘莫及。格物不是天上掉下来的，而是"自童子以至圣人，皆是此等功夫"，所不同的是"生疏"与"熟练"，而不是能不能"格"的问题，而是想不想"格"的问题。把自己该做的事情做到"完美无缺"，就是格物的最高境界。在这些明白如话的谈论中，隐藏着深邃的道理，读者还是应该仔细玩味的。

由此可见，"穷理正心"完全能够融于"洒扫应对"之中，在"洒扫应对"之中也完全能够"穷理正心"。时时处处都可以"穷理正心"，而事事物物都相当于"洒扫应对"，时时处处持中守正、事事物物精益求精，这就是"小学、大学"混而为一。因此，古代有"小学、大学"之分别，可《大学》文本的基本思想并非必须是"小学、大学"对立。如果朱熹认为大学是"大人之学"，而不跟"小子之学"对立起来，这应该没有问题。

（五）

憨山德清[1]《大学纲目决疑题辞》：

大学者，谓此乃没量[2]大人之学也。道字，犹方法也。以天下人见的小都是小人、不得称为大人者，以所学的都是小方法，即如诸子百家、奇谋异数，不过一曲之见，纵学得成，只成得个小人。若肯反求自己本有心性，一旦悟了当下便是大人，以所学者大，故曰大学。

【谨案】

按照憨山所言，大学即"没量大人之学"。人者为仁、仁者爱人，仁

---

[1] 憨山德清（1546—1623）：俗姓蔡、字澄印、号憨山，法号德清、谥号弘觉禅师，安徽全椒人，明代高僧，精释道儒，主张三家融合，为明末四大高僧（云栖袾宏、紫柏真可、憨山德清、藕益智旭）之一，主要著作有《观楞伽经记》《楞伽补遗》《华严经纲要》《法华击节》《金刚经决疑》《圆觉经直解》《般若心经直说》《大乘起信论疏略》《大乘起信论直解》《性相通说》《肇论略注》《道德经解》《老子解》《观老庄影响说》《庄子内篇注》《大学中庸直解指》《春秋左氏心法》等。其有关《大学》之论述被《大学义证》引用以说明相关问题。

[2] 没量：没量即无量即无限量，至大无外、至小无内。

贯义礼智信，信乃人道、诚乃天道，因此大人之学在于诚。大人者，《孟子·离娄下》曰："言不必信、行不必果，惟义所在。"如《论语·子路》所言："言必信、行必果，硁硁然小人哉！"按照这样的观点，憨山于是有"以天下人见的小都是小人、不得称为大人"的判断。这是因为"以天下人见的小"都是"小方法"，而"小方法"不过"一曲之见"，即使学得熟巧，也不过"雕虫小技"，"只成得个小人"。而"没量大人之学"乃"心性之学"，源自自身、发自自心，一旦悟了立地成佛，因为"所学者大，故曰大学"。憨山的判断，融汇中华文化传统核心观点，以此诠释"大学"不失为一家可传之大言。

（六）

在古代，大人跟圣贤的意思相近，《易传·乾卦·文言》说：

夫大人者与天地合其德，与日月合其明，与四时合其序，与鬼神合其吉凶。先天而天弗违、后天而奉天时，天且弗违，而况于人乎？况于鬼神乎？

【谨案】

"先天而天弗违"中的"先天"是人类还没有出现的时期，"后天而奉天时"中的"后天"是人类已经出现了的时期。

（七）

《大学问》记载：

先生曰：先天而天弗违，天即良知也；后天而奉天时，良知即天也。

【谨案】

《传习录》进而把"天"跟"良知"融会起来，此也可以说明什么是"大人之学"。由此可知：能够"与天地合其德，与日月合其明，与四时合其序，与鬼神合其吉凶"就是"大人"。天人诚学认为，"大人"能够"与天地合其德，与日月合其明，与四时合其序，与社会同其则"。"与社会同其则"即遵循社会的优序良俗，做人有底线、做事有界限。

3.大成之学

（一）

与"大人之学"相近的观点还有所谓"大成之学"，黎立武《大学本旨》说：

> 大学者，大成之学也。《学记》云：知类强立[1]谓之大成。是以化民易俗，此《大学》之道也。道亦大矣，学所以明道也、行道也，岂小成哉？故曰大成之学。

【谨案】

黎立武认为"大学"是"大成之学"，以"知类强立"诠释"大学"、以"化民易俗"作为"大学之道"，目的是"明道"而"行道"。其说法可能跟其他的说法有所差异，可基本内容一脉相承。"大学"或"大学之道"即"明明德、亲民、止于至善"之学。

（二）

憨山德清对此有一段"深入浅出"的论述，《大学纲目决疑题辞》说：

> 不多些子，不用多知多见，只是三件事便了。第一要悟得自己心体，故曰在明明德。其次要使天下人个个都悟得与我一般，大家都不是旧时知见，斩新作一番事业，无人无我，共享太平，故曰在亲民。其次为己为民，不可草草半途而止，大家都要做到彻底处，方才罢手，故曰在止于至善。果能学得者三件事，便是大人。

【谨案】

憨山认为，"明明德"就是"悟得自己心体"，"亲民"就是"使天下人个个都悟得与我一般"，"止于至善"就是"大家都要做到彻底处"，这就是"大学"的方法，没有必要"多知多见，只是三件事便了"，"果能学得者三件事，便是大人"。三纲是《大学》的"三件事"，格物之物的重点就在此三件事上，而此三件事就是修身。融会贯通、一语中的，由此可见。《学记》中有"大学之道、大学始教、大学之教、大学之法、大学之礼"等说，尽管有《学记》"小成大成""近者说服而远者怀之"等说法，但中心思想都是"化民易俗"，跟《大学》之"大学之道"含义相通、相融，融会贯通。

---

[1] 知类强立：出自《礼记·学记》："九年，知类通达，强立而不反，谓之大成。"郑玄《注》："知类，知事义之也。"强立：以强大立足天下。银雀山汉墓竹简《孙膑兵法·见威王》："战胜而强立，故天下服矣。"

4.学习之学

孙奇逢[1]《大学近指·卷一·大学之道章》说：

此个学字，即夫子学而时习之。学字，合千古帝王贤圣做此一件，生活不尽，所以为大道，在合德与民而归于至善之地。盖德即身也，格物、致知、诚意、正心乃所以明之也；民即天下也，齐治均平[2]乃所以新之也。德无一念之不明、民无一人之不新，身方底于粹精[3]之域，所谓止至善也。

【谨案】

孙奇逢认为，《大学》的"学"字相当于《论语》的"学而时习之"。千古帝王贤圣所做的事情就是这件事即"学而时习之"，而"学而时习之"即"大道"，即"明明德、亲民、止于至善"。"明明德"之"德"即"身"，"格物、致知、诚意、正心"就是"身明"，"亲民"的"民"即"天下"，"齐治均平"就是"亲民"。德无不明、民无不亲，"身"才能抵达粹精的境界，这就是"止于至善"。孙奇逢用一个"学"字把"格物、致知、诚意、正心、齐治均平"一网打尽，这还不是最大胆的，而应该用一个"学"字网络天下万事万物。一个"学"字，"学而时习之""学思问辩行"，一以贯之，无时不通、无处不畅。历代为格物、致知的格物、致知字等的诠释争论不休，都是因想得太多、弄得太烦所致，看来孙氏也未能例外。

三、《大学》结构说

《大学》所提供的是一套理论和实践相结合的基本理论和为学次第，要点是通过修身去达到适应外界，而不是去摧毁这个外界来满足自身，跟西方文化有着根本性的区别。这特别值得今天研究中华文化传统的学人高度重视，其精华庶几于此。

---

[1] 明末清清初理学大家，字启泰，号钟元，晚年讲学于河南省辉县夏峰村二十余年，从者甚众，世称夏峰先生。顺治元年（1644）明朝灭亡后，清廷屡召不仕，人称孙征君。与李颙、黄宗羲齐名，为明末清初三大儒。孙奇逢一生著述颇丰，学术著作主要有《理学宗传》《圣学录》《北学编》《洛学编》《四书近指》《书经近指》《读易大旨五卷》等。《四书近指》之《大学近指》被《大学义证》引用且以"义证谨案"点评之。

[2] 均平：此"均平"相当于两条例之"平天下"，下同。

[3] 粹精：纯粹精微，出自《易·乾》：大哉乾乎，刚健中正，纯粹精也。

（一）

　　《大学》以"修身"为根本，基本文本结构是三纲、六证、两条、六目。"三纲"是内圣外王的模式："明明德"是内圣即根基，"亲民"是外王即规模，"止于至善"是境界即目标。根基是人人必备的志向，路径是"明明德而止于至善"，成者即素王；规模是部分人才能实现的理想，路径是"明明德、亲民而止于至善"，成者即帝王。境界是修齐治平的目标，成者即圣贤。成贤成圣，论的是成色、而不是论成就，成色是自身修养的纯度、成就是自我获得的功绩。"明明德而止于至善"的目标是"明心见性"，"明明德、亲民而止于至善"的目标是"经世济民"，要注意其相似性和差异性。

（二）

　　"三纲"合言之为"一事"，分而言之则相当于"修己以敬""修己以安人、修己以安百姓"等。"六证"从"知止"至"能得"，其中次第为"有定、能静、能安、能虑"简称"止定静安虑得"。"知止"即"知止于至善"，"能得"即"得止于至善"，以"止于至善"代表"三纲"，共同构成了"三纲领"的基本内容。"两条"即通常所说的格物、致知，是三纲、六目的功夫。本章是《大学》最玄秘的难点，其最大的难度就在于"物有本末"至"则近道矣"跟"古之欲明明德于天下"至"国治而后天下平"和"自天子以至于庶人"至"此谓知之至也"内在关联。

（三）

　　"物有本末"至"则近道矣"一段，朱熹以为属于上一段，《大学义证》归于下一段。本段是起承上接下作用的，自然可以用来总结上面之"三纲、六证"。如《大学或问》曰：

　　此结上文两节之意也。明德新民两物而内外相对，故曰本末。知止能得一事而首尾相因，故曰终始。诚知先其本而后其末，先其始而后其终也，则其进为有序而至于道也不远矣。

　　可本段落的"本末、终始、先后"等"关键字"跟下面两个段落更为紧密，所以我们划在"两条"部分。

　　把这段话中的重点话语综合起来研读，其线索和含义就可以清楚了。第一层次的重点话语是"物有本末、事有终始""知所先后"，第二层次的重点话语是"古之欲明明德于天下者……欲诚其意者先致其知，致知在格物""物格而后知至，知至而后意诚"，第三层次的重点话语是"修身为本、此谓知本、此谓知之至也"。对比这三个层次可以发现，研究《大学》文本之结构，至少可以从"文字对应、行文习惯"方面进行。

1.文字对应

（一）

从文字对应讨论《大学》文本的结构，可以分为下面几个方面：

基本内容是：第一层次"物有本末、事有终始、知所先后"跟第二层次"致知在格物"、第三层次"修身为本、此谓知本、此谓知之至也"等有密切关联。"物有本末、事有终始"的"物、事"跟格物的物等密切关联。"物有本末"的"本"跟"修身为本、此谓知本"的"本"等有密切关联。"知所先后"之"知"跟"致其知、物格而知至、此谓知本、此谓知之至也"的"知"（其中包括"致其知"即"致知"，"知之至"即"致知、知至"）等有密切关联。

（二）

第一，物字和事字："物有本末"的物，传统的注释是，尽管两个字肯定有所区别，可混而言之物即事、事即物，这是可以说的。因此格物的物相当于物即事，第一层跟第二层关系密切。

第二，"本"字和"末"字："物有本末、修身为本、此谓知本"的"本"是一个"本"，而这个"本"是"修身"，因此"修身"为"本"，其余为"末"。注意：修身是功夫，身修是功德，其余仿此。分而言之，"物有本末"而"修身"是一事，则"本"是"身"，进而推演诚"末"是"家国天下"等。《庄子·让王》曰："道之真以治身，其绪余[1]以为国家，其土苴[2]以治天下。"就"身"而言，身不仅是"身心"对比所言之"身"。"身"有自然之身（可以用身体表示）和心性之身（可以用身心表示）之别。作为"本"的"身"，是"身体"之"身"与"身心"之"心"。"身体"之"身"与"身心"之"心"的关系分为三个层次：上是"安身而安心"、中是"身危而安心"、下是"身危而心危"。

---

[1] 绪余：抽丝后留在蚕茧上的残丝，借指事物之残余者或主体之外所剩余者。

[2] 土苴（tǔjū）：渣滓、糟粕，比喻微贱的东西。

王艮[1]曰："安其身而安其心者，上也；不安其身而安其心者，次之；不安其身又不安其心，斯其为下矣（王艮《明儒王心斋先生遗集》，民国六年袁承业刻本，下同）。""修身为本"应该是在这个含义上说的"修身为本"。有不少学者主张改《大学》文本的某些"身"为"心"，其原因就是不明此理，如程朱理学于"身有所忿懥则不得其正"指出"身当为心"。

第三"知"字："知所先后、此谓知本"之"知"跟"六证"之"知止"的知含义相通，是动词，相当于明白、知晓等；而"致其知"即"致知"、"知之至"即"知至"的知含义相通，是名词，相当于觉知、感知等。"致其知"比较具体、"致知"比较抽象，含义差不多，只是说法上的不同，跟"诚其意、正其心""诚意、正心"等类似。"知至"即"知之至"含义也相近，只是不同语境的不同说法。"致知"的"致"跟知至

---

[1] 王艮（1483—1541）：字汝止，号心斋，现江苏省东台市安丰镇人，明代哲学家。王艮先世居苏州，后在东台安丰场烧盐，为灶户、为灶丁。王艮"七岁受书乡塾，贫不能竟学"，十一岁贫而辍学，随父兄淋盐。十九岁随父王守庵经商至山东，拜孔庙，认为"夫子亦人也，我亦人也，圣人者可学而至也"，于是日诵《孝经》《论语》《大学》等，"置书于袖中，逢人质难，久而信口谈解，如或启之"。从此"不耻下问"而"不泥传注"，十多年间颇有心得。因经营有方，"自是家道日裕"。三十八岁时，王艮听到塾师黄文刚（江西吉安人）称赞他的学术"绝类江西巡抚王守仁"，立即不远千里，趋舟江西，执弟子礼见阳明。阳明认为王艮个性傲，把他的初名"银"改为"艮"。他"时时不满师说"，既"反复推难、曲尽端委"，又"不拘泥传注、因循师说"，有疑即问、有问即辩，于是自创"淮南格物说"。王守仁去世，王艮"迎丧桐庐，约同志经理其家""往会稽会葬"，一直照料阳明后人，堪为尊师重教之楷模。王艮主张："即事是学，即事是道。人有困于贫而冻馁其身者，则亦失其本非学也。"嘉靖五年（1526），王艮应聘泰州知府王瑶湖，主讲安定书院，求学者以平民居多，"入山林求会隐逸、过市井启发愚蒙，沿途聚讲，直抵京师"，其中有著名学者如徐樾、颜钧、王栋、王襞、罗汝芳、何心隐等人。据统计，王艮子弟至五传，其中有农夫、樵夫、陶匠、盐丁及学者等487人，罗汝芳为集大成者。此为"泰州学派"，黄宗羲赞美"泰州学派"竟能"赤手以搏龙蛇"。嘉靖十八年（1539），王艮五十七岁，病魔缠身，次年冬弥留之际，遗言儿子王襞说："汝知学，吾复何忧？"为王艮送葬者多达数百人。王艮的著作后人辑为《王心斋先生遗集》。王艮强调后天学习，着重口传心授，力求通俗易懂，让"愚夫愚妇"也能明白。泰州学派提出"百姓日用即道""知之为知之，不知为不知，是天德良知也"等著名观点。王艮一生布衣、拒绝入仕，别出心裁，按《礼经》制着深衣、戴五常冠，"行则规圆矩方、坐则焚香默识"，"使仆父子安乐于治下，仍与二三子讲明此学，所谓师道立则善人多、善人多则朝廷正，而天下治矣"。王艮著作被引用解读格物专题。安定书院：现在位于泰州迎春路西江苏省泰州中学内，为北宋教育家胡瑗讲学旧址。书院创建于南宋宝庆二年（1226），是江苏最古老的书院之一。罗汝芳（1515-1588），自幼聪明，5岁从母读书，稍长博览群书，而后独钟理学，16岁赴南昌师从泰州学派代表人物颜钧，尽受其学，得王艮泰州学派真传。

的"至"不是简单的所谓通假字或错别字问题，而是《大学》文本刻意所为，跟"格物"与"物格"、"诚意"与"意诚"是不一样的。"致、至"的含义不同、作用不同、用法不同。"致知在格物、物格而后知至"中的"致、至"，不是笔误，"致"是过程、"至"是目标，此必须明辨经纬、条分缕析。

（三）

"物有本末、格物、物格、事有终始"的"物、事"，"物有本末、修身为本、此谓知本"的"本"，"知所先后、致其知、物格而知至、此谓知本、此谓知之至也"的"知"，通过以上分析可以得知，这个部分所说的就是格物、致知，相当于其后分别阐释"诚意"等。黎立武认为："自篇首《大学》之道句而释之以序，则格物、致知诚意三条当着于此，然自物有本末至修身为本，百六十余言，于物格而后知至，其说已尽，继之以诚意章，于知至而后意诚，其序甚明，详于前而略于后，故此不复条释，独揭此谓知本一语而引听讼、无讼明之，三条之义融贯无遗矣。"孙奇逢曰："格物无传，此大学最精微处。"黎立武、孙奇逢其实已经完全解决了程朱理学所谓《大学》漏简"格致传"等说法。

2.行文习惯

（一）

从行文习惯讨论《大学》文本的结构，可以分为下面几个方面：

第一，第一层次的"事有终始"跟第二层次的"致知在格物、物格而后知至"跟"终始"的关系。第二层次的"致知在格物"位于此句之最后位置即"终"，第二层次的"物格而后知至"在此句之最先位置即"始"，"事有终始"而不言"事有始终"，前后相互照应，此为其玄妙处之一。本段第一层次接着"六证"而来，六证起于"知止"、终于"能得"，本段由"物有本末"经"欲诚其意者先致其知，致知在格物""物格而后知至……国治而后天下平"至"……修身为本……此谓知本，此谓知之至也"，其中的关键词句是"知止能得、致知在格物、物格而后知至、知本知之至"。《大学》作为"为学次第"的经典，其路线图是"物格"而"知至、知本"，"知止"而"能得"，这是《大学》"为学次第"之格物、致知。"知止……能得""本末、终始、先后"，"能得"就是知道事物之"本末、终始、先后"，因而"致知在格物"则"近道也"。"知本"就是"知道修身为本"，"知止"就是"知道止于至善"，"修身"就起点言，如"明明德"或"诚意、正心"，"身修"就目标言，如"止于至善"。两者混言之则同，所以也没有必要改"诚意章"的"此谓知本"为"此谓知止"。

第二，第二层次的"……欲诚其意者先致其知，致知在格物"跟"物格而后知至，知至而后意诚……"之间的关系。"欲诚其意者先致其知，致知在格物"和"物格而后知至，知至而后意诚"的用字值得特别注意。按照行文的前后一贯性，"欲诚其意者先致其知"之后当是"欲致其知先格其物"，而不应该是"致知在格物"。《大学》文本之所以作"致知在格物"，很明显是为了强调"致知"和"格物"特别是"格物"的性质跟"六目"的不同。格物具有不同于"治其国、齐其家、修其身、正其心、诚其意"等的显著的区别性特征。格物跟"致其知"或"致知"之所以同时出现，而"诚其意"没有出现"诚意"等说法，这是因为格物跟"致知"具有同一性、而跟"诚其意"没有同一性。格物是主体作用于客体之"言行举止、视听言动触嗅思"，"致知"是所"格之物"的"知"反作用于主体。格物、致知都是主体的言行举止，而物是认知的客体、"知"是主体认知客体的成果。格物、致知的功夫可以分别投射到"诚意、正心、修齐治平"，而从来没有把"正心"投射到"齐治平"上。由此可见，不仅有"物格而后知至"，而且可以有"物格而后意诚、物格而后心正"，乃至"物格而后天下平"等。格物是在事事物物上的格物、"致知"是格物在事事物物上的"致知"，格物是"致知"的功夫，"致知"是格物的功德。格物是方法、功夫，所以有"致其知"的说法而没有"格其物"的说法，只有格物和"物格"的说法，没有"格其物"的说法，这跟只有"平天下"，而没有"平其天下"的说法一样。这说明格物具有"本末、终始、先后"的特点，这是《大学》文本深思熟虑、画龙点睛之笔。"致其知"的文本结构相当于"诚其意"等，因而"致其知、诚其意"至"治其国"等一样，是格物在事事物物上的先后次序，而不能凌虚蹈空地"致知"或"诚意、正心、修身齐家"等。基于这种思考，《大学》文本作"致知在格物"而不作"欲致其知先格其物"。

第三，六目"诚意"之"所谓诚其意者，毋自欺也……"与六目"正齐章"之"所谓修身在正其心者，身有所忿懥则不得其正……"之间关系。"诚意"之"所谓诚其意者，毋自欺也……"，按照程朱理学所谓"八条目"的观点，行文应该是"所谓诚意在致其知者，毋自欺也……"。其所以《大学》古本是"所谓诚其意者，毋自欺也……"而不是"所谓诚意者在致其知者，毋自欺也……"，这是因为《大学》作者认为"诚意"跟格物、致知不在一个层次，而是比"诚意"更高的层次。而《大学》文本之所以为"所谓诚其意者，毋自欺也……"而不是"所谓诚意者在致其知者，毋自欺也……"以便跟"所谓修身在正其心者，身有所忿懥则不得其正……"相一致，也因为"诚意"是《大学》六目中之第一目，是紧接着"两条"的、是"六目"的起点，而不是承接朱熹等所谓的格物、致知。"诚意"之所以为"第一目"，正如《王阳明·传习录》曰："大抵《中庸》功夫只是诚身，诚身之极便是至诚；《大学》功夫只是诚意，诚意之极便是至善。""诚意而至善"，是阳明经典的概括。《大学》文本以"所谓修身在正其心者、所谓齐其家在修其身者、所谓治国必先齐家者、所谓平天下在治其国者"阐述之，其理由就在这里。

（二）

朱熹《大学或问》云："格物、致知所以求知至善之所在，自诚意以至于平天下所以求得夫至善而止之也。"朱熹认为格物、致知是"求知至善之所在"，"自诚意以至于平天下"是"求得夫至善而止之"，难道不是朱熹自觉不自觉地认为格物、致知跟"自诚意以至于平天下"不属于一个层次吗？朱熹《大学或问》接着说："人皆有以明其明德则各诚其意、各正其心、各修其身、各亲其亲、各长其长而天下无不平矣。"朱熹没有这样说："人皆有以明其明德则各格其物、各致其知、各诚其意、各正其心……"，这不是也在说明朱熹认为格物、致知跟"齐治平"不在一个层次吗？

格物、致知作用于事事物物上，而《大学》中的事事物物主要是"诚意正心、修齐治平"之六目。《大学》的结构是"三纲、六证、两条、六目"，这就是大学的基本构架。基于此，两条之格物、致知为方法或手段，以六条目"诚意正心、修齐治平"为对象或材料。六目以"修身为本"，诚意、正心为"修身"的功夫，齐治平为"修身"的功德。因此"诚意、正心"因"修身"言，"修身"因"齐治平"言，并非"修身"跟"诚意、正心"或"齐治平"平起平坐、平铺直叙。

（三）

考察《大学》文本及传统经典的元典，从来都没有出现过"诚意正心、修身齐家、治国平天下"如此序列的说法,虽然"修身"在传统经典元典中经常出现,可这样的"修身"不属于《大学》序列中的"修身"。这是因为《大学》是"为学"的纲领、条例和条目,是功夫(格物)和功德(物格)的混成结构。格物、致知与"明明德、致良知"等同,"格、明、致"含义相通,物即"明德","知"即"良知"。"明德"就"人之性、物之理"言,"良知"就"知之正、心之明"言。格物、致知即"格致""事物"之"本末、终始、先后"即"身、家国天下"等的"本末、终始、先后"。格物、致知是"诚意、正心修身、齐家治国平天下"此六事的功夫。"修身"相当于"明明德、亲民、止至善",是功夫;"身修"相当于"明德明、民亲、至善止",是功德。就六目言,"修身"是"诚意、正心"两目的功德、是"齐治平"三目的功夫。就人的自然性、社会性言,六目之"诚意、正心"为个体内在之修养,人人可为、人人必为。这是人作为社会性的角色之中华文传统价值观所决定的。"人人皆可为尧舜"指的是"诚意正心修身",而不可能也没必要是"诚意、正心修身、齐治平"。有家者必须"齐家",有国者必须"治国"、有天下者必须"平天下",而在滚滚红尘之人间世,无家、无国、无天下者则不可能"齐治平"。此即"思不出位",所谓"在其位谋其政"。

　　"事物"之有"本末、终始、先后","格致事物"的"本末、终始、先后",是"真知、笃行"的次第。格物、致知是之于功夫系统的方法论。王阳明《传习录》说:"《中庸》言不诚无物,《大学》明明德之功,只是个诚意,诚意之功,只是个格物。"格物、致知是基本方法,如《中庸》"诚"或"中、和"。"修身"由"诚意"起,利根之人"生而知之"即"率性之谓道",习心之人"学而知之、困而学之"等即"修道之谓教",而"诚其意、正其心"的功夫、功德,所差无几,因此勤能补拙、笨鸟先飞,如是则"修齐治平"可矣。

　　所谓"格物致知、诚意正心、修齐治平"八条目,是后代读者或研究者总结出来的,而不是《大学》文本本身的内在联系,这点必须明白。朱熹等人研究《大学》总结出所谓"三纲领、八条目",而《大学》古本不合乎"三纲领、八条目"的结构,所以朱熹殚精竭虑,不惜违背学术的规矩和学者的身份,越俎代庖,调整《大学》古本的文序、增加《大学》古本的内容,造成了很不好的历史影响,至今遗祸无穷。

三纲篇第一

大学之道，在明明德、在亲民、在止于至善。

（一）

　　"明明德、亲民、止于至善"被称为"三纲"或"三纲领"。"明明德"是重点，"亲民"是热点，"止于至善"是难点。三者及三者之间具有相同的语言结构和紧密的义理关系。三纲的语言结构是动宾关系，"明/明德、亲/民、止于/至善"是"动宾"关系。《大学》的中心主题是"修身"。"明明德"是《大学》"修身"的基本功夫，是"三纲"标准或通用的说法，不能简缩为"明德"。不能误把"三纲"当成"明德、亲民、至善"。在朱熹、王阳明等人的经典著作中，时有出现把"明明德"写成"明德"等情况，这当误解或笔误所致，后学当避免之。但凡本书此后所引用的经典误写"明明德"为"明德"的，仅在"义证谨案"或"说明"的时候写为"明明德"，不再一一加以说明。"明德"是一个特殊的概念或术语，因此不能把作为功夫的"明明德"跟作为基本概念的"明德"混为一谈。从准确性、全面性的角度说，当慎重之。如果说"明明德"是功夫，那么"明德明"就是"功德"。以下但言"明明德"即相当于也言"明德明"，即功夫和功德混言之，其余"两条"之"格物、物格"等、"六目"之"诚意、意诚"乃至"天下平、平天下"等同此。

　　"大学"乃是"做君子、成圣贤"之"大人之学"，"大人"是能"与天地万物为一体"者也。"大学或大人之学"主要不是跟"小学、小人之学"对言，主要是跟"经世济民、修身养性"皆为"大学或大人之学"对言，无论"洒扫应对"还是"穷理尽性"，"世事洞明皆学问，人情练达即文章"，皆为"大人之学"。"十五志于学、学而时习之"之"学"，跟"大学"之"学"类似，如"朝闻道夕死可矣"之"道"。此即孔子"君子，食无求饱、居无求安、敏于事而慎于言、就有道而正焉，可谓好学也已"之"好学"也哉！

　　"大学之道"是"大学"之方法和路径，跟《中庸》"率性之谓道、修道之谓教"的"道"即所谓"性"，含义微别。"道"之为义，至少应从四个方面加以辨析，曰"日常计谋论"如道路、曰"科学智慧论"如道理、曰"哲学本体论"如道体德用、曰"宇宙生成论"如道生德畜。历代学人大都皆在"日常计谋论或科学智慧论"层面谈论"大学"等之"道"字，此为说文解字范围之内事。

（二）

　　《大学》的中心思想主题是"壹是皆以修身为本"，因而"三纲"是"修身"之三纲、"六证"是"修身"之六证、"两条"是"修身"之两条例、"六目"是"修身"之六条目，一切的一、一的一切，都必然也必须"壹是皆以修身为本"。"修身为本"之"本"，非哲学本然之"本"，乃"基础、根基"之日常含义。《大学》以"修身为本"、"修身"以"三纲为本"、三纲"以明明德为本"，基于此"明明德"相当于"修身之本"。

　　三纲"明明德、亲民、止于至善"的义理关系很紧密。就三纲之内部关系言："明明德"是"亲民"的功夫，而"明明德、亲民"又是"止至善"的功夫。"明明德、亲民"是下学、是功夫，"止至善"是上达，是功德。功夫只在下学上做，是定量的，必须落实在事事物物上，即明明德、亲民等必须落实在事事物物上。功德是在上达、上德，是定性的目标或境界，是功夫之于事事物物所收获的成果，即"止至善"是"明明德"等的成果。但凡在事事物物上下功夫就都有可能抵达上德的境界，而上达却没法也没有必要落实在事事物物上。无论高低贵贱还是老幼尊卑、无论是"洒扫应对"还是"穷理尽性"，都能抵达上达的境界。诚意、正心，无处不是学习、无事不是修炼。心存天理，喜怒随心，学无止境，功到自然成！阳明所谓"只在下学、不求上达""只问耕耘、不问收获"，在此。"明明德、亲民"可作功夫论、功德论，而"止至善"只作功德论。"止至善"，只以成色论境界、不以成就论英雄。

　　修身是有目标、内容、方法、次第的，三纲是修身的纲要、六证是修身的层次、两条例是修身的方法、六条目是修身的细目。三纲是纲、六条目是目，纲举目张，循序致精而止于至善！理解三纲，必须紧密结合六目，如此才能纲举目张，否则难免顾此失彼。

三纲之"明明德"对应的是六目"诚意、正心",是下学;而六条目之"修身"也对应六目的"诚意、正心",也是下学。三纲之"亲民"对应六目的"齐家治国平天下",是下学,而"修身"作为功夫对应的是六目的"齐家治国平天下",是下学。因此,"明明德"跟"修身"发生了关系,"明明德"是"修身"的功夫、"修身"反作用于"明明德";"亲民"跟"修身"发生了关系,"亲民"是"修身"的功德,"亲民"反作用于"修身"。"明明德"必须落实到"诚意、正心"之上,而"诚意、正心"又是"修身"的功夫,所以三纲的"明明德"因此就相当于"六目"之"修身"的功夫。"修身"是"六目"的中心环节,所以"明明德"自然成了"修身"的中心环节。"明明德"的要点是"修己以敬",重点在"修己";"修身"的要点是"修己安人",重点在"安人"。

"修身"或"明明德"对应的都是"六目"之"诚意、正心",而"诚意"有"自谦"等细目,即"修身、明明德"必须落实到"诚意"的"自谦"即"毋自欺"、"自律"即"慎其独"、"自立"即"道问学"、"自明"即"克明德"、"自新"即"作新民"、"自止"即"知所止"、"自诚"即"畏民志"等事事物物之上。"修身"或"明明德"自然包括"诚意"之"自新、自止"等内容,而朱熹等把"诚意"之"自新"归于所谓"新民"、"自止"归于"止至善"等,不明白"诚意"等细目本来就是也只能是"明明德"的功夫,就必然混淆了"三纲"跟"六目"之间的"纲目"之关系。纲目相对,理所当然,可历代学人特别是程朱理学都生拉活扯地调整《大学》个文本、增加《大学》的内容,以适应所谓"经传体"及"三纲、八目"的文本结构,其原因就是在错误地把"诚意"的"自新"等对应"亲民"、把"诚意"的"自止"等对应"止于至善"等。"止至善"是上达,朱熹把"自止"等下学的内容与"止至善"等对应起来,实际上也是不明白"止至善"的基本性质所致。

"三纲"落实到"六目"的路径有两条:一是"素王"之路,即"明明德而止至善"相当于"诚意、正心、修身齐家",重点在"修身养性";一是"圣王"之路,即"明明德、亲民而止至善"相当于"诚意、正心、修身齐家、治国平天下",重点是"救世济民"。这跟《大学》"自天子以至于庶人,壹是皆以修身为本"、孟子的"独善其身""兼善天下"等相对应、相呼应。

一、明明德章

（一）

　　"明明德"跟"修身"关系十分密切，两者的功夫都是"诚意、正心"。"明明德"是在内的功夫和功德，"修身"具有之于内外的"功夫和功德"。就内言即"修身、身修"，就外言即"诚意、正心"，是"修身"功夫，"修身"又是"齐家治国平天下"的功夫、"齐家治国平天下"是"修身"的功德。

　　功夫是下学，在下德层次，主要以成就论；功德是上达，在上德境界，主要以成色论。在中华文化传统核心观念之中，就人类的社会性言，功夫、功德都具有十分鲜明的道德属性，是道德实践的言行和结果。功夫要落实在事事物物上，强调脚踏实地、精益求精，具有阶段性、个别性等特点。功德不能落实在事事物物上，追求成贤成圣、尽善尽美，具有连续性、整体性等特点。功夫的成就、功德的成色，都必须以天理为皈依，这是中华文化传统的基本特色。中华文化传统时时刻刻都在强调"人在干、天在看"，非常强调"公平、公正"，其根源就在此！

　　阳明《传习录》有言："修己便是明明德！"修身即修己。《论语·宪问》曰："修己以敬、修己以安人、修己以安百姓。""修己以敬"即"以敬修己"，相当于"明明德而止至善"；"修己以安人、修己以安百姓"即"以安人修己、以安百姓修己"，相当于"明明德亲民而止至善"。中华文化之精髓，中心就是"修己"，"安人、安百姓、安天下"，都是为了"修己"，修身为"本"，其余的都是"末"。

（二）

　　明明德之"明"同"自知者明、自知之明"之"明"。"明明德"的第一个"明"字的意思，简单地说就是"明白、知道、晓得"等意思，而丰富一点的理解就如"耳聪目明"之类。"明"是眼睛看得很清楚，所谓"心明眼亮"，这是对"明"的最基本的解释，算是说文解字，属于训诂的范围。

　　《道德经》认为，通过"明"可以"知天道、见人道"，通过"明"可以"修身"、可以"齐家治国平天下"。在《道德经》中"明"字共出现13次，依次出现的经典名言主要有："知常曰明、不自见故明、自见者不明、自知者明、见小曰明、不见而明、知人者智"等。如"知人者智、知己者明"出自《道德经·第三十三章》："知人者智、自知者明、胜人者有力，自胜者强、知足者富、强行者有志。""知人者智"是"胜人者有力"，"自知者明"是"强行者有志"。"有志者"能"强行"、"强行者"是"自知者"，"自知者明"，所以有志者事竟成！"知人者智"，可常常"明于责人、昧于责己"。能够"自见自闻"才能算是"自知者明"。"知人者智"主要说的是一个人的洞察力，能够"知人好恶《河上公注》"，这只是"智"；"自知者明"，能够"自知贤与不肖《河上公注》"，能够"反听无声、内视无形《河上公注》"，这才是"明"。把"知人"与"自知"进行比较："知人者，智而已矣，未若自知者超智之上也《王弼注》"。"知人"之所以不如"自知"，就是因为知人者"役用以知物《唐玄宗注》"而"有所不知《唐玄宗注》"，属于"下德"，不过"有为"而已；自知者"融照以鉴微《唐玄宗注》"而"无所不照《唐玄宗注》"，属于"上德"，已经到了"无为"的境界，无可无不可、无不可无可。

《道德经·第十六章》对"明"进行过递进式的解读，原文是："夫物芸芸，各归其根，归根曰静、静曰复命、复命曰常、知常曰明。"欲"明"必"知常"必"复命"必"知静"必"归根"，故而"知常曰明"。

"自知者明、知常曰明"，闲看"万物并作"，静观"万物其复"。自处超然、待人霭然，无事蔼然、有事决然，得意淡然、失意泰然。有才气而性缓者，很可能有大才；有勇气而平和者，很可能有大勇。以和气待人，自然祸害消除；以正气接物，自然邪气退位；以浩气处世，自然疑畏冰释；以静气养身，自然心宽体胖。意粗性燥，必然一事无成；心平气和，常常万祥骈集。在发生利害关系的时候，最好观察一个人的操守；在出现喜怒哀乐的时候，最好观察一个人的肚量；在出现突发事件的时候，最好观察一个人的定力。遇到大事难事，看一个人是不是能够担当；遇到逆境顺境，看一个人的心胸是不是广大；面对大喜大怒大悲，看一个人是不是有涵养；面对群行群止群情，看一个人是不是有自己的识见。对人无所不容，对事无所不包：能够包容一切，才能大公无私；能够大公无私，才能不偏不倚；能够不偏不倚，才能顺天应命。顺天应命者永垂不朽、祸福无妄。"自知者明、知常曰明"，万物归根在于静谧，静谧就能回到生命的起点；回到生命的起点就是恒常，明白了恒常才能明察秋毫。"归根"则"静谧"；"归根"就是"复性、复德、复道"，"归根"就能"明性、明德、明道"；"静谧"则无此无彼，与道同一、与道同命，消解自我而融于大道，自然而恒常。静在于人、道在于天，身心合一、知行合一、天人合一，天涯咫尺、遥相呼应。"归根"就是"生必有死"，生死不可避免，所以老子追求的是"生死合一"，这仿佛《般若波罗蜜多心经》中的"不生不灭，明心见性"，身德双修。由此可见，明是自觉、明觉，是性明、德明、道明，所以"明明德"之"明"是修炼、修养，此务必静观默察而心知其意。

（三）

周敦颐《通书·公明第二十一》说：

公于己者公于人，未有不公于己而能公于人也。明不至则疑生，明，无疑也，谓能疑为明，何啻千里？

"明"是因为"无疑"，不是因为"能疑"或"多疑"或"善疑"就自以为就是"明"。"公于己"而能"公于人"，这就是"明"，这就是"自明"。如《周敦颐·通书·圣学第二十》所说，"无欲则静虚动直""静虚则明，明则通""动直则公，公则溥""明通公溥，庶矣乎"！"明明德、明明德亲民"或"修身、修身齐家、修身齐家治国、修身齐家治国平天下"等都是"下学"，极其至则"止于至善"即"上达"。因此把"明明德"作为三纲的中心，而实际上也是把"修身"作为六目的中心，三纲为纲、六目为目，纲举目张，六证为层次、两条为规则，浑然一体，大学之道至也明也，至明则无疑，非能善疑为明，明矣！

明明德之"明"，不仅是作为动词的第一个"明"，还是作为概念"明德"中之字素的"明"，其含义都是很丰富的，精读者必须"如切如磋，如琢如磨"，好学深思、心知其意。"明明德"是"自知之明、自明其明德"，是"修身养性、穷理尽性"，是明"自我之理想或志向"，必须落实在格物、致知的"物和知"，"诚意、正心"的"意和心"之上，必须落实在时时处处的洗心革面上、必须落实在事事物物的如琢如磨上。阳明"格物是止至善之功"，难免蹈空之感，读者当明辨之。

（四）

"明德"之"明"既"明"，而后须明白何为"明德"。"明德"是《大学》的基本概念，相当于"在天曰命、在人曰性、率性曰道、修道

曰教"的"命、性、道、教"等，相当于"致良知"的"良知"，相当于
"穷理尽性"的"理和性"，相当于"自诚明谓之性、自明诚谓之教"的
"性和教"。"明德"是良知、良能，是作为自然性和社会性的人的与生
俱来的自然本性或社会规则。在孟子、朱熹、王阳明等看来，这种本性
是"只善无恶"的，即所谓"人之初，性本善"。《大学》之所以言"明
德"不言"性、良知、理和性、性和教"等，是因为《大学》立论的角
度不同所致。《大学》为"经世济民"之显学，旨在给人类确定修身之内
容、次第、方法、境界，因必须承道统开道德，于是以"德"为中心且加
"明"字以限制之，此所以言"明德"。"德"之"承道统开道德"，为
中华文化传统的自然而必然。"道生德畜、道体德用"，这是中华文化传
统的基本观念，儒释道、兵法墨，别看"你方唱罢我登场"，而有关"道
和德"的基本观念没有本质的区别。

【朱熹说】

朱熹[1]认为：人之"明德"乃是"天之明命"，在道为道理、在德为德
性。德为人之所得，人为主体而有客体，天地万物乃至人间的一切存在都
是客体，于是乎有"在天为天理、在人为人性、在物为物理"等说。对"明
德"诠释，历来分歧不大，有说得简约一点的，也有说得丰富一点的。

朱熹《大学章句》说：

明德者，人之所得乎天而虚灵[2]不昧，以具众理而应万事者也。但为
气禀所拘、人欲所蔽，则有时而昏，然其本然之明，则有未尝息者。故学
者，当因其所发而遂明之，以复其初也。

---

[1] 朱熹（1130—1200）：字元晦、又字仲晦、号晦庵、晚称晦翁、谥文，世称朱文
公，祖籍徽州府婺源县今江西省婺源，生于南剑州尤溪今属福建省尤溪县，宋朝思想家、
哲学家、教育家、诗人，闽学代表人物，儒学集大成者，世尊称为朱子。朱熹是唯一非孔
子亲传弟子而享祀孔庙的，位列大成殿十二哲之列。朱熹曾经受教于"二程"三传弟子李
侗，与二程合称"程朱学派"或"程朱理学"。十九岁中进士，曾任江西南康、福建漳
州知府、浙东巡抚，为官清正有为，振举书院建设。官拜焕章阁侍制兼侍讲，为宋宁宗
皇帝讲学。朱熹著述主要有《四书章句集注》《大学或问》《太极图说解》《通书解说》
《周易本义》《楚辞集注》等，后人辑有《朱子大全》《朱子集语象》等。李侗（1093-
1163）字愿中，学者称延平先生，南剑州剑浦（属今福建南平）人，南宋学者，程颐二传
弟子曾拜杨时、罗从彦为师，得授《春秋》《中庸》《论语》《孟子》，学成后退居山
田，谢绝世故四十年。

[2] 虚灵：虚即空，灵即明，虚灵即宁静荡淡。虚灵指宇宙最初朦胧、混沌或原始的
状态，指人则是返璞归真，体现一个人的真善美。

【谨案】

朱熹认为："明德"是人的天赋、是最初的混沌状态，具备万理而能应对万事。可人之"明德"有时候会被气禀所拘、人欲所蔽，于是出现"明德不明"的情况即"有时而昏"，可"明德"还是"未尝息"，即始终存在于人，所以"有时而昏"者必须"明明德"而"复其初"。宇宙的究竟，在天曰"道"在人曰"德"，因此，按照"性本善"的观点，常人必须修炼德行而成贤成圣，因此"明德"是用来说明人性本善、人性该善等的核心概念。

【黎立武说】

黎立武《大学本旨》说：

明德者何？在天曰命、在人曰性、率性曰道。德者得也，五常[1]具于人，其性得诸天、其道得诸己，虚灵内彻而辉光外者也。明明德者，缉熙光明之义，使内无间断而明益、彻外无壅蔽而明益者也。

【谨案】

黎立武从不同的角度诠释"明德"，即"在天曰命、在人曰性、率性曰道"。"明德"即"命、性、道"，黎立武以《中庸》"三句教"言之。"德"是"其性得诸天、其道得诸己"而"虚灵内彻而辉光外者"，"明明德"是"缉熙光明之义"使"内无间断而明益"、使"彻外无壅蔽而明益者"，这是"德、明德、明明德"之间的关系。人之德，受自天、存于心、施于人。按照中华文化传统的基本观点，人作为社会关系的总和，每个人天赋具备"五常"，因而此"德"必须也必然是"德或明德"，如《中庸》"天命之谓性、率性之谓道、修道之谓教"。"德"或"明德"或"性、道、教"，本质上都是"无善无恶"的"至善至美"。"性"虽然一样，而或"率性"而"明明德"，而或"修道"而"明明德"，因而功夫有"诚者"即"所诚者"，"思诚"即"诚之者"的不同，进而人有"生知、学知、困知"等之别。

---

[1] 五常：即仁义礼智信，孟子提出仁义礼智，董仲舒扩充为仁义礼智信，称"五常"。五常是中华文化传统的价值体系中的核心因素，作为社会一员的"人"的自身的发展和社会的进步必须具备的五种最基本的品格。这种核心价值被历代学人如孟子等认定为人的本性，所谓性本善。

【王阳明说】

（一）

在《王阳明全集》中，"三纲"出现情况如下："明德"101次、"明明德"35次，共136次，亲民出现81次，"至善"87次、"止至善"16次、"止于至善"12次，共115次。

王阳明[1]《大学问》说：

问曰：《大学》者，昔儒以为大人之学矣。敢问大人之学何以在于明明德乎？

阳明子答曰：大人者，以天地万物为一体者也。其视天下犹一家，中国犹一人焉。若夫间形骸[2]而分尔我者，小人矣。大人之能以天地万物为一体也，非意之也，其心之仁本若是，其与天地万物而为一也，岂惟大人，虽小人之心亦莫不然，彼顾自小之耳。是故见孺子之入井，而必有怵惕[3]恻隐[4]之心焉，是其仁之与孺子而为一体也。孺子犹同类者也，见鸟兽之哀鸣觳觫[5]，而必有不忍之心，是其仁之与鸟兽而为一体也。鸟兽犹有知觉者也，见草木之摧折[6]而必有悯恤[7]之心焉，是其仁之与草木而为一体也。

---

[1] 王守仁，幼名云，字伯安，别号阳明，明代浙江绍兴府余姚县今宁波余姚人，生于明宪宗成化八年（1472年10月31日），逝世于明世宗嘉靖七年（1529年1月9日）。阳明曾经在会稽山阳明洞筑室，因此自号"阳明"，世称"阳明"。阳明被公认为中华历史上"立德、立功、立言"的三立完人——三立是中华文化传统理解人生的三个高标准，或者说是人生成功的三部曲，即"修养完美的道德品行""建立伟大的功勋业绩""确立独到的论说言辞"，即"做人做事做学问"。阳明官至都察院左都御史，两广、湖广、江西四省总督，历任南赣巡抚、江西巡抚，生前封新建伯，身后谥文成公。阳明平定为祸南方四省的大规模叛乱，击溃宁王朱宸濠篡位叛乱；阳明融会贯通中华文化传统的核心观点，创造了以"心即理"为基本观点、以致良知为基础功夫、以知行合一为根本目标的"阳明心学"。阳明是有明一代著名的哲学家、教育家、政治家、军事家、文学家，是中华历史上罕见的全能大儒。很多人是博而不精，而阳明是既博又精，博大精深，是实实在在的大师。阳明（心学集大成者）跟孔子（儒学创始人）、孟子（儒学集大成者）、朱熹（理学集大成者）并称为孔孟、朱、王，他的"粉丝"如张居正、汤显祖、徐光启、李贽、康有为、梁启超、章太炎、孙中山、蒋中正等，无不从中吸取丰富的营养，成就了一番伟大的事业。阳明之著作涉及《大学》的被《大学义证》引用以"义证谨案"点评之。

[2] 形骸（xínghái）：指人的形体。

[3] 怵惕（chùtì）：恐惧警惕。

[4] 恻隐：对受苦难的人表示同情。

[5] 觳觫（húsù）：因恐惧而发抖。

[6] 摧折（cuīshé）：折断。

[7] 悯恤（mǐnxù）：怜悯。

草木犹有生意者也，见瓦石之毁坏而必有顾惜之心焉，是其仁之与瓦石而为一体也。是其一体之仁也，虽小人之心亦必有之。是乃根于天命之性，而自然灵昭[1]不昧者也，是故谓之明德。小人之心既已分隔隘陋[2]矣，而其一体之仁犹能不昧若此者，是其未动于欲，而未蔽于私之时也。及其动于欲，蔽于私，而利害相攻，忿怒相激，则将戕[3]物圮[4]类，无所不为其甚，至有骨肉相残者，而一体之仁亡矣。是故苟无私欲之蔽，则虽小人之心，而其一体之仁犹大人也；一有私欲之蔽，则虽大人之心，而其分隔隘陋犹小人矣。故夫为大人之学者，亦惟去其私欲之蔽，以明其明德，复其天地万物一体之本然而已耳。非能于本然之外，而有所增益之也。

【谨案】

阳明五十六岁始同意刊刻《大学问》，其标志性的意义就是此前阳明主要强调从功夫从"诚意"入手，而此时强调功夫从"致知"即所谓从"致良知"入手。"致知"的"知"相当于"良知"，虽然有"增字为训"之嫌，可并无大误。"从诚意入手"相当于《中庸》的"修道之谓教"或"自明诚谓之教"，针对的是"学而知之"等所谓"习心之人"，"从致良知入手"相当于《中庸》的"率性之谓道"或"自诚明谓之性"，针对的是"生而知之"等所谓"利根之人"。

《大学问》认为：大人因跟"天地万物为一体"，所以"视天下犹一家、中国犹一人"。"间形骸而分尔我"的就是小人。此小人不是伦理上的小人即坏人，只是修炼没有达到圣贤境界的常人。"间形骸而分尔我"即有分别心即关注差异性，而不"间形骸而分尔我"即没有分别心即关注同一性。大人之所以能与"天地万物为一体"，不是刻意而为，而是"其心之仁"而自然如此。不仅仅大人能"与天地万物而为一"，小人也能"与天地万物而为一"，只是小人"自小之耳"。《大学问》引用孟子例子说明："故见孺子之入井，而必有怵惕恻隐之心。"这说明小人"其仁之与孺子而为一体"。孺子跟大人属于"同类"，而大人"见鸟兽之哀鸣觳觫，而必有不忍之心"，这说明人之仁"与鸟兽而为一体"。鸟兽属

---

[1] 灵昭：明白、清楚。
[2] 隘陋（ àilòu）：狭窄，象征识见狭隘卑陋。
[3] 戕（qiāng）：残害、杀害。
[4] 圮（pǐ）：毁坏；倒塌。

于"有知觉"的，而人"见草木之摧折而必有悯恤之心"，这说明人之仁"与草木而为一体"。草木属于"有生意"的，而大人"见瓦石之毁坏而必有顾惜之心"，这说明大人之仁"与瓦石而为一体"。大人的所谓"一体之仁"，即使是"小人之心亦必有之"。"一体之仁"根植于"天命之性"，是属于"自然灵昭不昧"的，所以称之为"明德"。

《大学问》继续说：小人之心虽然已经"分隔隘陋"，可是他们的"一体之仁"还是"不昧若此"的，原因是在于"未动于欲，而未蔽于私之时"。即使是小人，他们的私欲未动的时候，"一体之仁"还是存在的。这是阳明心学自始至终笃信"性本善"观点的具体体现。其所以"人人皆可为尧舜"，就是因为"人之初、性本善"。等到小人"动于欲，蔽于私"，因为"利害相攻、忿怒相激"，于是乎就"戕物圮类"，乃至"无所不为其甚"，甚至"骨肉相残"，最终"一体之仁亡"。如果一个人"无私欲之蔽"，那么即使是"小人之心"也有像大人那样的"一体之仁"；如果一个人"有私欲之蔽"，那么即使是有"大人之心"也像小人那样"分隔隘陋"了。所以，"为大人之学"的，只不过"去其私欲之蔽，以明其明德"，恢复"其天地万物一体之本然而已耳"，不是在"本然之外"而"有所增益之"。

《大学问》有关"大人"何以能够"明明德"的观点，下面这个问题值得重视。人见"孺子之入井"的"怵惕恻隐之心"、见"鸟兽之哀鸣觳觫"的"不忍之心"，见"草木之摧折"的"悯恤之心"，见"瓦石之毁坏"的"顾惜之心"，此即"明德"。"明德"其实就是作为主体的人对作为客体的物之情感投射或认知成果，这是按照"心物一体"或"心外无物"或"心即理、心即天、心即道"等观点在"明明德"之上得出的结论。由此可见，"明德"相当于"四端、五常"。从人的个性言，"四端、五常"是人类教化的结果；从人的共性言，"四端、五常"是与生俱来的。这是阳明心学的基本观点，也是中华文化传统的基本观点。

（二）

先生游南镇[1]，一友指岩中花树问曰：天下无心外之物[2]。如此花树，在深山中自开自落，于我心亦何相关？

---

[1] 南镇：浙江绍兴市会稽山。

[2] 天下无心外之物：即"心即物、心即理、心外无物"，这是阳明新学的基本观点。

先生曰：你未看此花时，此花与汝心同归于寂。你来看此花时，则此花颜色一时明白起来。便知此花不在你的心外。

【谨案】

这就是王阳明著名的"岩中花树"的故事。阳明认为，花树是作为客体而存在的，在山中自开自落，独立存在于主体的认知之外，与"我心"没有任何关系，只作为毫无"意义"的自然而存在而已，因而阳明说"与汝心同归于寂"。而当"我心"看花树的时候，是主体的体验或认知的结果，此时此地的花树就与"我心"的生命体验一气流通，并成为确证"我心"存在的对象，此时此地的花树便在"我心"之中。本段以"岩中花树"为题，是就"个性之心"言，阳明回答是就"共性之心"言。"个性之心"是个体之"心"，跟物理相对，是个体的认识；"共性之心"是整体之"心"，跟天理相对，是群体的认识。"天下无心外之物"本来是从"共性之心"言，可"朋友"从"个性之心"上去理解并提问阳明。既然"万物一体、万事一理"，因此"共性之心、个性之心"都是一个"心"，阳明回答问题向来是"以不变应万变"，所以不无不可，也可算"言之成理、言之有据"。作为一个实践上的认知问题，这肯定是可以的，而作为哲学的认识问题，不能跟唯物论或唯心论扯在一起，只跟认识的主体、客体及认知成果发生关系。这是因为，在王阳明看来，心物高度契合，心物一体，物从来就不可能离开心的认知而存在的。

（三）

研究阳明心学或中华传统文化，深入研究易学是基本功，否则必然知其然不知其所以然。阳明"龙场悟道"是在贵州修文龙场之"玩易窝"里"玩易"悟出"道"来的。当时他曾把自己所悟之道以"五经"等加以印证，其中用《易经》之《晋卦》来说明何以为"明明德"和"明德"，读者细读以领会之。

《王阳明全集·五经臆说十三条·一》记载：

明出地上，晋，君子以自昭明德[1]。日之体本无不明也，故谓之大明。有时而不明者，入于地则不明矣。心之德本无不明也，故谓之明德。有时而不明者，蔽于私也。去其私，无不明矣。日之出地，日自出也，天无与

---

[1] 明出地上……君子以自昭明德：出自《易经·晋卦·大象》："象曰：明出地上，晋，君子以自昭明德。"

焉。君子之明明德，自明之也，人无所与焉。自昭也者，自去其私欲之蔽而已。初阴居下，当进之始，上与四应，有晋如之象。然四意方自求进，不暇与初为援，故又有见摧之象。当此之时，苟能以正自守，则可以获吉。盖当进身之始，德业未著、忠诚未显，上之人岂能遽相孚信？使其以上之未信，而遂汲汲于求知，则将有失身枉道之耻，怀愤用智之非，而悔咎之来必矣。故当宽裕雍容，安处于正，则德久而自孚，诚积而自感，又何咎之有乎？盖初虽晋如，而终不失其吉者，以能独行其正也。虽不见信于上，然以宽裕自处，则可以无咎者，以其始进在下，而未尝受命当职任也。使其已当职任，不信于上，而优裕废弛，将不免于旷官之责，其能以无咎乎？

【谨案】

阳明以晋卦之《大象》"明出地上，晋，君子以自昭明德"作为话题说明"明明德"即"自昭明德"，其中思路和方法，值得细细品味。晋卦000·101下卦为经卦坤地000、上卦为经卦离火101，结合《大象》所言，阳明是这样解释的：上卦"离火"即"日之体本无不明"，所以"谓之大明"。"日之体"有时候"不明"，是因为在坤地之下就"不明矣"。"心之德"如"日之体"，"本无不明"，所以"心之德"称之为"明德"。而"明德"有的时候"不明"，这是因为"蔽于私也"，只要"去其私"，"心之德"即"明德"就"无不明矣"。离卦为"日之出地"，日是从地下自己出来的即"日自出也"，与"天"没有关系即"天无与焉"。因此"君子之明明德"是"自明之"，跟他人是没有关系的。"自明之"就是"自明明德"，就是"自去其私欲之蔽"。晋卦下卦的初爻在下即"初阴居下"，初六必求进而应九四即"上与四应"，所以有"晋如之象"。"晋如"即日出于地而跃跃欲试，象征初六求与九四相应。而九四阳爻也"方自求进"，无暇为初六施以援手即"与初为援"，所以晋卦爻辞有"摧如"即"见摧之象"之说。遇到这种情况，作为初六当"以正自守，则可以获吉"。这是因为初六"当进身之始，德业未著、忠诚未显"，所以九四作为"上之人"不可能"遽相孚信"。在下之人，如果"上之未信"而"遂汲汲于求知"，肯定有"失身枉道之耻，怀愤用智之非"，必然"悔咎之来必矣"。遇到这种情况，在下之人如能"宽裕雍容，安处于正"，那么就可能"德久而自孚，诚积而自感"，就不会出现

"悔咎"的情况。晋卦初六虽急于求成而最终能"不失其吉",就是因为能"独行其正"。晋卦初六虽然"不见信于上",可却能"宽裕自处"而"无咎"的原因,就是阴爻初六求应九四,因初六在下而刚出道而"未尝受命当职任"。在下之人如已"当职任"而"不信于上",那么必然"优裕废弛""不免于旷官之责",希望免除悔咎那就很难了。

【孙奇逢说】

孙奇逢《大学近指》说:

三个圣人,皆明明德于天下者,而曰皆自明,非论心而不论事、论已而不论民,盖毕世经纶,无一事一民不在洗涤之中,非为天下总是为己、人人有自而自不求明,是自绝也。三书克明顾諟等,俱就日用感应实际处言,非尸居静摄时如此。

【谨案】

孙奇逢认为:明明德就是"自明其德",包括"论心论事、论已论民"两个内容。每个人,都应该"为己为人",否则就是"自绝"。自明应该落实在时时处处、事事物物上,而不能三心二意、三天打鱼两天晒网,更不能自欺欺人。

二、亲民章

(一)

"亲民"是"我之亲民",是我之立志为圣贤的"自我明明德"或"自明其明德"之或然,而不是"民之自亲"或"民之自新"。其所以说"自我明明德"或"自明其明德"是"或然",这是因为三纲的两条路径所决定的,即"明德止于至善"即"素王之路"和"明明德亲民止于至善"即"圣王之路"。"我之立志为圣贤"有"修己以敬"即"修身养性"和"修己以安人"等即"经世济民"即"学而优则仕"等不同的路径。"亲民"对应的是"六目"的"齐家治国平天下",跟"日日新"等没有必然的联系。

(二)

"亲民"即"仁民",即圣贤之"仁爱民众"。"亲民"相当于"以民为本"而不相当于"以人为本"。凡言"亲民"为"亲人、新民"者,所谓"人际交往、交朋结友"或"修我革新"等者，皆不明"亲民"者也。"以人为本"是哲学概念，如"天人合一"，"天"跟"人"相对，"天"是客体（包含人），"人"是主体。"以民为本"是政治学概念，如《孟子·尽心下》言"民为重、社稷次之、君为轻"。"民"跟"君"相对，"民"是被管理者，"君"是管理者。"亲民"是"明明德"之功德，是"明明德"走向圣贤之路的必须。"明明德"大致对应"六目"之"诚意、正心"，要点是"修己"，而"亲民"大致对应"六目"的"齐家治国平天下"，要点是"安人"。"亲民"主要针对"治国平天下"，就管理职能言，即孔子所谓"学而优则仕"。《孟子·滕文公下》有"士之失位也，犹诸侯之失国家也""士之仕也，犹农夫之耕也"等说法，这跟孔子的观点一脉相承。在孔孟看来，"仕"的基本职能就是做官，就像工人做工、农民种地一样，天经地义、无可厚非。"明明德"才能"亲民"，而不可能"明德不明"而却能"亲民"，"明明德"是"亲民"的充分必要条件。反过来"亲民"促进"明德自明、自明明德"。

（三）

就《大学》言，"亲民"的主要内容是"治国、平天下"，"亲民"因人而异，很多人不仅没有"亲民"的能力，也没有"亲民"的机会。"明明德"（诚意、正心而修身兼齐家）"亲民"（齐家而依次治国而平天下）是"止至善"的功夫，"止至善"是"明明德、亲民"的功德。"明明德而止于至善"是中华文化传统基本观念对每个人的基本要求，因此是任何人或大多数人都应该或能够选择的途径，人人都必须"明明德"即"修身"乃至"齐家"，即"自明明德"而"止于至善"，此所谓"素王"。所谓"人人皆可为尧舜"，是在如此层面说的，不可能也没有必要"人人必须为尧舜"。"明明德、亲民而止于至善"是少数人可以或能够选择的途径，即"自明明德、亲民"而"止于至善"，此为"万人之上、一人之下"或"普天之下、唯我独尊"，此所谓"圣王"。不可能"普天之下尽舜尧"，只可能"尧舜才能成尧舜"！

（四）

"明明德"之于"亲民"关系密切，可未必"明明德"就必然或必须或能够"亲民"，这是应弄清楚的基本问题。"亲民"主要对应"治国平天下"，随着涉及范围的扩大，所能达到的这种位置的人数就越少。"修身"或"明明德"是道德实践对全部社会成员的要求，相当于道德之号召力，齐家次之、治国次之、平天下次之，能够"治国"或"平天下"的社会成员必然都是所谓"孤家寡人"。历代研读《大学》的学人，常常把"明明德"跟"亲民"无条件地搅和在一起。如以否定《大学》为己任的陈确在《大学辩》中这样说：

> 盖《大学》言知不言行，必为禅学无疑。虽曰亲民、曰齐治平，若且内外交修者，并是装排[1]不根[2]之言。其精思所注，只在致知、知止等字，竟是空寂[3]之学。

陈确认定，《大学》"言知不言行"只在"致知、知止"等字，是"禅学、佛语"。"禅学、佛语"就是只讲"明明德而止至善"或"修身"而不讲"亲民"的。即使朱熹、王阳明等大家也不例外地把"明明德"与"亲民"搅在一起，这是必须注意的。

【朱熹说】

《大学》古本三纲是"明明德，亲民，止于至善"，而朱熹等《大学》改本则是"明明德，新民，止于至善"。这被有的人称之为所谓"公案"，有些高人经常就此咨询之。其实这并不是什么"公案"，而是朱熹等篡改《大学》，这已经应该是成说定论了。"亲民"对应"六目"之"治国平天下"，而不是对应"六目"之"诚意章"之"新"如"新民"等。以"亲民"对应"新民"，是张冠李戴，朱熹等改《大学》古本"亲民"为"新民"，其原因就是不明白此。"亲民"的含义并不复杂，"穷则独善其身"相当于"明明德而止至善"，"达则兼济天下"相当于"明明德亲民而止至善"。

朱熹《大学章句》说：

> 新者，革其旧之谓也，言既自明其明德，又当推以及人，使之亦有以去其旧染之污也。程颐《大学》定本一卷改亲为新，朱熹说：程子曰：亲，当作新。新者，革其旧之谓也。言既自明其明德，又当推以及人，使之亦有以去其旧染之污也。

---

[1] 装排：装门面给人看。

[2] 不根：出自《汉书·严助传》："朔、皋不根持论，上颇俳优畜之。"颜师古《注》："议论委随、不能持正，如树木之无根柢也。"

[3] 空寂：佛语，言事物了无自性、本无生灭。如《楞严经·卷五》："我旷劫来，心得无碍。自忆受生如恒河沙，初在母胎，即知空寂。"

【谨案】

程颐、朱熹等如此改"亲"作"新"，既不合乎《大学》原义，又违背了学术规范，因此被后世有识之士不断抵制和批判。朱熹诠释所谓"新民"，其实与"亲民"并无根本区别。"新民"意思是："既自明其明德，又当推以及人，使之亦有以去其旧染之污也。""自明其明德"是"修己"，"推以及人""去其旧染之污"是"安人、安百姓"，跟孔子"修己以安人、修己以安百姓"一脉相承。

朱熹《大学章句》《大学或问》继承了程颐"亲当作新"的观点，二程及朱熹等被时人和后世不断批评的，这是其中一个基本内容。《大学或问》对"亲"为"新"进行辩护。朱熹认为："今亲民云者，以文义推之则无理，新民云者，以传文考之则有据，程子于此其所以处之者亦已审矣。"作"亲民"所谓"以文义推之则无理"，作"新民"所谓"以传文考之则有据"。因此，如果明明知道是谬误而不加以改正，就是"承误踵讹"，就是"心知非是而故为穿凿附会"，以这样的态度去"求其说之必通"，这就是更加"侮圣言、误后学"，不足取法。朱熹所以改"亲民"为"新民"，就是因为朱熹信誓旦旦地认为：《大学》文本的语义应该是"新民"而不是"亲民"。朱熹等并没有举出更多的必须修改的证据，就"以己意轻改经文"，可谓"明知故犯"。

【黎立武说】

黎立武《大学本旨》说：

新民[1]者，民同此性、同此德，但气拘习染不能全其本然。圣贤以道觉民，使人知有此明德，变化气质、洗涤习俗而新其德。盖因其自有而觉之，如因物之旧而新之也。

【谨案】

黎立武是按照"新民"诠释三纲之"亲民"的。"新民"是"圣贤以道觉民，使人知有此明德"，所以此"新民"跟"明明德"之于"亲民"的意思大致相同。这种诠释是被"亲民"所牵扯。黎立武接着又说："盖因其自有而觉之，如因物之旧而新之也。""其自有而觉之"这似乎

---

[1]《大学本旨》原文为"在亲民"，而自注为"亲作新"，可见魏立武只是部分认可朱熹等《大学》改本的观点的。

又跟"明明德"之于"亲民"没有关系了。这种诠释又是被"诚意"所牵扯。真是两面不讨好，由此可知什么叫作进退失据。"以道觉民"是"亲民"即"仁民"，是外向的；"自有而觉"是"新民"即"自新"，是内向的。"以道觉民、自有而觉"，两者必然有外内之别，黎立武此说不可能没有自相矛盾之嫌。而"新民"在"诚意章"，是"明明德"之"自新"，跟"亲民"没有直接关系。"新民"内向，"亲民"外向，理所当然！"新民"之"新"即"自新"，名正言顺、文从字顺，不劳如此师心自用、劳心费力。

【王阳明说】

（一）

阳明《传习录》第一条就对朱熹等的"亲当作新"进行评判。

爱问：在亲民[1]，朱子[2]谓当作[3]新民。后章作新民之文，似亦有据。先生以为，宜从旧本作亲民，亦有所据否？

先生曰：作新民之新，是自新之民，与在新民之新不同，此岂足为据？作字却与亲字相对，然非亲字义。下面治国平天下处，皆于新字无发明[4]。如云君子贤其贤而亲其亲，小人乐其乐而利其利、如保赤子、民之所好好之，民之所恶恶之，此之谓民之父母之类，皆是亲字意。亲民犹《孟子》亲亲仁民[5]之谓，亲之即仁之也。百姓不亲，舜使契为司徒[6]，敬敷五教[7]，所以亲之也。《尧典》克明峻德便是明明德，以亲九族至平章、协

---

[1] 亲民：亲亲而仁民，仁民而爱物。《年谱》载：六年辛未，先生四十岁，在京师……十二月，升南京太仆寺少卿，便道过省。与徐爱论学。爱是年以祁州知州考满进京，升南京工部员外郎。与先生同舟归越，论《大学》宗旨。闻之踊跃痛快，如狂如醒者数日，胸中混沌复开。仰思尧舜、三王、孔孟千圣立言，人各不同，其旨则一。今之《传习录》所载首卷是也。

[2] 朱子：指朱熹的《大学章句》。

[3] 当作：也作当为。训诂学术语，含有纠正错误之意。

[4] 发明：新的见解。

[5] "亲亲仁民"：出自《孟子·尽心上》：亲亲而仁民，仁民而爱物。

[6] 舜：传说中的五帝之一。契：帝喾之子，商族的始祖，曾助大禹治水有功，被舜封为司徒，掌管教化之职。

[7] 敷：布置、铺开、摆开。五教：父义、母慈、兄友、弟恭、子孝。

和，便是亲民，便是明明德于天下[1]。又如孔子言修己以安百姓[2]，修己便是明明德，安百姓便是亲民。说亲民便是兼教养意，说新民便觉偏了。

【谨案】

这段问答讨论的是阳明主张恢复所谓《大学》古本的"亲民"跟朱熹《大学章句》篡改的"新民"之争。今天看来，三纲之是"亲民"还是"新民"，是说句话的事，而在阳明的年代，那可是有点"惊天地、动鬼神"的震撼。传统本即所谓《大学》古本作"亲民"，朱熹《大学章句》改为"新民"，阳明认为不能这样改，于是引发了徐爱的提问。

孔子的仁学、孟子的仁政，核心都是"爱人、亲民"。按照这种观点，对他人的爱就是"仁"，而义、智、礼、信等就已经在"仁"之中了。对"民众之亲"即为"仁政"，而其中"教化、养育"等含义也就在其中了。显然，阳明的见解很可能更合乎孔孟的"仁、爱"的基本观点，因此纠正朱熹的改"亲民"为"新民"，主张回归先圣的"亲民"，这不仅能够正本清源，也功益于后代。阳明对"亲民"与"新民"的含义做了很细致的分析，读者应该反复阅读，深刻领会，乃至举一反三、触类旁通。值得特别提醒的是，"新民"本在"诚意章"，是阐释如何"诚意"、如何"明明德"的，跟"亲民"没有必然关系，而阳明却不从此入手，而是喋喋不休，打蛇不打七寸，往往事倍功半。可见，研读《大学》如果没有从整体上把握好，常常都会出现词不达意、事倍功半之弊。

（二）

在恢复《大学》古本的基础上，王阳明对"亲民"进行了阐释，《大学问》说：

问曰：然则何以在亲民乎？

答曰：明明德者，立其天地万物一体之体也；亲民者，达其天地万物一体之用也。故明明德必在于亲民，而亲民乃所以明其明德也。是故亲吾之父，以及人之父，以及天下人之父，而后吾之仁实与吾之父、人之父与天下人之父而为一体矣。实与之为一体，而后孝之，明德始明矣！亲吾之

---

[1]《尧典》"克明峻德"便是"明明德"……便是"明明德于天下"：峻德：大德。"克明峻德"等出自《尚书·尧典》：克明峻德，以亲九族；九族既睦，平章百姓；百姓昭明，协和万邦，黎民于变时雍。

[2] 修己以安百姓：出自《论语·宪问》："修己以安百姓，尧舜其犹病诸。"

兄，以及人之兄，以及天下人之兄，而后吾之仁实与吾之兄、人之兄与天下人之兄而为一体矣。实与之为一体，而后悌之，明德始明矣！君臣也，夫妇也，朋友也，以至于山川鬼神鸟兽草木也，莫不实有以亲之，以达吾一体之仁，然后吾之明德始无不明，而真能以天地万物为一体矣。夫是之谓明明德于天下，是之谓家齐、国治而天下平，是之谓尽性。

【谨案】

　　"明明德"是"立其天地万物一体之体"，而"亲民"是"达其天地万物一体之用"，是"体"和"用"的关系，所以"明明德"就必然"亲民"，而"亲民"就是因为能够"明其明德"。《大学问》把"明明德"作为"体"，"亲民"作为"用"，这是有价值的，而"体、用"是当作"基础和延展"解的，不能当作哲学上的"体、用"解。《大学》是"大人之学"，按照《大学》的观点，"大人"必须"修齐治平"，所以有"明明德"是基础，必有"亲民"的延展。而就所有人或普通人而言，"亲民"则未必是必然，这是应该明白的。《大学问》按照"明明德"的行文风格，提出了"明德始明"的父子之"孝"、兄弟之"悌"，乃至"君臣、夫妇"、朋友及"山川鬼神鸟兽草木"，"莫不实有以亲之，以达吾一体之仁"，然后"明德始无不明"，最终能"以天地万物为一体"。所谓"明明德于天下"就是"家齐、国治而天下平"，这就是"尽性"。

（三）

　　《王阳明全集·书赵孟立卷》记载：

　　赵仲立之判辰也，问政于阳明子。

　　阳明子曰：郡县之职，以亲民也。亲民之学不明，而天下无善治矣。

　　敢问亲民？

　　曰：明其明德以亲民也。

　　敢问明明德？

　　曰：亲民以明其明德也。

　　曰：明德亲民一乎？君子之言治也，如斯而已乎？

　　曰：亲吾之父以及人之父而孝之德明矣，亲吾之子以明其明德以亲民也，故能以一身为天下，亲民以明其明德也，故能以天下为一身。夫以天下为一身也，则八荒四表皆吾支体，而况一郡之治，心腹之间乎？

【谨案】

"明其明德以亲民也、亲民以明其明德也"，这话是不错的，"明明德"而"亲民"、"亲民"而"明明德"，这是相互作用、相互促进，作用与反作用的关系。从"问政"的角度讨论"明明德"跟"亲民"的关系，这没有大的问题。可"明明德"而"亲民"或"亲民"而"明明德"，讨论的是可能性而不是必然性，跟"人人皆可为尧舜"一样，可为"尧舜"而不一定能为"尧舜"。只有尧舜才能成尧舜，这是不言而喻的！

（四）

《亲民堂记–乙酉》跟《书赵孟立卷》意思相近，可参考阅读之。

南子元善之治越也，过阳明子而问政焉。

阳明子曰：政在亲民。

曰：亲民何以乎？

曰：在明明德。

曰：明明德何以乎？

曰：在亲民。

曰：明德、亲民，一乎？

曰：一也。明德者，天命之性、灵昭不昧，而万理之所从出也。人之于其父也，而莫不知孝焉；于其兄也，而莫不知弟焉；于凡事物之感，莫不有自然之明焉。是其灵昭之在人心，亘万古而无不同，无或昧者也，是故谓之明德。其或蔽焉，物欲也。明之者，去其物欲之蔽，以全其本然之明焉耳，非能有以增益之也。

曰：何以在亲民乎？

曰：德不可以徒明也。人之欲明其孝之德也，则必亲于其父，而后孝之德明矣；欲明其弟之德也，则必亲于其兄，而后弟之德明矣。君臣也，夫妇也，朋友也，皆然也。故明明德必在于亲民，而亲民乃所以明其明德也。故曰一也。

曰：亲民以明其明德，修身焉可矣，而何家国天下之有乎？

曰：人者，天地之心也；民者，对己之称也。曰民焉，则三才之道举矣。是故亲吾之父以及人之父，而天下之父子莫不亲矣；亲吾之兄以及人之兄，而天下之兄弟莫不亲矣。君臣也，夫妇也，朋友也，推而至于鸟兽草木也，而皆有以亲之，无非求尽吾心焉以自明其明德也。是之谓明明德于天下，是之谓家齐国治天下平。

曰：然则又乌在其为止至善者乎？

昔之人固有欲明其明德矣，然或失之虚罔空寂，而无有乎家国天下之施者，是不知明明德之在于亲民，而二氏之流是矣。固有欲亲其民者矣，然或失之知谋权术，而无有乎仁爱恻怛之诚者，是不知亲民之所以明其明德，而五伯功利之徒是矣。是皆不知止于至善之过也。是故至善也者，明德亲民之极则也。天命之性，粹然至善。其灵昭不昧者，皆其至善之发见，是皆明德之本然，而所谓良知者也。至善之发见，是而是焉，非而非焉，固吾心天然自有之则，而不容有所拟议加损于其间也。有所拟议加损于其间，则是私意小智，而非至善之谓矣。人惟不知至善之在吾心，而用其私智以求之于外，是以昧其是非之则，至于横鹜决裂，人欲肆而天理亡，明德亲民之学大乱于天下。故止至善之于明德亲民也，犹之规矩之于方圆也，尺度之于长短也，权衡之于轻重也。方圆而不止于规矩，爽其度矣；长短而不止于尺度，乖其制矣；轻重而不止于权衡，失其准矣；明德亲民而不止于至善，亡其则矣。夫是之谓大人之学。大人者，以天地万物为一体也。夫然，后能以天地万物为一体。"

元善喟然而叹曰：甚哉！大人之学若是其简易也。吾乃今知天地万物之一体矣！吾乃今知天下之为一家、中国之为一人矣！一夫不被其泽，若己推而内诸沟中，伊尹其先得我心之同然乎！

于是名其莅政之堂曰亲民，而曰：吾以亲民为职者也，吾务亲吾之民以求明吾之明德也夫！

爰书其言于壁而为之记。

【谨案】

《亲民堂记》《书赵孟立卷》都强调"明明德"跟"亲民"必须一致、必然同步，否则就是"二氏"！明明德必须亲民、亲民必然明明德，把"人人皆可为尧舜"的可能性变换为"人人必须是尧舜"的必然性，这肯定是有问题的。

【憨山说】

憨山大师是把"明明德、亲民"合在一起讨论的，《大学纲目决疑题辞》说：

　　两个明字，要理会得有分晓，且第二个明字乃光明之明，是指自己心体。第一个明字有两意：若就明德上说自己功夫便是悟明之明，谓明德是我本有之性，但一向述而不知，恰是一个迷人，只说自家没了头，驰求不得，一日忽然省了，当下知得本头自在，原不曾失。人人自性本来光明广大自在、不少丝毫，但自己迷了，都向外面他家屋里讨分晓，件件去学他说话，将谓学得的有用。若一旦悟了自己本性光光明明，一些不欠缺，此便是悟明了自己本有之明德，故曰明明德。悟得明德立地便是圣人，此就功夫为己分上说。若就亲民分上说，第一个明字，乃是昭明之明乃晓谕之意，又是揭示之义，如揭日月于中天，即是大明之明。二意都要透彻。

【谨案】

　　憨山希望读者深入理解"两个明字"以觉悟"明明德"。"明明德"的"明德"相当于"修身"之"身"的自然属性和社会属性的混成之物，相当于"天命之谓性、率性之谓道"或"尽性穷理"的"性"，天之所覆、地之所载、人之所守，为天地所生养、为人类所必须，犹孟子之"良知"。自然属性主要在"无善无恶"的上德境界言、社会属性主要在"有善有恶"的下德层次和"无善无恶"的上德境界言，而憨山所谓第二个"明"字乃"光明之明"，是指自己"心体"，还是在差异性上言，尚未抵达同一性的境界。"明德"之"光明"是"无量的光明"，是"无光无明、至光至明""无思无虑、不知不觉"而"自然而然"之光明，所谓"至人无己"之"三无"即"无名、无功、无己"之"光明"，是跟天地万物为一体的。《易经·系辞上》说："易，无思也、无为也，寂然不动、感而遂通天下之故。"中华文化传统基本观念认为：人类的自然属性和社会属性都是"原本光明"的，可社会属性因为被功名利禄等妄想所引诱，有的人之"我本有之光明性"就被有所遮蔽，因为求而迷之于外的五色五声五味，乃至"恰是一个迷人"，可只要一旦幡然悔悟、回头是岸，自性的"光明广大自在不少丝毫"，此即"悟得明德立地便是圣人"。"明明德"的第一个"明"字，用在"明德"是功夫、用在"亲民"是功德，都是"昭明、晓谕、揭示"之义即所谓"大明之明"，并非一定如憨山所划分。憨山之微瑕可能是因为没有把"明明德"之"明德"作为一个看，乃至如此。

【孙奇逢说】

孙奇逢《大学近指》说：

新者，天地育物之生机、人心进进不息之生气也。第患无所以作之则，其气已朽而蛊，有所生圣人之新天下也，常以道与天下相厉，而不令其有蓄蛊焉。三个圣人，功夫都在己上、着落都在民上。书以疾敬德为诚和小民之本，以诚小民为祈天永命之本，原是一套事无所不用其极，模写历来君子平治苦心曲尽。君子无所不用其极，随举其一而足，不必拘拘从已说至民、从民说至命，亦不必说全、法三王、必全法三王，似三王各自有缺陷在。

【谨案】

孙奇逢是按照朱熹改本"新民"进行解说的，而这种诠释却正是《大学》古本的原意。孙奇逢认为，"新"是"天地育物之生机、人心进进不息之生气"。因为害怕没有一个遵循导致"其气已朽而蛊"，所以天地"生圣人之新天下"，圣人"以道与天下相厉，而不令其有蓄蛊焉"。三个圣人都是在自己身上"下功夫"而推广到民众身上，以"疾敬德为诚""小民之本"、以"诚小民为祈天永命之本"，这本来是"一套事"，因而"无所不用其极"，描写出了"历来君子平治苦心曲尽"。孙奇逢认为："君子无所不用其极"，随便举一个例子就可以了，没有必要"从已说至民、从民说至命"，没有必要"说全"，效法三王、必定是全方位地效法三王，这样说似乎在说"三王各自有缺陷在"。"自新"引用《盘铭》《康诰》《诗》，由"已新而民新而命新"，并非仅就《盘铭》《康诰》《诗》言，《盘铭》"已新而民新而命新"、《康诰》"已新而民新而命新"、《诗》"已新而民新而命新"，古人行文连类而及，言简义丰，如"知者乐水，仁者乐山"通"知者仁者乐水乐山"一样。

三、止至善章

"止于至善"或"止至善"是三纲的第三纲。"止至善"是"明明德"或"明明德、亲民"所追求的目标或所希望抵达的境界，是上达，相当于天人诚学的上德境界。止于至善，"止"即"居处、抵达"之意，"至善"相当于"尽善尽美乃至无善无恶"，有所谓"无善无恶之至善至美"之说。"明明德而止于至善"的是"素王"，"明明德、亲民而止于至善"的是"圣王"。"帝者无为而治",所以"顺而随之";"王者仁义而治",所以"引而导之";"霸者功利而治",所以"利而诱之"乃至"武力威胁之"甚至"兵马夺取之"。作为功夫的"明明德、亲民"是下学,必须落实到具体的事事物物上;作为功德的"止至善"是上达,无法落实到具体的事事物物上。从"洒扫应对"到"穷理尽性",只要做到"惟精惟一、允执厥中"就有望抵达"至善"的境界。作为上达的至善境界,属于"上德"的范围,因此不可名、不可量,其理由就在于此。"至善"如"道"一样,也是强名、假名,并非实名,即"至善"也是"不可道、不可名"的。"明明德、亲民"是"下学",在于定量,是在事事物物上下功夫,有固定的时空和人物;"止至善"是"上达",在于定性,不能落实在具体的事事物物上,因此没有固定的时空和人物。"止至善"随着"明明德、亲民"在事事物物落实的程度而变化而提高成色、提升境界,永远在路上,所谓"学无止境、朝闻道夕死可矣"。

【朱熹说】

（一）

朱熹《大学章句》说:

止者,必至于是而不迁之意,至善则事理当然之极也。言明明德、新民,皆当至于至善之地而不迁。盖必其有以尽夫天理之极而无一毫人欲之私也。

【谨案】

《大学章句》认为,"至善"是"事理当然之极",是"明明德、新民"所抵达的不迁的"至善之地",即"必其有以尽夫天理之极而无一毫人欲之私",此即"尽天理无人欲"。本段的"明明德、新民、止于至善"被朱熹取名为"三纲领"或"三纲"。这是朱熹分析《大学》的基本结构、是朱熹理解《大学》基本思想的起点。"当然之极、至善之地"等说也是主体认知的成果,并非真有如此的"当然之极、至善之地"。这些话虚而不实,虽然不失于正确,可难免微妙玄秘。"至善"是"明德新民"之标的,"欲明德而新民",必定能"求必至是而不容其少有过不及之差",这就是所谓"去人欲而复天理"乃至于"无毫发之遗恨"。朱熹这里可能是把"明明德"误解成了"明德",而说"至善"是"明德、新民"之标的,"标的"即目标或境界。这也是不严谨的,应该说成"止于至善"是"明明德、新民"之标的。朱熹认为"至善"是"去人欲而复天理者，无毫发之遗恨"，把作为"上达"的"止于至善"跟作为"下学"的"明明德、亲民"混为一谈，这是必须认真分辨的。朱熹、王阳明等都存在如此的误解。这是因为没有认真分别上达、下学之于"三纲"所致。

【黎立武说】

黎立武《大学本旨》说：

至善，极至之理，盖指物则[1]而言。夫有物必有则，乃理之至极者。至真而无伪、至美而无恶、至纯而不杂、至公平正直，而无私诐邪枉[2]，善之至也。然此极至之理，根于天性、隐于人心，是为至善之所。何谓止有坚凝[3]而无转移？诚存妄去，在得其所而止之。程子谓：止于至善，反己守约是也。夫明德者天命之本然，至善者天则之当然。明明德即自明之道也，新民即明明德于天下，率仁兴孝之类，明民之道也，止于至善即敬止止仁之类，诚之道也。

【谨案】

《大学本旨》认为，就"物则而言"，"至善"是"极至之理"，是"至真而无伪、至美而无恶、至纯而不杂、至公平正直，而无私诐邪枉"，属于"善之至"。而"极至之理"之"至善"，"根于天性、隐于人心"，是"至善之所"。"至善"是"诚存妄去，得其所而止之"。"止于至善"就是"反己守约"。"明德"是"天命之本然"、"至善"是"天则之当然"，"明明德"是"自明之道"、"亲民"是"明民之道"、"止于至善"是"诚己之道"。如果把这段话理解为"明德是天命之本然、亲民是使命的必然、至善是天则之当然"，"明明德"是"自明之道"，"亲民"是"明民之道"，"止于至善"是"诚己之道"，此庶几更能一以贯之也。比较"本然、必然、当然"就能更清楚了。"本然"是本来如此，"必然"是必定如此，"当然"是应该如此，"明明德、

---

[1] 物则：事物的法则。则和理是含义相近的字，则就事物的一般性言如原则、理就事物的个别性言如条理。"至善"就"物则"言，有侧重自然性之意味。

[2] 私诐邪枉：私：自私自利。诐（bì）：偏邪不正。邪枉（xiéwǎng）：邪曲、不合正道。

[3] 坚凝（jiānníng）：思深、牢固。《诗·周南·卷耳序》曰："内有进贤之志，而无险诐私谒之心。"

亲民、止至善", 一目了然。"诚己之道"即"诚信之道"。比较"自明之道、明民之道、诚己之道"就可以发现, "自明之道"就自我言, "明民之道"就民众言, "诚己之道"就天人言。"诚己之道"即"诚学之道", "诚"就天赋言, "信"就人为言。"人为"则有"四端、五常"。五常之"仁义礼智信", "仁"主要就人的社会性言, 是作为每个人都必须遵循的总的原则或纲领, 而"义礼智信"就人的社会性言, 每个人都必须遵循规则或伦理。"克己复礼为仁""一日克己复礼, 天下归仁焉", 因此, 人为的"信"对应的是天然的"诚", 因此"诚"即"仁", 所以"至善是诚之道"即"至善是仁之道"。黎立武这些论断是《大学》研究之于"至善"的经典论述。

【王阳明说】

（一）

王阳明《大学问》说：

答曰：至善者, 明德、亲民之极则也。天命之性粹然至善, 其灵昭不昧者, 此其至善之发见[1], 是乃明德之本然, 而即所谓良知也。至善之发见, 是而是焉、非而非焉, 轻重厚薄, 随感随应、变动不居, 而亦莫不自有天然之中, 是乃民彝物则之极, 而不容少有议拟[2]增损于其间也。少有拟议增损于其间, 则是私意小智, 而非至善之谓矣。自非慎独之至、惟精惟一者, 其孰能与于此乎? 后之人惟其不知至善之在吾心, 而用其私智以揣摸测度于其外, 以为事事物物各有定理也, 是以昧其是非之则, 支离决裂, 人欲肆而天理亡, 明德、亲民之学遂大乱于天下。盖昔之人固有欲明其明德者矣, 然惟不知止于至善, 而骛其私心于过高, 是以失之虚罔空寂, 而无有乎家国天下之施, 则二氏之流是矣。固有欲亲其民者矣, 然惟不知止于至善, 而溺其私心于卑琐[3], 是以失之权谋智术, 而无有乎仁爱恻怛[4]之诚, 则五伯功利之徒是矣。是皆不知止于至善之过也。故止至善之于明德、亲民也, 犹之规矩之于方圆也, 尺度之于长短也, 权衡之于轻重

---

[1] 发见（fājiàn）, 也作发现：显现、表现、发觉。

[2] 议拟（yìnǐ）：相提并论。

[3] 卑琐：微贱、卑贱。

[4] 恻怛（cèdá）：恻隐、恳切。

也。故方圆而不止于规矩，爽[1]其则矣；长短而不止于尺度，乖其制矣；轻重而不止于权衡，失其准矣；明明德、亲民而不止于至善，亡其本矣。故止于至善以亲民，而明其明德，是之谓大人之学。

【谨案】

《大学问》认为："至善"是"明德、亲民之极则。"这跟《大学章句》的观点是相似的，连"明明德"也误写为"明德"。《大学问》分析说："至善"即"良知"，源自"天命之性"，是"明德之本然"。阳明此说似是而非。"至善"就境界言即"无善无恶"，"良知"就认知言即"知善知恶"，"明德"就人性言即"天命之谓性"。三者本为一体，属于同义字、近义字的范围，不当把"至善"作为"明德之本然"。"至善、良知、明德"，都能"是而是焉，非而非焉，轻重厚薄，随感随应，变动不居"，无不是"天然之中、民彝物则之极"，而不容许"少有议拟增损于其间"，否则就是"私意小智"，否则就不是"至善、良知、明德"。《大学问》认为：要达到这一点，务必"慎独之至、惟精惟一"，因为"至善、良知、明德"就在"吾心"。就自然性言"至善、良知、明德"都源自"道德"，就社会性言"至善、良知、明德"都出自"心性"，"心即理、理即性、性即天、天即道"，自然性、社会性本为一体，本来没有内外、心物之分，历代学人纠结于此，纷纭拿斗，皆因对或"误解"或"不解"而茫然无所之。《大学问》认为：如果"用其私智以揣摸测度于其外"，认为"事事物物各有定理"，这就是"昧其是非之则"，必然"支离决裂"，必然"人欲肆而天理亡"，乃至"明明德、亲民之学遂大乱于天下"。"事事物物各有定理"，这是王阳明认定的朱熹的观点，《大学问》对此甚是不以为然。"事事物物各有定理"，是就物理言，即事物的个性；而"事事物物都具一理"，是就天理言，即事物的共性。过越强调共性的是所谓哲学家、过越强调个性的是所谓科学家，两者皆有所偏。"至善、良知、明德"就在"吾心"，"心即理、心即物、心外无物"，这是《大学问》乃至阳明的核心观点。"事事物物各有定理"，这个定理必然来自主体对客体的认知，而不可能是客体的本然（其实客体的本然、必然就是主体认知的成果），因此不能说"事事物物各有定理"就必然是"用其私智以揣摸测度于其外"。且朱熹在《大学或问》

---

[1] 爽：离开、违背。

里已经很明白地指出，格物并非格尽天下之物，而格精格透某些事物而后就能够贯通之。从某个方面言：朱熹是个学者，强调读书教书写书，王阳明是个行者，强调修心修性修身，本无绝对的是非曲直可论。格"心外之物"也好，格"心上之物"也好，没有心以何格？没有物将格何？心物本来就是一体，为"格心外之物"还是"格心上之物"而争论不休，其实都是"执"！特别注意的是：朱熹未必错、王阳明未必对，各自说话的观点和角度有所不同，不能以此论对错、定是非。

《大学问》批判"二氏之流、五伯功利之徒"，认为两者都是"不知止于至善之过"。王阳明不断批判的"二氏"即释和道，认为是"固有欲明其明德者"，可"惟不知止于至善"而"骛其私心于过高"，所以"失之虚罔空寂"，而"无有乎家国天下之施"。"明其明德"即"修身"，"修身"是"齐治平"的功夫，而"齐治平"不是人人之所必须或必然的。按照阳明的观点，修身讲究的是"精金"即"成色"而不是"成就"即成绩。以此批判释道，不仅以偏概全、也前后矛盾。释道之徒如有欠缺，在于"虚假修身"而不是"真正修身"，"修身"而不能"身修"、"明德明"没有真正"明德明"，甚至"身在曹营心在汉""小和尚念经——有口无心"，因此没有也不可能"修身、明明德"而"止于至善"，并非"惟不知止于至善"。"五伯功利之徒"的情况与此类似。

《大学问》认为，"止至善之于明明德、亲民"，就像"规矩之于方圆"即"尺度之于长短、权衡之于轻重"。"明明德"未必能够"亲民"，因为"亲民"并非人人必为、人人能为、人人须为，只要"慎独之至、惟精惟一"，自然能够"止于至善"。"亲民"也是如此。人人皆有身，所以修身是人人之必为。而有家者则可以齐家、有国者则可以治国、有天下者可以平天下，否则，何以齐家治国平天下？所以强调人人都必须"齐家治国平天下"，既不合乎实际、也不合乎《大学》的基本观点。

《大学问》认为，"明明德、亲民而不止于至善"，这是"亡其本矣"。要求所有人"明明德而止于至善"，从境界言，所谓"人人皆可为尧舜"，这是合乎逻辑的；要求有的人"明明德、亲民而止于至善"，从境界言，"尧舜之所以为尧舜"，这也是合乎逻辑的。如果要求人人都必须"明明德、亲民而止于至善"，那是不可能的、也是不必要的或不现实的，当然是不合乎逻辑，历代学人常常有此误解。

《大学问》所谓"止于至善以亲民，而明其明德，是之谓大人之学”，这话没有大问题，可必须分清楚，对不同的对象有不同的要求，而不是人人都必须成贤成圣。每个人都必须做个好人，而不是每个人都必须或能够“称王称霸”，这毋庸置疑。易卦的第一规则是“当位”，孔子之所以强调“在其位谋其政”，曾子之所以强调“思不出位”，因为任何想入非非都是妄想或僭越，不仅不可能获得成功，更不可能提升成色。成功虽然是一个硕大无比的蛋糕，此人的成功不会妨碍彼人的成功，可是此人、彼人的成功都必须是此时此地、此情此景的成功，不可能出现“痴心妄想、想入非非”的奇迹。

（二）

朱熹有关“事事物物皆有定理”的说法，遭到了王阳明的反对。

爱问：知止而后有定，朱子以为事事物物皆有定理[1]，似与先生之说相戾[2]？

先生曰：于事事物物上求至善[3]也。至善是心之本然[4]，只是明明德到至精[5]至一[6]处便是，然亦未尝离却事物。本注[7]所谓尽夫天理[8]之极，而无一毫人欲[9]之私者，得之。

————

[1] 事事物物皆有定理：出自朱熹《大学或问》：能知所止，则方寸之间，事事物物皆有定理。

[2] 相戾（xiānglì）：相违背。

[3] 于事事物物上求至善，却是义外：《孟子·告子上》：告子曰：食、色，性也；仁，内也，非外也。义，外也，非内也。

[4] 本然：本是根，是事物的本源或来源；体是人的身体，是事物的身体或形体。本然在中华文化中的基本含义是事物的主体或自身，事物的来源或根源。

[5] 至精：中华传统文化中指一种极其精微神妙而不见形迹的存在。

[6] 至一：中华传统文化中指高度和谐的境界或局面。出自《庄子·缮性》：当是时也，阴阳和静，鬼神不扰，四时得节，万物不伤，群生不夭，人虽有知，无所用之，此之谓至一。

[7] 本注：指朱熹《大学章句》第一章注：明明德新民，皆当止于至善之地而不迁。盖必其有以尽夫天理之极，而无一毫人欲之私也。

[8] 天理：天道，象征本然之性、自然法则或改造自然的法门。出自《庄子·天运》：夫至乐者，先应之以人事，顺之以天理，行之以五德，应之以自然，然后调理四时，太和万物。

[9] 人欲：人类的欲望或嗜好。出自《礼记·乐记》：人化物也者，灭天理而穷人欲者也。孔颖达疏：灭其天生清静之性而穷极人所贪嗜欲也。人欲之私：朱熹《大学章句》：言明明德新民，皆当止于至善之地而不迁。盖必其有以尽夫天理之极，而无一毫人欲之私也。

爱问：至善只求诸心，恐于天下事理[1]有不能尽。

先生曰：心即理也。天下又有心外之事，心外之理乎？

【谨案】

在"事事物物上求至善，却是义外"，因此认定"心即理也"，这是阳明的基本观点。在很长一段时期里，阳明始终都很困惑，在阅读朱熹学说的时候，很多辨思不断涌现。37岁那年，他认为终于有所开悟，发明超越朱熹学说的"阳明心学"。"阳明心学"的核心观点之一就是"心即理"。他认为"天下没有心外之事、心外之理"。"心即理"的意思是"心"是"理"的主宰，舍此就没有"理"可言。按照阳明的观点，无论怎样格物、致知，其要点都应该摆在"心"之上，而不在"事事物物"之上。阳明教人先教处事待物，明其理、顺其道、善其德、正其心，"心正"办事就"公正"。值得说明的是，朱熹在这里虽然说"事事物物皆有定理"，并非一定说任何人都必须弄清楚"天下万事万物之理"，朱熹只是很强调"具体事物具体分析"，肯定不是要求天下人都去穷尽天下之理。从《传习录》原文也可以发现这一点。"事事物物皆有定理"针对的是物理即物的个性，物的个性肯定"事事物物皆有定理"，所以不能把格尽天下之物的帽子扣在朱熹的身上。

（三）

王阳明有关"至善"的论述很多。

郑朝朔[2]问：至善亦须有从事物上求者？

先生曰：至善只是此心纯乎天理之极便是。更于事物上怎生求？且试说几件看。

朝朔曰：且如事亲，如何而为温凊[3]之节、如何而为奉养之宜，须求个是当[4]，方是至善。所以有学问思辨之功。

先生曰：若只是温凊之节、奉养之宜，可一日二日讲之而尽，用得甚

---

[1] 事理：事物的道理。出自《管子·版法解》：慎观终始，审察事理。

[2] 郑朝朔，名一初，广东揭阳人，官至监察御史。王阳明任吏部主事的时候，郑朝朔为御史，曾向阳明问学。

[3] 温凊：冬温夏凊（qìng）、昏定晨省的省称：冬天温被，夏天扇席，晚上侍候睡定，早晨前往请安。

[4] 是当：得当、恰当。

学问思辨[1]？惟于温凊时也只要此心纯乎天理之极，奉养时也只要此心纯乎天理之极，此则非有学问思辨之功，将不免于毫厘千里之缪。所以虽在圣人，犹加精一[2]之训。若只是那些仪节求得是当，便谓至善，即如今扮戏子扮得许多温凊奉养的仪节是当，亦可谓之至善矣。

【谨案】

"至善"不能"从事物上求"，"只是此心纯乎天理之极便是"，此即上面所说的"至善是定性"。《孝经·庶人章》说："用天之道、分地之利，谨身节用以养父母。"意思是：根据大自然运动的规律而举事顺时、根据土地的不同特点因地制宜种植不同的作物，一个人谨慎恭敬，节约用度来赡养自己的父母双亲。这里的"天之道"即阳明所说的"天理"。己心纯则天理伸，天理伸则至于至善。阳明认为，善与美、忠与孝，都无须向外寻求，唯从纯心中来。在具体的事情上，很多事情都不需要花很大的工夫就能够完成，至于体悟天理，必须像《中庸》所说"博学之，审问之，慎思之，明辨之，笃行之"。博学就是广博地学习，知道什么是天理；审问就是谨慎地回味，仔仔细细地看清天理；慎思就是认真地思考，原原本本地把握天理；明辨就是明明白白地辨别，一心一意地认定天理；笃行就是不折不扣地践行，一丝不苟地遵守天理。为了把学问思辨、行落到实处，《中庸》接着说："有弗学，学之弗能，弗措也；有弗问，问之弗知，弗措也；有弗思，思之弗得，弗措也；有弗辨，辨之弗明，弗措也；有弗行，行之弗笃，弗措也。"学问思辨行是一个整体，先在于"弗"，所谓"弗学、弗问、弗思、弗辨、弗行"，即知道哪些是自己力所不及的，不能妄为，这就是"知止"。明白"知止"之后应该把握的是"知常"，哪些事情可以做且做得到，如果"可以做"而"做不到"就应该"弗措"。达到了这种程度，正如《中庸》所说"人一能之己百之、人十能之己千之，果能此道矣"，这就能明白天理，就能如《中庸》所说"虽愚必明，虽柔必强"。阳明特别强调"虽在圣人，犹加精一之训"，不能口是心非、不能搞形式主义，否则"即如今扮戏子扮得许多温凊奉养的仪节是当，亦可谓之至善矣"。

应该特别提醒的是：事事物物都是"下学"，"至善"跟事事物物不

---

[1] 学问思辨：出自《礼记·中庸》：博学之，审问之，慎思之，明辨之，笃行之。

[2] 精一：精粹而唯一。

是一对一的关系，在事事物物上"明明德"或"亲民"，这是必需的，也是必然的，本着天理"事亲"，不求"上达"只在"下学"，逐步抵达至善的境界，这才是中华文化传统的基本思想，而不能像阳明所言"至善只是此心纯乎天理之极便是"！"此心纯乎天理"必须落实在事事物物上，没有落实在事事物物上的"此心纯乎天理"，相当于凌虚蹈空，这是不存在的。

（四）

爱问：昨闻先生止至善之教，已觉功夫有用力处。但与宋子格物之训，思之终不能合。

先生曰：格物是止至善之功。既知至善即知格物矣。

【谨案】

什么叫"至善"？"至善"不但没有"恶"，连"善"也没有，只有事物的本源，这是在上德的境界说的。因此阳明认为，自然的"本然"便是"至善"。这跟"道"的属性是相一致的。阳明认为：明白了"止于至善"也就明白为什么要在格物上下功夫的道理了，这是不准确的。这段语录教人不要拘泥于一事一物，因为事事物物都必须顺其自然，对事物的破坏是"过"，对事物的过分修饰是"偏"，"过、偏"都不能"至善"，都属于"过、不及"的范围。正因为格物为"正万物的不正，以便万物归于正"，所以阳明说："格物是止至善之功。既知至善，即知格物。"这真是"一马跑过十二店"的做法，虽然是省去了很多中间环节，可是却给人难以捉摸的感觉。从一开始格物就在"正万物的不正，以便万物归于正"，既然"事物"一直沿着"正"，自然就是阳明所说的"格物是止至善之功"。可格物总要落实在事事物物上，而把格物作为"止于至善"的功夫，格物是作为方法论即下学的定量，而"至善"是作为境界论即上达的定性，这就混淆了格物与"至善"的关系，因而导致心学的玄虚。必然增加了理解和践行心学的难度，这是自然不言而喻的。

（五）

问：先生尝谓善恶只是一物。善恶两端，如冰炭相反，如何谓只一物？

先生曰：至善者，心之本然。本然上才过当些子，便是恶了。不是有一个善，却又有一个恶来相对也。故善、恶只是一物。

直[1]因闻先生之说，则知程子所谓善固性也，恶亦不可不谓之性[2]。

又曰：善、恶皆天理，谓之恶者本非恶，但于本性上过与不及之间耳，皆无可疑。

【谨案】

"善、恶"之所以为一物，是因为"心"之本然原来是无善无恶的，"善、恶"不是"心"之本然。按照中华文化传统的基本观点，"性无善恶"而"性善无恶"，所以"恶在善中，先善后恶"。一个人顺乎"心"之本然的时候就会出现"中、和"，就会产生仁爱，仁爱之心即为"善"；而一个人的思虑言行出现偏离的时候，违背了心的本然，就产生憎嫌之情，就出现了"恶"。"善、恶"只是心的本然之两种表象而已。世间上没有纯善之人，也没有净恶之徒，再善的人也有责己之心、再恶的兽也有舐犊之情。所以"善、恶"既是现实的、又是虚幻的，是人类社会之价值观。"善、恶"的出现，是因为"天理"有两种表象而已。

（六）

侃去花间草，因曰：天地间何善难培、恶难去？

先生曰：未培未去耳。少间曰：此等看善恶，皆从躯壳起念，便会错。

侃未达，曰：天地生意，花草一般，何曾有善恶之分？子欲观花，则以花为善，以草为恶；如欲用草时，复以草为善矣。此等善恶，皆由汝心好恶所生，故知是错。

曰：然则无善无恶乎？

曰：无善无恶者，理之静；有善有恶者，气之动。不动于气，即无善无恶，是谓至善。

【谨案】

在生物学家的眼里，自然界里的万物组成了严密的生物链，万物能适应环境，有各自的用途，本来没有善与恶的区分。万物的属性是"自然"的，因而圣人遵循万物天然的本性，不因为善恶而扰乱万物的天然，

---

[1] 直：黄直自称。

[2] 善固性也，恶亦不可不谓之性：出自《二程遗书》卷一。

不因为欲望而舍弃清静的心性。在圣人看来，善恶不过是人为的分别，只要能够顺应自然就可达至善的境界。"至善"，并非除去"恶"而存留的"善"，而是自然本来就是这样，就是"无恶无善"。理解"无恶无善"并非易事，薛侃这样的好学深思者尚有"然则无善无恶乎"之问，何况当今对中华文化传统不甚了了者乎？

（七）

曰：佛氏亦无善无恶，何以异？

曰：佛氏着[1]在无善无恶上，便一切都不管，不可以治天下。圣人无善无恶，只是无有作好、无有作恶，不动于气[2]。然遵王之道，会其有极，便自一循天理，便有个裁成辅相。

曰：草既非恶，即草不宜去矣？

曰：如此却是佛老意见。草若是碍，何妨汝去？

曰：如此又是作好作恶。

曰：不作好恶，非是全无好恶，却是无知觉的人。谓之不作者，只是好恶一循于理，不去又着一分意思[3]。如此，即是不曾好恶一般。

【谨案】

此段跟上面一段应该是联系很紧的。在阳明看来，佛家的"无善无恶"只是为了"自己"，因此不能"治天下"，而圣人的"无善无恶"既能自己"修身养性"，又可以"治国平天下"。既然希望"治国平天下"，就必然"非是全无好恶"，做事"一循于理"，尊天理，去人欲而已。薛侃所提的问题，常常都很"刁钻"，特别是"草"不是可除跟"善、恶"的两难诘问，尤其显得精彩。阳明的回答更是举重若轻，说明了一个在"下学"必须把握的原则。这个原则就是"不作好恶，非是全无好恶"。"非是全无好恶"就是必须"明辨是非"，而"明辨是非"的原则是"谓之不作者，只是好恶一循于理，不去又着一分意思"。"一循于

---

[1] 着：执着、固执。

[2] 无有作好：没有自己的偏好。《尚书·鸿范》曰：无偏无党，王道荡荡；无偏无颇，遵王之义；无有作好，遵王之道；无有作恶，遵王之路。意思是：不偏私不结党，君王之道平坦宽广；没有偏颇，一切按照君王的旨意；没有个人爱好，遵守君王的法度；不做坏事，按照君王指的路走。

[3] 意思：私欲、私意。

理、不着私欲"，这就是《老子·第七十一章》所说："是以圣人后其身而身先，外其身而身存。以其无私，故能成其私。"本段批判佛氏"着在无善无恶上"等说，难免门户之见，不再赘述。

【孙奇逢说】

孙奇逢《大学近指》说：

缉熙敬止是文王之德之纯，与于穆同一不已。仁敬孝慈信各就所当止，深于其端而精之不以相杂，所谓至善也。故以文王作榜样而缉熙敬止，是亦以精益精密益密。作功夫者，盛德至善、民不能忘，正为切磋琢磨，都在治民上做，遂把家国天下皆涵濡于此明德中，没世不忘，正申民不能忘之实。贤贤而亲亲，治之大者也；乐乐而利利，安之大者也。事以有效为美，效多而美饶。双峰[1]曰：有斐是说做成君子之人所以斐然有文者，其初自切磋琢磨中来。按盛德则兼言民，不能忘前王则推本亲贤乐利，明德新民浑为一事。

【谨案】

孙奇逢认为："缉熙敬止"是阐释"文王之德之纯，与于穆同一不已"。仁、敬、孝、慈、信，各自"就所当止"，"深于其端而精之不以相杂"，这就是"至善"。以文王作榜样而"缉熙敬止"，这也是"精益精、密益密"。修养"仁敬孝慈信"的人，"盛德至善、民不能忘"，这正是"为切磋琢磨，都在治民上做"，于是乎"把家国天下皆涵濡于此明德中"而"没世不忘"，此正是"申民不能忘之实"。"贤贤而亲亲"是"治之大者"，"乐乐而利利"是"安之大者"。洒扫应对、平常日用，穷理尽性、明心见性，以"有效为美，效多而美饶"。"盛德则兼言民"，"不能忘前王则推本亲贤乐利"，明明德亲民统言"为一事"。

---

[1] 饶鲁（1193—1264）：字伯舆、一字仲元、号双峰、门人私谥文元、饶州余干即今江西万年人，南宋著名理学家。

六证篇第二

知止而后有定，定而后能静，静而后能安，安而后能虑，虑而后能得[1]。

　　"六证"应该是"知止、有定、能静、能安、能虑、能得"，而不能简单地把"止、定、静、安、虑、得"当成"六证"。这是从《大学》文本的概念使用加以认定的。不能混淆"止至善"跟"知止"的关系。"知止"为后代学人高度关注，意思就是"知道止于至善"。"止至善"就现实的境界言，为上达、上德之成色，是"明明德"或"明明德亲民"之功德；"知止"就未来的志向言，为奋斗之目标，是"有定、能静、能安、能虑、能得"的起点，是下学。"知止"是在抵达的至善境界，懂得适可而止的道理。"知"是觉悟、明白，"止"是居所、抵达。理论的"知止"属于次第，实践的"知止"属于行为。"止"这种动作能对人心产生微妙的作用，"知止"是一种最佳心态，能使得思虑通达于是而有所得，如"心如止水"之境界。孟子说："心之官则思，思则得之、不思则不得也。"此为明诚、思诚，有待进于诚明、至诚。孔学的《大学》传统是"论心"的，"心"虑思而得之即"明明德、亲民、止于至善"，属于道德实践意义的范围。"知止"的"知"有"知、明"等意思，相当于"知觉、明觉、自觉、觉悟"；"知止"的"止"有"居、留"等含义，相当于"止至善"之义。

　　《论语·为政》说："吾十有五而志于学，三十而立，四十而不惑，五十而知天命，六十而耳顺，七十而从心所欲不逾矩。""六证"跟"志于学、而立、不惑、知天命、耳顺、从心所欲不逾矩"可以具有相对应的关系。"知止"相当于"志于学"，"有定"相当于"而立"，

---

　　[1] 大学之道……则近道矣：【王阳明·大学古本傍释】明明德、亲民，犹修己安百姓。明德、亲民无他，唯在止于至善，尽其心之本体，谓之止至善。至善者，心之本体；知至善，唯在于吾心，则求之有定向。

"能静"相当于"不惑","能安"相当于"知天命","能虑"相当于"耳顺","能得"相当于"从心所欲不逾矩"。两者虽不能说"天衣无缝",也可以说是"大致不差"。"知止"相当于"立志","有定"即具备"摈除杂念,专心致志"的志向,相当于"居敬持志"——"志不强者智不达"。"能静、能安、能虑、能得"的"能"是知觉的"良能",是由一个层次走向更高层次的动力、能力的过程和状态。"静"是一个由动而静的过程,是"安静之智、清净之慧"。"安"是一种清静的状态,定而静、静而安,是"致虚极,守静笃"的功力。"虑"是"无为"的状态,是"无忧无愁、无思无虑,寂然不动、感而遂通"。"得"是"无我"的状态,"物我同一"而"止至善"。以水之喻"六证"则曰:"知止"相当于"知"于"水性之善","有定"相当于"有"于"水之德性","能静"相当于"能"于"水之澄清","能安"如"水之静谧","能虑"如"水之玄机","能得"乃"水之生意"。

"知止、有定、能静、能安、能虑、能得"是"三纲领"之"六证",其证之以"止诚"即"居善之心","定诚"即"寂定之心","静诚"即"宁静之心","安诚"即"安身之心","虑诚"即"寡虑之心"、"得诚"即"随顺之心"。"止诚、定诚、静诚、安诚、虑诚、得诚",是一个由"诚之者即思诚的人之道"层次逐步回归"所诚者即天之道的境界",即由"明诚而诚明"或"诚之者而所诚者"的过程。这是三纲的层次或境界,阳明所谓"《大学》功夫只是诚意"者也。《大学》诚意而至善、《中庸》诚身而至诚,这是经典的概括。

【朱熹说】

朱熹《大学章句》注释"六证"说:

后,与后同,后放此。止者,所当止之地,即至善之所在也。知之则志有定向。静,谓心不妄动;安,谓所处而安;虑,谓处事精详;得,谓得其所止。

【谨案】

按照《大学章句》的观点,"止"是"当止之地"即"至善之所在",因此"知止"即知道"至善之所在"。"有定"即"知止"之后就有确定的"志向、方向、目标"。"六证"之"能静"即"心不妄动",

"能安"即"所处而安"，"能虑"即"处事精详"，"能得"即"得其所止"，由"知至善之所在"到"得至善之所止"，构成一个层层递进的关系。这个解释比较简单，而朱熹《大学或问》对此说明比较具体。

【黎立武说】

黎立武《大学本旨》针对"知止而后有定……虑而后能得"这样解读：

上承三要存乎止，下开八条存乎知。道存乎止至善、明道存乎致知，下文所谓致其知、知之至者，正在乎此，所谓不明乎善、不诚乎身是也。夫明新[1]之在乎止至善者、诚则明也，止至善之存乎知止者、明则诚也，故于此首揭知止二字以及定静安虑得之序，乃一篇之枢要，在易之艮，思不出位之象也。定则止于其所、静则不扰于物、安则成于自然、虑则无妄于思、得则无失于事，故曰弗虑胡获[2]？然苟不知所止，则动而之妄，安能有得？故又曰虑善以动。

【谨案】

黎立武《大学发微》以知道"止至善"为"三要之基"，"三要"即"三纲"，其中有关知道"止至善"的论述独具特色。黎立武把"三要、八条""道、明道""止至善、致知""致其知、知之至""诚则明、明则诚"等融合在一起，得出"三要"即"道"、"存乎止至善"即"诚则明"、"八条即明道""存乎致知"即"明则诚"，所以"六证"是"知止、有定、能静、能安、能虑而能得"的次第，而"知止"则是《大学》的"枢要"。"知止"而后"定则止于其所、静则不扰于物、安则成于自然、虑则无妄于思、得则无失于事"，否则，"不明乎善、不诚乎身"，就"不知所止则动而之妄"。

黎立武认为：三纲领"存乎止"、八条目"存乎知"，进而推演就是"道存乎止至善、明道存乎致知"，"止至善"即"止于至善"，"致知"相当于"致良知"。黎立武以"知止"统率"三纲、八目"，这是很有创意的，只是"八目"当为"六目"。可见黎立武依旧没有弄清楚

---

[1] 明新：指明明德、亲民。新即朱熹改本之新民。

[2] 弗虑胡获：出自《尚书·太甲下》："有言逆于汝心，必求诸道；有言逊于汝志，必求诸非道。呜呼！弗虑胡获？弗为胡成？一人元良，万邦以贞。""弗虑胡获"一般跟"弗为胡成"连用，意思是：不思虑怎么有收获，不去做怎么能成事。

"六目"与"三纲、两条"之间的关系。三纲"存乎止"没有问题，所谓"止至善"，八目"存乎知"，至少混淆了"知止、致知"两个"知"的关系。"知止"的"知"就"止至善"言，"致知"的"知"就"格物"言。黎立武言"道存乎止至善、明道存乎致知"，这才是一以贯之的做法。黎立武把《大学》跟《中庸》的"诚"、《易经》的"艮"贯通起来，以"知止"统率"三纲、六目"，构建起了自己有关《大学》的基本理论框架。

一、知止章

憨山《大学纲目决疑题辞》阐释"至善"如是说：

问：如何是至善？

答：自古以来，人人知见，只晓得在善、恶两条路上走，只管教人改恶、迁善。此是旧来知见，有何奇特？殊不知善、恶两头乃是外来的对待之法，与我自性本然了不干涉。所以世人作恶的可改为善，则善人可变而为恶，足见善不足恃也。以善不到至处，虽善不善，故学人站立不住，以不是到家去处，非可止之地。以此看来，皆是旧日知见习气耳。今言至善，乃是悟明自性本来无善、无恶之真体，只是一段光明，无内无外、无古无今、无人无我、无是无非，所谓独立而不改，此中一点着不得、荡无纤尘。若以善破恶、恶去善存，此犹隔一层。即此一善字，原是客尘、不是本主，故不是至极可止之地。只须善恶两忘、物我迹绝，无依倚、无明昧、无去来，不动不摇，方为到家时到此，在己不见有可明之德、在民不见有可新之民，浑然一体，乃是大人境界。无善可名乃名至善，知此始谓知止。

【谨案】

憨山认为："无善可名乃名至善，知此始谓知止。"至善，历来是研读《大学》的一个难点，正如憨山所说，古往今来的很多人都"只晓得在善、恶两条路上走，只管教人改恶、迁善"。常人对事事物物的判断，总是非善即恶。把善恶作为判断事物的基本标准，这是下德社会的常态。"非善即恶"是"下德"层次的是是非非、"无善无恶"是"上德"境界的至善至美，可"上德"的境界却几乎被后代之"常人"甚至"高人"给忘却了，所以憨山如是说。憨山认为，"善、恶两头乃是外来的对待之法，与我自性本然了不干涉"，就像世人"作恶的可改为善、恶人为善可变为恶"一样，由此"足见善不足恃"，这是因为"善不到至处，虽善不善"。如果"以善破恶、恶去善存"，这只在"下德"的层次，还不是"上德"的境界。一个人，只要心中念念不忘一个"善"字，这还是在客体上"求善恶"而不是在主体上"止至善"，因而不可能抵达"善"的至处。"善"的至处即"至善"，不在外而在内，在自性自心而不在万事万物。要特别指出是："在客体上求善恶"跟"在主体上止至善"，其实并没有真正的差别。客体上、主体上的任何"善恶"都是主体实践认知客体的成果，内外之说不过方便法门，身心一体、物我一体，与天地万物为一体，"心意、身心、物我、知行、天人"之高度契合，谓之"至善"。

"至善"是"悟明自性"，是"无善无恶之真体"，是"一段光明"。至善是"无内无外、无古无今、无人无我、无是无非"的，正如老子所谓"独立而不改、遗世独立"，不着一点私欲、不染一丝纤尘。"至善"是"善恶两忘、物我迹绝""无依倚、无明昧、无去来，不动不摇"，只有抵达如此的境界方为"至善"。如此之"至善"，混混沌沌、无名无形，"在己不见有可明之德、在民不见有可新之民"，这才是"大人之止于至善的境界"。明白"至善"的要点有："至善"在同一性，不在差异性，去掉分别心，心意、心物、心理、心性一体；"至善"在主体不在客体，在心不在物，惟我心之自觉而不为外物所拘，且与天地万物为一体而不知；"至善"就成色言不就成就言，至善既可以是丘山、也可以是纤尘，只论成色之纯粹、不论成就的辉煌。"至善"重在"内圣"而不重"外王"，在"修身"而"惟精惟一"，不在必"治国而平天下"。所以，把"明明德亲民"跟"止于至善"捏合在一起，显得以偏概全、以部分取代整体了。

中华文化传统道德实践的基本路径是：由下德而上德，由"仁义礼智信"而"至仁至义至礼至智至信"，如《大学》之"诚意而至善"，《中庸》之"诚身而至诚"。这就是"明辨是非、知善知恶"而"除恶务尽"，"无是无非、无善无恶"而"尽善尽美"，而憨山大师常常忽视"前者"。纵观憨山研读儒释道之经典建立起来的自己的思想体系，其观点在大致上把握了"可名不可名"的"常道和非常道"即"道和德"，"德"分为"无善无恶"的"上德"和"有是有非"的"下德"的玄机，可惜憨山未能始终贯穿之，所以有时候自觉不自觉地有所瑕疵。由此可见，基本观点的精确及对基本观点的把握与否，决定着学习和研究的准确性和全面性乃至成就或成色，程朱理学、陆王心学乃至历代学人，经验很丰富、教训也深刻，值得认真总结。

二、有定章

憨山大师《大学纲目决疑题辞》的"六证"是以"定、静、安、虑、得"等单字作解的，不是以"有定、能静、能安、能虑、能得"等概念作解的，跟我们的解读有所差异。《大学纲目决疑题辞》继续说"有定"：

定字，乃指自性本然，寂然不动、湛然常定，不待习而后定者。但学人不达本然本来常定，乃去修习强要去定，只管将生平所习知见，在善恶两头、生灭心上求定，如猢狲入布袋、水上按葫芦。似此求定，穷年也不得定，何以故？病在用生灭心、存善恶见，不达本然，专与妄想打交滚，所谓认贼为子，大不知止耳。苟能了达本然，当下寂然，此是自性定，不是强求得的定，只如六祖大师开示学人用心云：不思善、不思恶，如何是上座本来面目？学人当下一刀两断，立地便见自性、狂心顿歇，此后再不别求，始悟自家一向原不曾动，此便是知止而后有定的样子。又云：汝但善恶都莫思量，自然得见心体，此便是知止的样子。所以学人贵要知止，知止自然定。

【谨案】

憨山认为："定"乃是指"自性本然，寂然不动、湛然常定，不待习而后定者"。可一般人难以"达本然本来常定"，而只有去通过修习"去定"，即只在"生平所习知见"上修习、在"善恶两头、生灭之心"去求定。每个人的本性都是"寂然不动、湛然常定"的，这就是《中庸》"天命之谓性"。可一般人不可能或不知道在本性上自然"有定"，而企图在"善善恶恶"或"生生灭灭"上去求"有定"。如果这样去"求定"，必然不能"得定"，这是因"善善恶恶"或"生生灭灭"都是"妄想"，不能抵达至善的本然。如果能"了达本然"就"当下寂然"，这是"自定其性"，而不是"强定其性"。这跟六祖开示学人用心所说的"不思善、不思恶"相类似。"自定其性"，只要"当下一刀两断，立地便见自性"而"狂心顿歇"而"再不别求"。这样才能感悟"自家一向原不曾动，此便是知止而后有定的样子"。一个人只要"善恶都莫思量"，自然就能"得见心体"，这就是"知止"。所以学人贵在"知止"，"知止"自然"有定"。"有定"是"本性自定"，所以只要"不思善、不思恶"就能"放下屠刀，立地成佛"！

三、能静章

《大学纲目决疑题辞》继续说"能静"：

静字与定字不同。定是自性定体，此静乃是对外面扰扰不静说，与定体远甚，何也？以学人一向妄想纷飞，心中不得暂息，只管在知见上强勉遏捺[1]，将心主静，不知求静愈切而乱想益炽，必不能静，何以故？盖为将心觅心、转觅转远，如何得一念休息耶？以从外求入，如人叫门不开，翻与守门人作闹，闹到卒底，若真主人不见面，毕竟打闹不得休息。若得主人从中洞开重门，则守门者亦疾走无影而求入者真见主人，则求见之心亦歇灭无有矣，此谓狂心歇处为静耳。若不真见本然，到底决不能静，故曰定而后能静。

【谨案】

"能静"跟"有定"是有区别的。"有定"就"本性自定"言，"能静"就"扰扰不静"言"静"，"有定"跟"能静"的差异就在此处。学人因为"妄想纷飞"，心中自然"不得暂息"，只顾在知见上"强勉遏捺"，妄图把"心"给"静"住。可"求静愈切而乱想益炽"，这样就一定难以静心。这是因为"将心觅心、转觅转远"，不能获得"一念休息"。这是"从外求入"。因为路子不对，"打闹不得休息"。因此"能静"要从本然上入手，老子所谓"不欲以静，天下将自正"。天下都能"自正"，人心就必然"能静"，所以说"定而后能静"。

四、能安章

《大学纲目决疑题辞》继续说"能安"：

安字乃是安稳平贴之义，又如安命之安，谓自足而不求余也。因一向求静不得，杂念纷纷、驰求不息，此心再无一念之安。而今既悟本然，驰求心歇，自性具足，无欠无余，安安贴贴，快活自在。此等安闲快活，乃是狂心歇处而得，故曰静而后能安。

【谨案】

"能安"相当于"安稳平贴"和"安命"，意思是"自足而不求其

---

[1] 遏捺（è'nà）：压制、按捺。

余"。如果"求静不得"而"杂念纷纷、驰求不息",那么"此心"就"再无一念之安"。如果"既悟本然,驰求心歇,自性具足,无欠无余,安安贴贴,快活自在",那么"此心"必然"安闲快活",所以说"静而后能安"。

五、能虑章

《大学纲目决疑题辞》继续说"能虑":

虑字不是妄想思虑之虑,亦不是忧虑之虑,乃是不虑之虑。故曰:易无思也、无虑也,寂然不动、感而遂通天下之故[1]。又曰:百虑而一致[2]。又曰:不虑而遍[3]。正是这个虑字,谓未悟时,专在妄想思虑上求。即一件事,千思万虑,到底没用,也虑不到。多思多虑,于心转见不安,今既悟明此心安然自在,举心动念,圆满洞达,天下事物了然目前,此等境界不是聪明知见算计得的,乃是自心本然光明照耀,自然具足的,故曰安而后能虑。

【谨案】

"能虑"不是"善思善虑、妄想思虑",也不是"忧愁忧虑",而是"无思无虑"。《易经·系辞》曰:"易无思也、无虑也,寂然不动、感而遂通天下之故。"《易经·系辞》曰:"百虑而一致、不虑而遍。"所谓"能虑",是一个人在没有觉悟的时候,专在"妄想"上求"思虑",在每件事上都"千思万虑"。因为"想得太多",乃至"杯弓蛇影"而成"惊弓之鸟"。如果能觉悟此心之"安然自在",那么"举心动念"必然"圆满洞达",天下的事事物物就能"了然目前"。这样的境界不是"聪明知见"的"人算",而是"无思无虑"的"圣算、天算"。因为此心"本然光明"而"自然具足",所以说"安而后能虑"。

六、能得章

《大学纲目决疑题辞》继续说"能得"曰:

---

[1] 易无思也……感而遂通天下之故:《易经·系辞上》:"《易》无思也,无为也,寂然不动,感而遂通天下之故。""无虑也"此作"无为也",可通。"无为"是一个"无所不包"的概念,可以说"无思、无虑"等。

[2] 百虑而一致:出自《易经·系辞下》:"天下何思何虑,天下同归而殊途,一致而百虑。"

[3] 不虑而遍:未详出自何处。孟子说:"人之所不学而能者,其良能也;所不虑而知者,其良知也。"读者参考之。

得字不是得失之得，乃是不渗漏之义。圣人泛应曲当[1]、群情毕照、一毫不谬、彻见底原、一一中节，故谓之得，非是有所得也。初未明明德时专用妄想思虑、计较筹度，纵是也不得，何以故？非真实故。今以自性光明、齐观并照、群情异态，通归一理，故能曲成而不遗。此非有所得，盖以不虑之虑、无得之得。故曰虑而后能得，言非偶尔合节，特由虑而合故。

【谨案】

"能得"不是"有所得"，是"上德不得"，是"不渗漏"。"不渗漏"即圣人之"泛应曲当、群情毕照、一毫不谬、彻见底原、一一中节"。《中庸》曰：喜怒哀乐，未发曰"中"，发而皆中节曰"和"，发而不中节曰"不和"。"未发"是在"有"之前本来就没有，不是已经有了而没有"发"。一个人，如不能"明明德"必然"妄想思虑、计较筹度"，即使殚精竭虑，人算不如天算，最终"机关算尽太聪明"。如果"自性光明、齐观并照"，那么就"群情异态，通归一理"。算无遗策、不得而得，所谓"上德不德，是以有得"。这是"不虑之虑"之"无得之得"，而不是"有所得"。这是"曲成万物而不遗"，不是"射者非前期而中"[2]。是以《大学》"六证"曰"虑而后能得"，所谓"言非偶尔合节，特由虑而合故"。

---

[1] 泛应曲当：谓广泛适应、无不恰当，出自《朱子语类》卷十三。

[2] 射者非前期而中：出自《庄子·徐无鬼》：射者非前期而中，谓之善射，天下皆羿也……如果射箭的人随便乱射箭而中靶心，这样称之为善射，那么天下人都是羿了。羿是古代的神射手。

两条篇第三

（一）

　　"两条篇"即"两条例篇"含"知本章、格致章、修身章"，从"物有本末"至"此谓知之至也"，重点说明"格物"的"物"、"致知"的"知"与事物的"本末、终始、先后"的关系。"知本章"言事物的"本末、终始、先后"，承前启后，为"格致章、修身章"奠定基础。三纲之"明明德、亲民"即"事事物物"，有"本末、终始、先后"三个基本元素，而明白这些元素就可以算是"近道"了。"格致章"，以逆序"古之欲明明德于天下者先治其国"即所谓"终"而至于"致知在格物"即所谓"始"。逆序顺序，分为顶真、合为回环，一气呵成，目的是把《大学》古本中有关"格、致"的内容串通起来。有关内容是："致其知1次、致知1次、知至2次""格物1次、物格1次"。"格物、致知"所"格和致"的都是天下之"物和知"。格物是主体基于客体的实践、"致知"是客体基于主体的认识，主体的实践与认知，相互作用、相互促进，实践认识、再实践再认识，螺旋式上升，逐步达到"格物而致知"的目标。"修身章"照应以上两章，提出了"自天子以至于庶人，壹是皆以修身为本"的论断。以"修身为本"对应的是事事物物的"本末、终始、先后"，于是得出"此谓知本，此谓知之至也"的论断，妙趣天成、天衣无缝。"知本"即知"修身为本"，"知之至"即知"止至善"。修身，三纲是"大纲"，六证是"层次"，两条例是"方法"，六条目是"细目"，环环相扣、入情入理。

（二）

　　在《大学》古本中，两条例格物、致知的说法是现成的，而"六条目"的说法是根据《大学》前后文或其他经典文献分析出来的。"修身"是一个通用语，不是《大学》所独有的。在《大学》中，"修身"处于中心位置。就六条目言，修身，"修其身·身修"的功夫是正心即"正其心·心正"诚意即"诚其意·意诚",而齐家即"齐其家·家齐",治国即"治其国·国治",平天下即天下平是"修身"的功德。就三纲言:"明明德而止于至善"是"修身",此为"素王",如老孔等;"明明德、亲民而止于至善"也是"修身",此为"圣王",如尧舜等。历代学人、误解三纲仅一条"圣王之道",至此庶几可以畅通无阻而直达圣域。

一、知本章

物有本末、事有终始,知所先后则近道矣[1]。

（一）

明白或"知"事物的"本末、终始、先后"就算得上"近道矣",这是"近道章"的基本思想。"物有本末"就物言"本末","事有终始"就事言"终始","知所先后"就"人"言"先后"。"物有本末、事有终始,知所先后",把"物、事、人"混成为一。物相当于事,这是统言之。物即事、事即物,物是事存在的基本对象,事是物所处的时空和状态,而其中必然是以人为中心的,这是析言之。"事、物"是认识论的基本对象,有物必有事、有事必有物,有事有物必有人。天与人、事与物、整体与局部、个体与群体、静止与运动、一成不变与瞬息万变、联系与间断、相关性与无关性等关系,是中华文化传统一以贯之的基本观念,紧密结合,相辅相成。

（二）

《庄子·齐物论》说:"非彼无我,非我无所取。""彼"即事物即客体、"我"即人即主体。"我"在"彼"中,无"我"则"彼"不可能被实践、被认识。事中有物、物中有事,人类作为主体只能从认识事开始而逐步认识物,没有无物的事,没有无事的物,更不可能没有人类参与的事和物。即令有"没有人类参与的事和物",那也是没有意思的,且也是人所认识的成果。一切认知成果都是主体作用于客体的认知成果,都是此时此地此人的认知成果,而不是也不可能是人类最终的认知成果。俗话

---

[1] 物有本末……则近道矣：本：事物的本然、根本,事物的本来面目或本质；末：事物的运用、枝叶,事物的外部或形态。终始：事物的时空和状态。道即天人诚学的非常道即德之上德境界。近道：相当于接近上德的境界。【大学古本傍释】明明德、亲民,犹"修己安百姓"。明德、亲民无他,惟在"止于至善",尽其心之本然谓之止至善。至善者心之本然,知至善惟在于吾心则求之有定向。

说：对事不对人。事是活生生的现实，是具体的，所谓"一事一议"，"事随人转，事中有人"。就像"岩中花树"：没有人参与的事物，事物与人"同归于寂"；有人参与的事物，事物与人一时"明白起来"。"同归于寂"是"虚寂"，没有意思；"明白起来"是"鲜活"，才有意思。没有人参与只能是"虚寂"，一旦有人的参与才能"鲜活"，才有实践和认识的价值。且即令"同归于寂"的"虚寂"也是人认识的成果，而不是虚无缥缈的"没有"。主体之于客体的认识、个体认识之于群体认识的成果，错综复杂，都是主体兼个体在事事物物上磨出来的。事事物物不外乎心上物、身边事而已，这是典型的道德实践价值。就《大学》言，格物、致知的对象主要是三纲、六目言，不言而喻；就宇宙言，格物、致知的对象是万事万物，不言而喻。

（三）

《大学章句》及历代学人对"明明德、亲民"之"本末"论等，都是方便法门不当与哲学之"本体论"等相提并论，以免混淆视听。"明明德而止于至善"相当于"修身养性"，是自我的存养即所谓隐学或隐教，所谓"穷则独善其身"者也；"明明德、亲民而止于至善"为"经世济民"，是忘我的笃行即所谓显学或显教，所谓"达则兼善天下"者也。人作为社会性的个体，是脱离了动物界的人类、是万物之灵，所以"独善"是必然的仁义、"兼善"是或然的功利，这一点必须时时处处，念兹在兹、念念不忘。《大学章句》所谓"明德为本，亲民为末"，实际的含义是"明明德为基础、亲民为延展"，不当以哲学的"本末"论之。以"本末"之论或为老学之理，不当混淆于《大学》《中庸》乃至孔学，否则就"差之毫厘，谬以千里"。

【朱熹说】

朱熹《大学章句》说：

明德为本，新民为末。知止为始，能得为终。本始所先，末终所后。此结上文两节之意。

【谨案】

朱熹《大学章句》所说，不仅有划分段落的误解，也有理解上的误解。朱熹把"本末"跟"明明德、新民"、"终始"跟"知止、能得"对应起来，认为"本始所先，末终所后"，这本身就是对《大学》文本的误解所致。"物有本末"，物即事、事即物，事事物物皆有本和末，本末一体，没有任何事物只有本而没有末或只有末而没有本。这跟"孤阴不生、独阳不长"含义相同。所以朱熹"明德为本，新民为末""知止为始，能得为终"属于举例说明一类，并非只能如此。按照中华文化传统基本观点，"明明德"是人人之必须，而"亲民"则未必是人人之必然，因为两者所针对的人群是不一样的。事事物物都有本末，事事物物的本末都有轻重缓急的必然分别，而从空间的三维性、时间的一维性言，"闻道有先后"，所以言"物有本末，事有终始，知所先后则近道矣"。所以"物有本末，事有终始，知所先后"不仅针对"明明德、新民"和"知止、能得"等言，也必然包括"两条、六目"及天下之事事物物。小到洒扫应对、大到齐家治国，无一没有"本末、终始、先后"，凡事遵循而行"则近道矣"。

【黎立武说】

黎立武《大学本旨》说：

物有本末指心身家国天下而言，事有终始指格物、致知诚意、正心修身齐家治国平天下而言。由心身而推之天下、自本而末也，由平治而遡之格物，终必有始也。先字总下六先、后字总下七后，行之则尽道、知之则近道也。道者，总三要、八条，言之所谓大学之道也。

【谨案】

黎立武把"心身家国天下"当作物、把"格物、致知、诚意、正心、修身齐家、治国平天下"当作事，因此推演到格物，而物即事。就物言，物和知也是事，而物是大名大知，包含着"心身家国天下"等；就事言，格物、致知是大名，是大格、大致，"诚意、正心、修齐治平"是小名，是小格、小致，是格物、致知的细分。应该指出的是：三纲、六目等，无一不是事或物，否则必然产生拘泥之病。把本末、终始、先后各自规定到或三纲、或六目等事事物物上，这就是拘泥之病。在此基础上，黎立武把"本末、终始和先后"跟所谓"八条"结合起来。"行之则尽道、知之则近道"，这是很有眼光的。当然黎立武所谓三要即三纲、八条即八条目"言之所谓大学之道"，这有着明显的程朱理学痕迹。由此可见程朱理学的影响大、传播广、流毒深，至今不息！

【王阳明说】

王阳明《大学问》说：

问曰：物有本末，先儒以明德为本、亲民为末，两物而内外相对也。事有终始，先儒以知止为始、能得为终，一事而首尾相因也。如子之说，以新民为亲民，则本末之说亦有所未然欤？

答曰：终始之说，大略是矣。即以新民为亲民，而曰明德为本、亲民为末，其说亦未尝不可，但不当分本末为两物耳。夫木之干谓之本，木之梢谓之末，惟其一物也，是以谓之本末。若曰两物，则既为两物矣，又何可以言本末乎？新民之意，既与亲民不同，则明德之功，自与新民为二。若知明明德以亲其民，而亲民以明其明德，则明德、亲民焉可析而为两乎？先儒之说，是盖不知明德、亲民之本为一事，而认以为两事，是以虽知本末之当为一物，而亦不得不分为两物也。

【谨案】

《大学问》不仅针对《大学》古本言，也针对朱熹《大学章句》《大学或问》而言。就"物有本末"，朱熹以"明德为本、亲民为末"，明显是"两物而内外相对"。就"事有终始"，朱熹以"知止为始、能得为终"，自然是"一事而首尾相因"。而王阳明认为，"新民为亲民"，所以王阳明自设问而自答之。《大学问》认为"知止为始、能得为终"，这种说法"大略是矣"。此说也有类似朱熹的误解。"终始"是就事事物物言，不仅可以指一事一物，也可以指万事万物。"明德为本、亲民为末"，这种说法"未尝不可"，只是"明德、亲民"是一物，而"不当分本末为两物耳"。《大学问》分析说："木之干谓之本、木之梢谓之末。"只有一物，才能"谓之本末"，如果是"两物"，就不能说"本末"了。《大学章句》言"明德为本，新民为末"《大学或问》言"明德、新民两物而内外相对"，朱熹在《大学章句》没有说"两物"，而在《大学或问》说了"两物"，所以"多言数穷"。天人诚学认为：析言"明明德、亲民"，可以是两物，两物不能以"本末"论；统言"明明德、亲民"，就可以各是一物，一物能以"本末"论。王阳明《大学问》只"合"不"分"，只统言不析言，难免有所偏颇。

《大学问》认为："知明明德以亲其民，而亲民以明其明德"，那么"明明德、亲民"就是一物。王阳明认为：朱熹"不知明德、亲民之本为一事，而认以为两事"，所以"明明德、亲民"当成了"两物也"。"明明德"就必须"亲民"，这不仅是王阳明的观点，也是朱熹等人的基本观点，这明显违背了孟子"独善、兼善"的基本观点，也违背了《大学》"修身为本"的基本观点。"本末、终始、先后"，是就一个范围之内、一个事物上之而言的。同一范围、同一事物，方可以论"本末、终始、先后"。如果把"明明德、亲民"当成一事，自然有本末之分，如王阳明言。如果把"明明德、亲民"当成两物，自然不能说"明明德"为本、"亲民"为末。这里要指出的是"明明德、亲民"可以当成一物，也可以当成两物，一物则有"本末、终始、先后"，而两物则不能把两者当成"本末、终始、先后"。《大学问》言"明德、亲民之本为一事"，这在逻辑上肯定是不够严密的。

【孙奇逢说】

孙奇逢《大学近指》说：

有本末、自有终始，先非遗末而末即在本中。如明德也，须在民上明，不能振民育德[1]而谓之明德乎？修身也，须在家国天下上修，不能亲九族安百姓而谓之修身乎？天下无离本之末，岂有遗末之本哉？总之，身处天下国家之中与物相感应物者，失其理便是身不修，而正心诚意之功，俱属惘然。

【谨案】

孙奇逢认为，事物的"本末、终始、先后"是一体的，本不离末、终不离始、先不离后，天下万事万物，修身为本，修其身则齐家治国平天下之事可成，诚意、正心之功可见。孙奇逢之说，似是而非，细琢则不无可议之处。这有概念使用不准确的问题、有逻辑上以偏概全的问题。概念使用不准确的问题，如"如明德也，须在民上明"，当为"如明明德也，须在亲民上明"，"振民育德"应对应的是"明明德"而不是"明德"等。逻辑上以偏概全的问题，如"修身也，须在家国天下上修"云云。"修

---

[1] 振民育德：接济天下的民众，涵养自己的德行，出自《周易・蛊》："象曰：山下有风，蛊，君子以振民育德。"

身"的功夫是"诚意、正心"，功德是"齐家治国平天下"。作为人的社会性言，修身是人人必须为，而"亲九族安百姓"并非人人必须为或能够为，否则，孟子就不会说"穷则独善其身"了。且"亲九族安百姓"，是孟子所谓"兼善天下"，"兼善"也者"独善"之余也，并非人人必须"亲九族安百姓"！

二、格致章

古之欲明明德于天下者先治其国、欲治其国者先齐其家、欲齐其家者先修其身、欲修其身者先正其心、欲正其心者先诚其意、欲诚其意者先致其知，致知在格物[1]。物格而后知至，知至而后意诚，意诚而后心正，心正而后身修，身修而后家齐，家齐而后国治，国治而后天下平。

格物、致知，是在"古之欲明明德于天下者"指导思想下的格物、致知，离开了这个指导思想，就背离了格物、致知的基本路径，这一点是前提，务必时时处处铭记在心。格物、致知具有相关的语义关系、相同的语法结构。古圣先贤之说格物，差不多是就格物本身言，其准确性、精密性，不乏叹为观止处，而就格物的"主体客体的同一性、格物对象的普遍性、格物方法的多样性"等言，尚有很大的改进空间。天人诚学认为，格物之所以必须为"格诚"，且必然为"格诚"，就是基于格物必须如此"通格"所决定的。

"格诚论"的基本指导思想本于杨郁先生之《心物论》（见本书附篇）。其所以说"格物其惟格诚而已矣"，在于这个"诚"字！"格诚"之"诚"，"所诚者"是天心，"诚之者"是人心，"格诚者"是"真

---

[1] 古之欲明明德于天下者先治其国……致知在格物：【谨案】这段话的完整句可以是：欲明明德于天下者先治其国，欲明明德于其国者先齐其家，欲明明德于其家者先修其身，欲明明德于其身者先正其心，欲明明德于其心者先诚其意，欲明明德于其意者先致其知，欲明明德于其知者先格其物，致知在格物。"明明德"是前提、是指导思想。这样理解似乎才合乎《大学》本意乃至整个中华文化传统基本观点。格物即"量度事物"。《苍颉篇》：格，量度之也。惠士奇说：格之言度也。《礼记·缁衣》：言有物而行有格也。格物是天赋人类的基本能力，致知是人类抵达觉知的基本能力，觉知是人类的道德自觉或道德经验，孟子所谓四端即恻隐之心、羞恶之心、辞让之心、是非之心。格物、致知是人类的本能，是不思而得、不学而能的。古之欲明明德于天下者先治其国……致知在格物：王阳明【大学古本傍释】明明德天下，犹《尧典》"克明峻德，以亲九族"至"协和万邦"。心者身之主，意者心之发，知者意之体，物者意之用。如意用于事亲即事亲之事格之，必尽夫天理则吾事亲之良知无私欲之间而得以致其极。知致则意无所欺而可诚矣，意诚则心无所放而可正矣。格物如格君之格，是正其不正以归于正。

知"。"诚"是主体"人"对客体"人、天"的实践和认识所"理解阐释、敬畏崇拜"的"真知"。"诚",之于主体是"真诚"、之于客体是"真实"、之于实践认识的成果是"真知"。"真诚"是主体的"真实无妄",具有差异性、局限性等特征;"真实"是客体的"真实无妄",具有同一性、全面性等特征;"真知"是主体之于客体之实践认识的"真实无妄",具有阶段性、逆转性等特征。"真知"是主体对客体的认知,永远在路上,角度的变换、方法的改进、境界的提升,与时俱进、与境俱化,能逐渐接近、不能完全靠近。"真知"存在的最高价值,不是被笃信不疑,而是被不断质疑,乃至将其否定。

天在人的面前,人唯一能够呈现给天的只有"诚",此为天之"真实";人在天的面前,人唯一能够坚守的只有"诚",这是人之"真诚";在人认知人、天的成果面前,人所能坚守的唯有"真诚而真实"。天不言而"诚明",天之道"诚明而明诚"即"自诚明谓之性";人能言而"明诚",人之道"明诚而诚明"即"自明诚谓之教"。"真知"即"诚知",所诚者天道、诚之者人道,天道人道融会贯通于"真知",心物契合,人与天地万物一体。不诚无物,成己成物。成己则仁、成物则智,诚不自欺、诚于中形于外。"诚"是"主体、客体、真知"的混成之物,是格物、致知的"物和知",是"心意、物我、天人、道德"的自然集合,所以"格物,其惟格诚而已矣"!

1.天人诚学格诚论

(一)

格物的"主体、客体"不仅具有相对的"差异性",而且具有绝对的同一性。"心即物、心即理",就是"主体、客体"高度契合的具体说明。"主体"是"主体"所认知的"主体",而不是主体本身;"客体"是"主体"所认知的"客体",而不是"客体"本身。格物、致知的"主体"是"人","客体"是"人"和"万物",因此"主体"对自身的认知也只能是"主体"对自身的认知,而不可能是"主体"本身如此。"主体"本身如此肯定是存在的,可这个"主体"的存在只是被主体认知才被之为"主体"的存在,而不可能是"主体本身"。只有人类才能作为主体,而人类这个主体却必须按照主体的认知来确定"主体本身",这是人类作为主体的无奈、也是人类作为主体的奥秘。

　　格物不能只格主体如陆王心学"格心"，不格客体即不格物如程朱理学之"格理"。"格心"就是"格己"，"格己"就是"己格"，与"格人"即"格他"相对应。"格己"是起点，这跟《论语》"修己以敬、修己以安人"，跟《大学》的中心思想"修身为本"相一致。如《庄子·让王》言："道之真以持身，其绪余以为国家，其土苴以治天下。"如黎立武言："格物即物有本末之物、致知即知所先后之知，盖通彻物之本末、事之终始，而知用力之先后耳。夫物，孰有出于身心家国天下之外哉？"《大学》之"三纲、六目"均以"修己"为目标，如"诚意、正心"的目标是"修己"、"齐家治国平天下"的目标也是"修己"。

　　人不仅格物即格人，还要格心即格己。"格心"相当于"修己以敬"即"明明德"或"诚意、正心"，格物相当于"修己以安人"即"亲民"或"齐家治国平天下"。不能只"格"主体即"格心"，也不能只"格"客体如"格理、格性"。"格"心之物在心中、"格"理之物在理中、"格"性之物在性中，不可能有"物外之心、物外之理、物外之性"，也不可能有"心外之物、理外之物、性外之物"，如此而已。

　　古人有关格物之有"内外、意念、性情、善恶、理气、道德"等之争，隔靴搔痒、言不由衷。天下万事、人心一理，无不戚戚相关。人与天的一致性、心与物的契合度，这才是格物的关键所在。主体之于客体的任何成果，都是主体认知客体的成果，而不是主体或客体本身。异中有同、同中有异，天人一体、心物契合。"心即物物即心、心即道道即心"，皆为方便法门，无一不是主体之于客体的认知。物我之内外，是主体认识的内外，而认知不可能有内外。内外之物、内外之理，不过为了方便主体认知客体，并非心之于物、心之于理真有所谓内外。圣人跟其他人的认识一样，也是没有内外的，只是认识的角度、深度、手段和境界有所不同而已。人类，无论是群体意识或个体意识，所有的认知都是主体通过此时此地、此法此物等所获得的认知，望闻问切、色味形名，无不如此。客体之所以如此这般，也无一不源自主体的认知，所以实在是难以说有内外，"心即物、心即理、心即天、心即道"，而非"心"之外还有所谓"物、理、天、道"。历来之格物，"格善、格性、格理、格心"，或外格于物、或内格于心，主客分"格"，盲人摸象、自以为是，乃至互相攻讦，看起来吵翻了天，其实最终似乎还是不明白为什么吵。

（二）

格物分为"主体、客体"，"主体"是"人"，"客体"是"人、物"。人有百品，物有万端。人分上智下愚，所谓生而知之、学而知之、困而学之及困而不学。上上之智难移下下人之愚，如孔子之上智难移盗跖之下愚。何以不可移？孟子、阳明有"不是不能移，而是不想移"之说。上智下愚不只指智力，更重要的指良知，主次不能颠倒。格物的"客体"具有抽象化之普遍性和具象化之特殊性。物有万端，有难阐述。格物之物是"天下事事物物"，如《大学》"诚意、正心、修身齐家、治国平天下"之"意心、身家、国天下"。物之"本"即"修身为本"之"本"，"修身为本"而其余的都是"末"。

《大学》早就已经明白无误地指出："事物"有"本末、终始、先后"，且把三者落实到"六目"等上。"本末"就物之本身言，目的是要"纲举目张"，以免"舍本求末、缘木求鱼"；"终始"就物之过程言，目的是"慎终如始"，以免"虎头蛇尾、半途而废"；"先后"就人的功夫言，目的是"下学上达"，以免"急功近利、急于求成"。"本末、终始、先后"作为格物基本内容，落实到"三纲"则有"明明德、亲民"，而"明明德"对应"六目"的"诚意、正心、修身齐家"，"亲民"对应"治国平天下"。就"六目"言则有"诚意、正心"对应"修身"，"修身"依次对应"齐家治国平天下"。格物的物，"物即事、事即物"，由"三纲"之"明明德、亲民"，"六目"之"诚意、正心……治国平天下"乃至宇宙中的一切，即至大无外、至小无内。"致知"的"知"，"知即识、识即智、智即慧"，所谓"以知成识、以识成智、以智成慧"，如把"六目"之"意心身家国天下"等"格而致之"而为主体的"知、识、智、慧"。

"格物致知、物格知止"之于"诚意而意诚、正心而心正"，"诚意"是出发点和下手处，"正心"是落脚点和功德处。"念恶"则"善之"，"念邪"则"正之"，"念缺"则"全之"，"念塞"则"通之"，"念暗"则"明之"，此相当于格物之意；"意善"则"至善之"，"意正"则"至正之"，"意全"则"至全之"，"意通"则"至通之"，"意明"则"至明之"，此相当于"致知"之意。"格物使之中、致知使之和""格物使之透，致知使之明""格物使之正、致知使之善"等，相当于"格物、致知使之中和、透明、正善"，查漏补缺，皆一之，如此而已。所以不当以释"格"为"格正"去反对释"格"为"格穷、格尽、格至、格善、格恶"等，所以"格善、格性、格理、格心"，皆偏于一"格"，以偏概全，明矣！

格物之主客、心物、内外等"通格"之就"无所不格、无所不中、无所不正、无所不和、无所不通、无所不明"，毋庸置疑！否则，诸如此类，无乃为无所不包的防空洞，但凡不明就里或遇到懵懂的时候就以此搪塞之、敷衍之。"吾性自足，不假外求"或"心即物、心即理、心外无物"等说法乃方便法门，不能随意联系到"吾性"是内、"外求"是"外"之类。其实"格理格心、格竹子"也好，"改名能言、悍匪脱衣"也好，都是主体之于客体的一事一物的格物、致知，心物契合，本无内外之别。

心即物！心是物之心！心即理！理是心之理！没有心何来物？没有心何来理？没有物何来心？没有理何来心？

可知充天塞地中间，只有这个灵明，人只为形体自间隔了。我的灵明，便是天地鬼神的主宰。天没有我的灵明，谁去仰他高？地没有我的灵明，谁去俯他深？鬼神没有我的灵明，谁去辩他吉凶灾祥？天地鬼神万物，离却我的灵明便没有天地鬼神万物了。我的灵明，离却天地鬼神万物，亦没有我的灵明。

"充天塞地中间"的"我的灵明"就是"天地鬼神的主宰"，天之高、地之深、鬼神之吉凶灾祥，"没有我的灵明"，谁去仰他？谁去俯他？谁去辩他？天地鬼神万物离不开我的灵明，我的灵明离不开天地鬼神万物。

（三）

格物、致知所格所致的都是"事事物物"的"本末、终始、先后"，无所不格、无所不致，无所无物、无所无知。格物、致知是"修身"的方法，是就天下事事物物言、是就人类之喜怒哀乐言，是就"三纲、六目"的"学、问、思、辩、行"言、是就"尽善尽美、尽性穷理"言。格物方法的多种多样，这是格物的对象所决定的。"格致"都是方法，"格"是主体作用于客体的方法、"致"是客体反作用于主体的方法。如"物知"是"格致"的对象，是客体，包括"心上之物、心外之物""有形之物、无形之物""可知之物、不知之物"等。所以格物、致知相当于实践和认识的关系。

　　就《大学》"三纲"言："格致"的方法有"明、亲、止"，"格致"的物有"明德、民、至善"；就《大学》"六目"言，"格致"的方法有"诚、正、修、齐、治、平"，"格致"的"事物"有"意、心、身、家、国、天下"。格物之于"明明德、亲民、止至善"，"明德"则"明之"，"民"则"亲之"，"至善"则"止之"；格物之于"诚意、正心"，"意"则"诚之"，"心"则"正之"。"修身"是格物的根本、"三纲"是格物的大纲、"六目"是格物的细目。

　　就《中庸》言，"格致"的方法，如"率性之谓道"之"率性"、"修道之谓教"的"修道"等。"率性"相当于尽性穷理、"修道"相当于穷理尽性，所谓"自诚明谓之性、自明诚谓之教"。率性、修道就是"格物使之中、致知使之和"即"格物使之中和、致知使之中和"言。喜怒哀乐之未发谓之"中"，喜怒哀乐发而中节谓之"和"、喜怒哀乐发而不中节谓之"不和"。"性"相当于"明德"，"中和"相当于"明明德""诚意正心、修身齐家、治国平天下"。"明德明""意诚心正、身修家齐、国治天下平"则无不"中和"，"明德不明""意未诚心未正、身未修家未齐、国未治天下未平"则"不中不和"。"中"是天地的本然，"和"是人类的当然，"和"或"不和"是事物的"必然"，"本然"必"当然"，而"当然"不一定"必然"，因此有格物、致知之功夫之说，未必有格物、致知之功德之说。

　　格物之"格"包括人类所有的言行举止、格物之物包括宇宙所有的事事物物。"视听言动思、学问思辨行"，无一不是人类的言行举止，"喜怒哀乐、日月星辰"，无一不是宇宙的事事物物。因此，"格物之格"如"方格、格式之格"，有"方格"则有范围、有"格式"则为规则，此即"天理、人则"。"格"即"度量"即"规矩"如"絜矩"，无规矩不能成方圆、无规则不成礼仪。这个方圆礼仪就是天理人则，相当于"明德良知"等。

　　格物所格的对象不同、所用的方法不同，其指导思想是社会之通则、自然之通理，所以格物之"格"不能以"正、尽、穷、至、来"等单言之。"格物使之中、致知使之和""邪者使之归正、正者使之归精""恶者使之归善，善者使之至善""不仁使之仁，仁者使之至仁"等，都是举例说明。虽然"天命之谓性"，可因有"正邪、善恶"等之差异，所以有"率性之谓道、修道之谓教"之别。格物是致知的功夫、致知是格物的功德，格物是致知之始、致知是格物之成。随天理而格之、随人则而致之，格物、致知，一体两面、相辅相成，不可或缺。

格物之"中"而致知之"明"、格致"透"则物知"明"，没有无物之知、没有无知之物，物必有知、知必有物。格而致之则物之知乃透、知之物乃明。因此，但言格物，致知在其中矣，但言仁，义礼智信在其中，礼义廉耻在其中，忠孝节义在其中，仁义礼智的四端就是仁义礼智信的五常，后出转精而已。

"格物致知，透物知明"。大言之：天下之万事万物，都该格而致之、透而明之，这是人作为群体的义务；小言之，心上物、身边事，必须格而致之、透而明之，这是人作为个体的必须。人类的实践和认识之所以能够继承和发展，就是人人当其位，从自己做起、做身边做起、从当下做起，勤奋坚持、继承发展，坚持数年必有好处。一书已熟方读一书、一事已熟方做一事。舂米便舂米、割麦便割麦、撑船便撑船、钓鱼就钓鱼，本职做好了再去做兼职，不能三心二意的。人心齐泰山移，整个人类社会团结起来，庶几能够"格天下的物、致天下的知"。分清楚群体的义务和个体的必须，是格物、致知的基本要求。不能把"格尽天下之物"的污名强加给朱熹，也不能给"格心上之物"的王守仁以赞口不绝，只要分清楚了群体的义务和个体的必须，这就显而易见了。我们不敢相信朱熹不知道庄子"吾生也有涯而知也无涯"的名言、我们同样不敢相信阳明没有读过朱熹的《大学章句》《大学或问》！当阳明心学成为显学而大行其道的时候，而作为阳明心学之根本而建立体系的《大学》《中庸》却无人问津或视而不见，且非咄咄怪事？阳明心学之《传习录》是解决《大学》《中庸》之疑难问题的，而《大学》《中庸》之基本问题都还没有弄清楚就去啃如此难题，且非咄咄怪事？

（四）

格物或物格的成果就是"止至善"。格物的作用包括"自然之用和社会之用"。"自然之用"主要解决吃喝拉撒等实用价值，社会之用主要解决善恶是非等道德价值。格物之于《大学》就是格"三纲六目"，就是格"明明德"等。"明明德而止至善"是在事事物物上的"明明德而止至善"，"明明德、亲民"也是在事事物物上的"明明德亲民而止至善"。人不同、事不同，时间不同、环境不同，随机应变、出神入化，"止至善"即可，不能以"格善、格性、格理、格心"局限之。"止于至善"是不能落实在事事物物上的。因为"止于至善"是上达、是境界或目标，顿法可"止于至善"、渐法也可"止于至善"，高贵为天子可"止于至善"、低贱为庶民也可"止于至善"，如此而已，条条大路通罗马、人生处处能尽性。

格物的目的是使天下"之物、之知"至于"明明德而止至善"或"明明德亲民而止至善"，其成果不过"正格正知、良格良知、善格善知、仁格仁知"等而已。舍此者皆为有所偏颇、以偏概全也。"明明德、止至善"为内圣、"明明德、亲民、止至善"为外王。格物之"诚意、正心"，目的是"修身"；格物之"修身"，目的是"齐家"；格物之"修身齐家"，目的是"治国"；格物之"修身齐家治国"，目的是"平天下"。

【朱熹说】

（一）

《大学章句》针对"古之欲明明德于天下者先治其国……致知在格物"注解说：

> 治，平声，后放此。明明德于天下者，使天下之人皆有以明其明德也。心者，身之所主也，诚，实也，意者，心之所发也，实其心之所发，欲其一于善而无自欺也。致，推极也，知，犹识也，推极吾之知识，欲其所知无不尽也。格，至也，物，犹事也，穷至事物之理，欲其极处无不到也。此八者，大学之条目也。

【谨案】

"此八者，大学之条目"，朱熹明确地提出了《大学》"八条目"的名称。"古之欲明明德"是统率全文的，"明明德"管辖着"亲民、止于至善"，这应该熟记之。本段所解释的正心诚意、致知格物，有的比较精当、有的比较粗疏。把正心和诚意结合在一起，包括"正心诚意"是成双成对的紧密关系的意思。认为"正心和诚意"是"实其心之所发，欲其一于善而无自欺也"，这是很准确的。而把格物、致知分开来讲，违背了成双成对的规则，朱熹是有意而为之，还是无意而误解呢？朱熹认为，致知是"推极吾之知识，欲其所知无不尽也"、格物是"穷至事物之理，欲其极处无不到也"，就显得逻辑上有所差池了。原文是"致知在格物"，说明的是致知与格物的关系很紧密。致知重点在"人之知"，所"知"必然是所致的"物之知"；格物重点在"物之知"，必然是所格的"知之物"，致知格物本为一事，一体两面。致知乃至"致知无不尽"、格物乃至"极物无不到"，从可能性、必要性看，这是不可能的，也是没有必要的。"物之知"亘古常在变、"人之知"与时俱进，认识物理没有尽头、提升认知没有止境，在《大学章句》虽如此说，而朱熹在《大学或问》中对此有说明，认为没有必要也不可能"格尽天下之物"、没有必要也不可能"致尽天下之知"，读者可参考之。

（二）

《大学章句》针对"物格而后知至……国治而后天下平"注解说：

> 治，去声，后放此。物格者，物理之极处无不到也；知至者，吾心之所知无不尽也。知既尽则意可得而实矣，意既实则心可得而正矣。修身以上，明明德之事也；齐家以下，新民之事也。物格知至则知所止矣，意诚以下则皆得所止之序也。

【谨案】

《大学章句》说："修身以上，明明德之事也；齐家以下，新民之事也。"又说："物格知至则知所止矣，意诚以下则皆得所止之序也。""修身以上"当指"格物致知诚意正心修身"属于"明明德之事"，"齐家以下"当指"齐家治国平天下"属于"新民之事"，这是朱熹针对所谓"八目"之于"三纲"而言的。正因为朱熹有这样的观点，所以才生拉活扯把《大学》古本改为《大学》改本，于是乎打乱《大学》古本的文本和增加《大学》文本的内容。然而《大学章句》认为："物格知至则知所止、意诚以下则皆得所止之序"，为"知所止"、为"止之序"，可见朱熹似乎已经明白格物、致知跟"诚意、正心"等是有明显区别的，可惜未能深入，乃至殚精竭虑而最终未能洞察《大学》之妙。"知所止"是方法，"止之序"是内容。"规则"是行为动作的方针方法，而"条目"是事物事件，"条目"是在"条例"指导下的格物、致知。格物、致知所格所致的乃是诚意、正心而修身，修身而齐家而治国而平天下。"物理之极处无不到、吾心之所知无不尽"诸语，跟上面一段所说相一致，此叫作前后一贯、始终如一。一句话就是要格尽天下物、致尽天下"知"，说法可以改变、观点不会改变。朱熹把"格物致知、诚意正心、修身齐家、治国平天下"分开来说，很显然跟"物格知至则知所止""意诚以下则皆得所止之序"似乎有关系。《大学或问》说："格物、致知所以求知至善之所在，自诚意以至于平天下所以求得夫至善而止之也。""知至善之所在"相当于"物格知至则知所止"、"得夫至善而止之"相当于"意诚以下则皆得所止之序"，可谓一脉相承。

【黎立武说】

黎立武《大学本旨》针对"古之欲明明德于天下者先治其国"至"国治而后天下平"发表评论说：

> 格物即物有本末之物、致知即知所先后之知，盖通彻物之本末、事之终始，而知用力之先后耳。夫物，孰有出于身心家国天下之外者哉？天下之本在国、国之本在家、家之本在身、身之主在心、心之发为意，此物之本末也。诚而正、正而修、修而齐、齐而治、治而平，此事之终始也。本始先也、末终后也，而曰知所先后者，其究在乎知止而已。然是道也，或生而知之或学而知之，其知一也。今于物必曰格、于知必曰致者，何哉？诗云：天生蒸民，有物有则。物之本存乎有物之则，不格则不能知；有物之则存乎止善，不致其知则不能得所止也。既曰天下平、又曰平天下，而此首曰明明德于天下者，合明明德、新民言之，盖以道觉民之事、使斯民止于善、兴于德，昭然化之，犹日月有明容，光必照物，物皆被其辉光，此则新民之道而治平之要务也。

【谨案】

黎立武根据格物的物是"身心家国天下"、致知是"知先后"的"知"，于是把"本末、终始、先后"融为一体，而"天下之本在国、国之本在家、家之本在身"且"身之主在心、心之发为意"，这即"物之本末"，而"诚而正、正而修、修而齐、齐而治、治而平"，这即"事之终始"，即"本始先、末终后"，因此"知所先后"即"知止"而已。黎氏把格物、致知跟"诚而正、正而修、修而齐、齐而治、治而平"区别开来，从一个角度说明我们提出两条例跟六条目的准确性和必要性。"以道觉民"，主体之明道，有"生而知之"或"学而知之"之别，而知却是一样的，在物言格、在知言致。唯人之所格而所致于物，有物才能明，物之则在止善，致知而知至则能得止善。黎立武在这里区别"天下平、平天下"，结合"古之欲明明德于天下者"，认定"明明德、新民"合一，而"知止"就是"以道觉民、使斯民止于善"。黎立武在这里很清楚地指出，格物、致知跟其他所谓"八条"的显著不同，把我们所说的两条例跟六条目区别开来了。

【王阳明说】

王阳明《大学问》针对"古之欲明明德于天下者先治其国"至"国治而后天下平"发表评论说：

问曰：古之欲明明德于天下者，以至于先修其身，以吾子明德、亲民之说通之，亦既可得而知矣。敢问欲修其身，以至于致知在格物，其功夫次第又何如其用力欤？

答曰：此正详言明德、亲民、止至善之功也。盖身、心、意、知、物者，是其功夫所用之条理，虽亦各有其所，而其实只是一物。格物、致知、诚意、正心修身者，是其条理所用之功夫，虽亦皆有其名，而其实只是一事。何谓身心之形体？运用之谓也。何谓心身之灵明？主宰之谓也。何谓修身？为善而去恶之谓也。吾身自能为善而去恶乎？必其灵明主宰者欲为善而去恶，然后其形体运用者始能为善而去恶也。故欲修其身者，必在于先正其心也。然心之本然则性也，性无不善，则心之本然本无不正也。何从而用其正之之功乎？盖心之本然本无不正，自其意念发动，而后有不正。故欲正其心者，必就其意念之所发而正之。凡其发一念而善也，好之真如好好色，发一念而恶也，恶之真如恶恶臭，则意无不诚，而心可正矣。然意之所发，有善有恶，不有以明其善恶之分，亦将真妄错杂，虽欲诚之，不可得而诚矣。故欲诚其意者，必在于致知焉。致者，至也，如云丧致乎哀[1]之致。易言知至至之[2]，知至者，知也，至之者，致也。致知云者，非若后儒所谓充扩其知识之谓也，致吾心之良知焉耳。良知者，孟子所谓是非之心，人皆有之者也。是非之心，不待虑而知、不待学而能，是故谓之良知。是乃天命之性，吾心之本然，自然灵昭明觉者也。凡

---

[1] 丧致乎哀：即"丧致乎哀而止"，出自《论语·子张》，意思是，子游说："对于丧事要尽心尽力尽哀，但不要无限制地悲痛。"

[2] 知至至之：《易经·文言》：知至至之，可与言几也；知终终之，可与存义也。是故，居上位而不骄，在下位而不忧。知至：判断事情发展将到某种地步。至之：抵达顶点过极致。

意念之发，吾心之良知无有不自知者。其善欤，惟吾心之良知自知之；其不善欤，亦惟吾心之良知自知之。是皆无所与于他人者也。故虽小人之为不善，既已无所不至，然其见君子则必厌然掩其不善而着其善者，是亦可以见其良知之有不容于自昧者也。今欲别善恶以诚其意，惟在致其良知之所知焉尔。何则？意念之发，吾心之良知既知其为善矣，使其不能诚有以好之，而复背而去之，则是以善为恶，而自昧其知善之良知矣。意念之所发，吾之良知既知其为不善矣，使其不能诚有以恶之，而复蹈而为之，则是以恶为善，而自昧其知恶之良知矣。若是，则虽曰知之，犹不知也，意其可得而诚乎？今于良知之善恶者，无不诚好而诚恶之，则不自欺其良知而意可诚也已。然欲致其良知，亦岂影响恍惚而悬空无实之谓乎？是必实有其事矣。故致知必在于格物。物者，事也，凡意之所发必有其事，意所在之事谓之物。格者，正也，正其不正以归于正之谓也。正其不正者，去恶之谓也。归于正者，为善之谓也。夫是之谓格。书言格于上下、格于文祖、格其非心，格物之格实兼其义也。良知所知之善，虽诚欲好之矣，苟不即其意之所在之物而实有以为之，则是物有未格，而好之之意犹为未诚也。良知所知之恶，虽诚欲恶之矣，苟不即其意之所在之物而实有以去之，则是物有未格，而恶之之意犹为未诚也。今焉于其良知所知之善者，即其意之所在之物而实为之，无有乎不尽。于其良知所知之恶者，即其意之所在之物而实去之，无有乎不尽。然后物无不格，吾良知之所知者，无有亏缺障蔽，而得以极其至矣。夫然后吾心快然无复余憾而自谦矣，夫然后意之所发者，始无自欺而可以谓之诚矣。故曰：物格而后知至，知至而后意诚，意诚而后心正，心正而后身修。盖其功夫条理虽有先后次序之可言，而其体之惟一，实无先后次序之可分。其条理功夫虽无先后次序之可分，而其用之惟精，固有纤毫不可得而缺焉者。此格物、致知、诚意、正心之说，所以阐尧舜之正传，而为孔氏之心印也。

【谨案】

《大学问》本段回答"欲修其身以至于致知在格物"的功夫次第何如用力，即讨论"欲修其身者先正其心、欲正其心者先诚其意、欲诚其意者先致其知，致知在格物"一段。

《大学问》认为：此正是详言"明德、亲民、止至善之功"。修身正心诚意致知格物的"身、心、意、知、物"，是"功夫所用之条理"，即使"各有其所"，而"其实只是一物"。"物致知诚意正心修身"的"格物致知诚意正心修身"，是"条理所用之功夫"，即使"皆有其名"而"其实只是一事"。"身心之形体"是"运用"，"心身之灵明"是"主宰"，"修身"是"为善而去恶"。人本身之所以能够"为善而去恶"，就是因为"其灵明主宰者"能够"为善而去恶"，而后"其形体运用者"才能"为善而去恶"。所以说"欲修其身者，必在于先正其心"。然而，"心之本然"是人的本性，所以"性无不善"，因而"心之本然本无不正"。其所以能够"用其正之之功"，就是因为"心之本然本无不正"，而"自其意念发动"而后才有"不正"。所以"欲正其心者"，必须从"其意念之所发而正之"。但凡发出一个"善念"就"好之真如好好色"，但凡发出一个"恶念"而就"恶之真如恶恶臭"，那么就"意无不诚，而心可正"。意念的所发"有善有恶"，如果分不清善或恶，就会出现"真妄错杂"的情况，即使希望诚意，意也不可能诚。所以"欲诚其意"，必须先"致其知"。"致"的意思即"至"，就像"丧致乎哀"的"致"。《易》言"知至至之"，"知至"即"知"，"至之"即"致"。"致知"，不是后儒所说的"充扩其知识"，而是"致吾心之良知"。"良知"就是孟子所说的"是非之心，人皆有之"。"是非之心"是"不待虑而知、不待学而能"的，所以称之"良知"。"良知"是"天命之性"，是"吾心之本然"，是"自然灵昭明觉者"。但凡意念的发出，"吾心之良知"就无不自知。善的，只有"吾心之良知自知之"；恶的，也只有"吾心之良知自知之"。这是不可能"与于他人"的。所以即使是"小人之为不善"，即使已经到了"无所不至"即无恶不作的地步，可是小人看见君子就"必厌然掩其不善而着其善"，这也可以发现小人有良知而"不容于自昧"。如果希望"别善恶"而"诚其意"，只有在"致其良知之所"下功夫。意念的发出，良知就已经明白应该为善，如果真不能为善，而却去"以善为恶"，这就是"自昧其知善之良知"。意念的发出，良知就已经明白应该不为恶，如果真去为恶，这就是自昧"其知恶之良知"。如果这样，即使说"知之"也就像"不知"一样，如此就不可能"意其可得而诚"！良知能够知善知恶，无不诚好而无不诚恶，那么就"不自欺其良知而意可诚也已"。希望"致其良知"，必须把"致良知"落实在事事物物之上，所以说"致知必在于格物"。物也是事，"意之所发必有其事"，而"意所在之事"称之为物。格就是"正"，"正其不正以归于正"。"正其不正"就是"去恶","归于正"就"为善"。因此称之为"格"。《尚书》有"格于上下、格于文祖、格其非心"等,格物之"格"兼有这些"格"的意义。良知所知的"善",即使"诚欲好之",可是如果"不即其意之所在之物"而实实在在地格物,那么就必然出现"物有未格"而"好之之意犹为未诚"的情况。良知所知的"恶",即使"诚欲恶之",可是如果"即其意之所在之物"而实实在在地格物,那么就必然出现"物有未格,而恶之之意犹为未诚"的情况。如果在"其良知所知之善"之地,在"其意之所在之物"而实实在在地以良知为善,就"无有乎不尽"。如果在"其良知所知之恶"之地,在"其意之所在之物"而实实在在地以良知去恶,就"无有乎不尽"。这样就"物无不格","良知之所知",就"无有亏缺障蔽,而得以极其至矣"。而后"吾心快然无复余憾而自谦",而后"意之所发"就"始无自欺而可以谓之诚矣"。所以《大学》说:"物格而后知至,知至而后意诚,意诚而后心正,心正而后身修。"功夫条理,即使"有先后次序"可言,而其实本然是一个,本来没有"先后次序"可分。条理功夫,即使没有"先后次序"可分,而用之功夫只要唯精唯一,那就纤毫不缺。这就是"格物、致知、诚意、正心"之说,以此来阐释"尧舜之正传",而这正是"孔氏之心印"。

《大学问》讨论"欲修其身者先正其心、欲正其心者先诚其意、欲诚其意者先致其知,致知在格物"一段,除了对"修身正心诚意致知格物"逆序排列进行说明以外,主要讨论"知善知恶是良知,为善去恶是格物"。"致良知"相当于"明明德"等,而因为遵循"性本善"的基本观点,所以《大学问》认定:良知是与生俱来的,所谓"天命之谓性",所以良知能够"知善知恶"。小人的良知即使被遮蔽,其良知也是存在的。所以通过"致良知"就能恢复本性即"良知、明德"等。就"致良知"言:逆序的"修身正心诚意致知格物"和顺序的"格物致知诚意正心修身"或"物格知至意诚心正身修"都是混成之物,都是一物、一事,都是或"致良知"或"明明德"或"复性"等。

我们不得不指出的是:人类必然具备"自然性",也必须具备"社会性",而"良知、明德、性"或"致良知、明明德、复性"等都是社会性对人类提出的伦理规则,因为人是万物之灵。这些规则虽然可以说是"得之于天地",是"替天行道"的,因为人类认为自己是"万物之灵"。可任何时候都不能忘记或故意忽略人类的自然性。如果不充分地关注到人类的自然性，要求"普天之下尽尧舜"，就会出现越来越多的两面派、双面人。"人人皆可为尧舜"是个人的自觉、是社会的必须，不是人人之必然和社会的现实。《孟子·告子上》说："恻隐之心人皆有之，羞恶之心人皆有之，恭敬之心人皆有之，是非之心人皆有之；恻隐之心仁也、羞恶之心义也、恭敬之心礼也、是非之心智也，仁义礼智非由外铄我也，我固有之也。"《孟子·公孙丑章句》："恻隐之心仁之端也、羞恶之心义之端也、辞让之心礼之端也、是非之心智之端也，人之有是四端也，犹其有四体也。"孟子之念念不忘四心、孟子之喋喋不休四心，就是所谓"良知"，良知是人类社会性的规则或天理，这是不言而喻的！无论是孟亚圣的孺子落井，还是王完人的悍匪脱衣，乃至所谓四端、五常等，都是一个人从上德之人被教化为下德之人的必然结果，是作为圣贤的社会属性，而不是一个人与生俱来的自然属性，婴儿之或随心所欲或无所恐惧或无是无非等，就是最好的证据。每个人都必须遵守最基本的社会规则，而不可能人人成为圣贤或尧舜，这也是不言而喻的。

【憨山大师说】

憨山《大学纲目决疑题辞》说：

此释上本末先后之序，以验明明德、亲民之实效也。就成己功夫上说，则以明明德为本、新民为末，盖从根本说到枝末上去。今就成物[1]上说，故从枝末倒说到根本处来。以前从一心知止上做到虑而能得，到此则天下事物皆归我方寸矣。今欲要以我既悟之明德以揭示天下之人，愿使人人共悟，盖欲字即是愿力[2]，谓我今既悟此明德之性，此性乃天下人均赋共禀者，岂忍自知而弃人哉？故我愿揭示与天下之人，使其同悟同证。但恐负此愿者近于迂阔、难取速效，且天下至广，岂可一蹴而遍？故姑且先从一国做将去，所谓知远之近，若一国见效则天下易化矣。昔尧都平阳、舜

---

[1] 成物：特指坤地，地养育成熟万物，出自《易经·十翼·系辞传》：乾知大始、坤作成物，乾以易知、坤以简能，易则易知、简则易从，易知则有亲、易从则有功，有亲则可久、有功则可大，可久则贤人之德、可大则贤人之业，易简而天下之理得矣，天下之理得，而成位乎其中矣。

[2] 愿力：心愿或意愿之力，相当于心之力。

宅百揆[1]，汤七十里、文王百里，皆古之欲明明德于天下之君也，孰不从愿力来？余故曰：欲，愿力[2]也。

【谨案】

憨山认为，本段是诠释上面一段"物有本末"，因此本段是以解释"本末先后之序"来证明"明明德、亲民之实效"的。憨山断定，"就成己功夫上说，则以明明德为本、新民为末"，这是"从根本说到枝末上去"。憨山把"明明德"当为本，把"新民"即"亲民"当为末，这是应该注意区别的。三纲是一个整体，不可能分"明明德、亲民"为所谓本末。"明明德"虽然主要是自身的修炼，而"亲民"也完全且必然是自身的修炼基本要素之一。"明明德"不可能空"明"，"亲民"不可能空"亲"，"明明德"落实之在"亲民"，"亲民"落实之在"明明德"，乃至"止于至善"，无不如此。憨山把"物格知至"到"天下平"作为在"成己功夫上说"，把"平天下"至"致知在格物"作为"就成物上说"，"成己"即"独善"，"成物"即"兼善"，这是历代学人一贯的观点，因此憨山认为，"古之欲明明德于天下者"之"欲"是"愿力"即"心之力"，可为一家之言。

2.历代学人格物论

明末刘宗周曾说："格物之说，古今聚讼有七十二家！"刘宗周至今又历三百多年，更增许多许多聚讼，明矣！大致经历了汉代郑玄"知善来善说"、唐代孔颖达的"依意随物说"、唐代韩愈、李翱"格物复性说"、北宋司马光的"扦御外物说"、程朱理学"即物穷理说"，陆王心学"格心上之物说"等。"格善、格性、格理、格心"等这些说法，从古至今，一般取向是就格物论格物，主要的问题是主客不分、对象含糊、方法单一、结论偏颇。

【郑玄说】

郑玄注《礼记》说：

---

[1] 百揆：出自《尚书·舜典》："纳于百揆，百揆时叙。"蔡沉集传："百揆者，揆度庶政之官，惟唐虞有之，犹周之冢宰也。"后世指丞相、相国等总揽朝政官员或天下各种政务。

[2] 愿力：佛教语，心愿的造业力，泛指意愿之力或意志力。

格，来也；物，犹事也。其知于善深则来善物、其知之恶深则来恶物，言事缘人所好来也，此谓格物。知，谓知善恶吉凶之所终始也，此谓致知。

【谨案】

郑玄认为："格"是"来"，"物"是"事"。格物的主体"知于善深则来善物、其知之恶深则来恶物"，意思是"事缘人所好来"，这就是格物。致知的"知"，意思是"知善恶吉凶之所终始"这就是"致知"。郑玄的说法属于注解，明白了这个注解，可能明白了格物、致知词语的大概意思，可对格物、致知的作用、地位等，含糊不清。

【孔颖达说】

孔颖达《正义》说：

致知在格物者，言若能学习，招致所知。格，来也。已有所知则能在于来物，若知善深则来善物和知恶深则来恶物。言善事随人行善而来应之，恶事随人行恶亦来应之。言善恶之来，缘人所好也。物格而后知至者，物既来则知其善恶所至。善事来则知其至于善，若恶事来则知其至于恶，既能知至，则行善不行恶也。

【谨案】

孔颖达认为，"致知在格物"的意思是"若能学习，招致所知"。所以"格"是"来"的意思。"已有所知"就"能在于来物"，如果"知善深则来善物""知恶深则来恶物"。意思是，"善事随人行善而来应之""恶事随人行恶亦来应之"。意思是，"善恶之来，缘人所好"。其所以说"致知在格物"，是就格物主体所"知"的功夫言。知道"善深"就"来善物"，沉迷"恶深"就"来恶物"，于是乎人"行善"则得"善"、"作恶"则得"恶"。这一切都是"缘人所好"。孔颖达认为，"物格而后知至"，意思是"物既来则知其善恶所至"，"善事来"就知道"至于善"，如果"恶事来"就知道"至于恶"，既然能"知至"，就"行善不行恶"。其所以说"物格而后知至"，是就格物主体所"知"的功德言。因为明白物的善恶，善物来善之、恶物来恶之，所以格物主体能够"行善不行恶"。孔颖达所论，跟郑玄没有本质的区别，随文解字，行善去恶而已。

【李翱说】

李翱《复性》说：

物者万物也，格者来也、至也。物至之时，其心昭昭然明辨焉，而不应于物者，是致知也。

【谨案】

李翱《复性》是长篇大论，此片断不足以知其全貌，可其对格物、致知的基本意思也不过如此。物是"万物"，"格"是"来、至"。"物至之时，其心昭昭然明辨"，可"不应于物"的原因，这就是"致知"。格物就是"来、至"万物，这对物的理解是不错的，可"格"的方法仅"来、至"，方法内容单一，难免蜻蜓点水、以偏概全。而李翱认为，"物来有所不应"，这是因为"其心昭昭然明辨"即"致知"。"物来有所不应"相当于应善物而不应恶物，所以格为"来、至"。李翱之所以如是说，因为性本善，所以主张"格物来善"。

【司马光说】

司马光《大学广义》说：

人情莫不好善而恶恶、慕是而羞非，然善且是者盖寡、恶且非者实多，何哉？皆物诱之、物迫之，而旋至于莫之知，富贵汩其智、贫贱羁其心故也。格，犹扞也、御也。能扞御外物，然后能知至道矣。郑氏以格为来，或者犹未尽古人之意乎。

【谨案】

《大学广义》是一本遗书，因为已经残缺不全，所以可能此片断并非全貌。宋人喜欢标新立异，比较保守的司马光也不例外。李翱来善，司马光认为，虽然人之情"好善而恶恶""慕是而羞非"，可是"善、是"少而"恶、非"多，因为物"诱之、迫之"而导致"富贵汩其智、贫贱羁其心"，所以格物之"格"就是"扞、御"，目的是"扞御外物"而后"知至道"。司马光认为"郑氏以格为来"或许"未尽古人之意"。专就格物、致知言，遇善来善、逢恶御恶，随机应变，郑玄并未大错，可皆"未尽古人之意"。特别是司马光言"少善是、多恶非"，所以要"扞御恶非"而把格物之"格"解释为"扞御"，实如胡适的"大胆假设，小心求证"。可自然是"假设有余""求证不足"。从郑玄之"来"到司马光之"扞"，大率都是"语用义"而不当为"字典义"。天人诚学之言"通格"是基于"字典义"的，是格物的对象不同所决定的，不是司马光他们随心所欲的解释。

以上诸家，对格物之诠释，即便稍有拓展，也不过蜻蜓点水，不仅未能阐述"格物"与"诚意"等的不同性质，也没有涉及格物之地位和价值等。

【程颢说】

到了北宋二程，师心自用、标新立异之风更甚，对《大学》文本及传统的格物论进行了比较充分的论述，发表了一系列跟传统不一致的观点，从此揭开了格物纷争的大幕。

程颢说：

格，至也，穷理而至于物，则物理尽。

物来则知起。物各付物，不役其知，则意诚不动。意诚自定则心正，始学之事也。

【谨案】

程颢认为，"格"即"至"，格物即"穷理而至于物"就"物理尽"。这可以称之为"穷理"即"格理"，相当于"格物之理、致物之知"。程颢继续解读说：物来了"知"就开始应对。物是各种各样的，如果"不役其知"，就会"意诚不动"。格物就是为了"役物之知"。"役物之知"于是乎"意诚自定则心正"，这是"始学之事"。程颢对格物的诠释跟前人区别不大，可是他对《大学》提出了质疑，揭开了篡改《大学》序幕。

【程颐说】

程颐说：

格犹穷也，物犹理也，犹曰穷其理而已也。穷其理然后足以致之，不穷则不能致也。

凡眼前无非是物，物皆有理，如火之所以热、水之所以寒，至于君臣父子间，皆是理。

格至也，谓穷至物理也。

格犹穷也，物犹理也，由日穷齐理而已也。

物，犹事也。凡事上穷其理，则无不通。

问：格物是外物？是性分中物？

曰：不拘，凡眼前无非是物。物皆有理，如火之所以热、水之所以寒。至于君臣、父子之间，皆是理。

【谨案】

二程在阐述格物的时候，除了诠释格物、致知之含义外，还涉及“诚意”等。程颐对格物的阐释也是“格理”，力主“穷其理然后足以致之”。“格”即“穷、至”等，物“理”即“事、理”，包括“凡眼前无非是物、性分中物”，而所谓“理”即“物皆有理”，“如火之所以热、水之所以寒，至于君臣父子间，皆是理”。程颐属于“通格”即所“格”之物统揽内外，即不仅格“心外之物”、也格“心内之物”。宇宙间的一切都是格物之物。把事事物物都有理说成是“格心外之物”，这是强加给程朱理学的，这点务必弄明白、记清楚。二程主要是程颐对《大学》之篡改为朱熹所接收且放大，产生了很不好的影响。

【陆九渊说】

陆九渊[1]说：

天之与我者，即此心也。人皆有是心、心皆有是理，心即理也。

此理本天之所与我，非由外铄。明得此理，即是主宰。真能为主，则外物不能移、邪说不能惑。

心不可泊一事，只自立心，人心本来无事胡乱。彼事物牵去，若是有精神，即时便出便好，若一向去便坏了。格物者，格此者也。伏羲仰象俯法，亦先于此尽力焉耳。不然，所谓格物，末而已矣。

学问之初，切磋之次，必有自疑之兆，及其至也，必有自克之实，此古人格物、致知之功也。

【谨案】

陆九渊的这段话是从“心即理”开始立论的。陆九渊认为，“此心”

---

[1] 陆九渊（1139–1193）：字子静，抚州金溪（今江西金溪县）人，南宋哲学家、官员，陆王心学代表人物。因书斋名存，称“存斋先生”，又因讲学于象山书院，称“象山先生、陆象山”等。

是"天之与我"的，人人都有"此心"，而"此心"都有"是理"，"是理"都是"本天之所与我"的，不是外来的，"明得此理，即是主宰"，就"外物不能移、邪说不能惑"。"人心本来无事胡乱"，"即时便出便好"，可如被"彼事物牵去"，"一向去便坏了"。格物就是"格"那"一向去便坏了"的物，就是从这里开始"格"的"物"，就像"伏羲仰象俯法"那样。"学问之初，切磋之次"，一定有"自疑之兆"，等到"其至"，一定有"自克之实"，这就是"古人格物、致知之功"。陆九渊的格物、致知基本的内容就是"格心上之物、致心上之知"，属于神秘莫测一类，大概只能心领神会。而这些都是基于"心即理"这个基本论断。

【朱熹说】

（一）

朱熹《大学章句》说：

此谓知本。程子曰：衍文也。此谓知之至也。此句之上别有阙文，此特其结语耳。

【谨案】

朱熹这里指出"此谓知本"是"衍文"即多出来的文字。在朱熹看来，《大学》古本好像实在是面目全非，非得经过一番改造，否则是没有办法阅读的。

（二）

右，传之五章，盖释格物、致知之义，而今亡矣。此章旧本通下章，误在经文之下。闲尝窃取程子之意以补之曰：

所谓致知在格物者，言欲致吾之知，在即物而穷其理也。盖人心之灵莫不有知，而天下之物莫不有理，惟于理有未穷，故其知有不尽也。是以《大学》始教，必使学者即凡天下之物，莫不因其已知之理而益穷之，以求至乎其极。至于用力之久，而一旦豁然贯通焉，则众物之表里精粗无不到，而吾心之全体大用无不明矣。此谓物格，此谓知之至也。

【谨案】

这部分的主要内容就是朱熹大名鼎鼎的所谓"格物传"或"格致

传"。《大学》古本在"此谓知本，此谓知之至也"之后紧接着"所谓诚其意者"，因为朱熹认为《大学》古本有漏简错简，所以增加了这一段文字。如果《大学》古本真有漏简，按照行文的习惯，这部分开始的一句应该是"所谓格物者"而不是"所谓致知在格物者"，因为下一段是"所谓诚其意者"。同样，按照第一句接头的方法，"所谓诚其意者"应该是"所谓正心在诚其意者"，以便跟其后之文气通贯。由此可知，朱熹这样的修改从文本风格上也是有问题的。其中有关格物、致知等的诠释，虽然反对者很多，其实并无大错，因为这跟朱熹一以贯之的观点是大体一致的。

朱熹所补的"格物传"或"格致传"的意思是："致知在格物"，意思是希望"致吾之知"，就必须"即物而穷其理"。这是因为"人心之灵莫不有知"而"天下之物莫不有理"，只因为"于理有未穷"，所以"其知有不尽"。因此"《大学》始教"，必然让学者"即凡天下之物，莫不因其已知之理而益穷之"，目的是抵达"至乎其极"的境界。等到"用力之久"，就会"一旦豁然贯通焉"，那就"众物之表里精粗无不到"，而"吾心之全体大用无不明矣"。这就是"物格"，就是"知之至"。特别要注意的是朱熹的"盖人心之灵莫不有知，而天下之物莫不有理"，此谓"人心必有知、万物必有理"，即以天赋的"有知之人心"去格致天赋的"有理之万物"，即所谓"致知在格物"。

朱熹《大学章句》说："是以大学始教，必使学者即凡天下之物，莫不因其已知之理而益穷之，以求至乎其极。"从这里来看，朱熹似乎真的主张"格尽天下之物、致尽天下之知"。可朱熹接着又说："至于用力之久，而一旦豁然贯通焉，则众物之表里精粗无不到，而吾心之全体大用无不明矣。"既然"用力之久"就可能"豁然贯通"就"众物之表里精粗无不到，而吾心之全体大用无不明"，那么也就不需要把天下的一事一物的道理都弄得清清楚楚了。朱熹一辈子殚精竭虑、学富五车，竭力主张多读书、细读书、精读书，读出自己的心得，这是很有价值的。如果说王阳明比较重视顿法，而朱熹比较重视渐法，这倒是很贴切的说法。

【湛若水说】

（一）

　　湛若水[1]对格物的研究很深入，《圣学格物通·大序》这样说：

　　臣若水序曰：夫圣学格物通何为者也？明圣学也。明圣学，何以谓之格物通也？程子曰：格者至也、物者理也，至其理乃格物也。致知在所养，养知莫过于寡欲。夫以涵养寡欲言格物，则格物有知行之实，非但闻见之粗矣。然则何以至其理也？知止、知也，定静安虑、行也，知行并进，格物之功尽于此矣。夫通有四伦焉：有总括之义焉、有疏解之义焉、有贯穿之义焉、有感悟之义焉，夫圣人之道，莫备于大学。

【谨案】

　　湛若水撰写《圣学格物通》之目的是"明圣学"，而"明圣学"在于格物。"格"即"至"，物即"理"，格物即"至其理"；"致"即"达"，"知"即"智"，"致知"就是"涵养"，而"涵养"在于"寡欲"。就"涵养寡欲"言，格物是"知行之实"即"至其理"。"知止"即"知"，而"定静安虑"即"行"，格物之功因此尽在"知行并进"。《圣学格物通》认为格物包括"总括之义、疏解之义、贯穿之义、感悟之义"，因此"圣人之道，莫备于《大学》"。湛若水的解释格物、致知，不过是很多解释的一种，统而言之，不为有误，析而言之，当仔细研读。格物、致知是对应的概念，"格致、物知"的含义可能很多，当统而言之且析而言之，"总括、疏解、贯穿、感悟"之义都在其中。明白了格物也可能明白了"致知"，"格而致"的是"物知"，"物知"是"物之理、知之慧"，从心言、本于身。身有身体之身、身心之身，修身为本，首在格本、致本，修身、修心而已。"涵养"在修身、修心，"寡欲"在寡五

────────────

　　[1] 湛若水（1466–1560）：字符明、号甘泉，广东增城即今广州市增城区人，明代哲学家、教育家、书法家。明弘治五年（1492）湛若水参加乡试中举人，后赴新会县拜名儒陈白沙为师，严师耳提面命，学识大进，为白沙学说的衣钵传人。弘治十八年（1505）参加会试，中进士第二名即榜眼，先后被授为翰林院编修、侍读。嘉靖三年（1524），升为南京国子监祭酒，后又历任南京吏、礼、兵三部尚书。在继承陈白沙学说的基础上，湛若水提出了"体认于心即心学也、随处体认天理"等主张，是宋明理学之"甘泉学说"或"甘泉学派"的代表人物，与阳明心学说并称为"王湛"之学。湛若水在各地创办书院近四十所，遍布大江南北，弟子多达数千人。著作有《心性图说》《圣学格物通》等，《大学义证》引用为解读格物专题。

色五味、七情六欲。格物、致知之功在此，所以为《大学义证》之"两条例"即"两条"。

（二）

湛若水《圣学格物通》说：

夫自天下逆推本于格物，是格物乃其本始用功之要也；又自物格顺循效于天下，是格物乃其本始致效之原也。经曰：物有本末，事有终始。格物者，其本始之谓乎！彭龟年[1]曰：其节虽繁而道甚要，格物、致知而已。张南轩[2]曰：自诚意、正心以至平治，固无非格物、致知事也。伏睹我太祖高皇帝谕侍臣曰：《大学》一书，其要在修身。而《大学》古本以修身释格物、致知，曰：此谓知本，此谓知之至也。经文两推天下国家身心意，皆归其要于格物，则圣祖盖深契[3]古者《大学》之要矣乎！由是言之，圣人之学通在于格物矣，故曰有总括之义焉。

【谨案】

此阐述格物、致知的"总括之义"。"逆推"以格物为"终"，"顺循"以"物格"为"始"，因此格物为功夫、物格为功德，物的"本末、终始、先后"，浑然一体，因此"格物、物格"是"本始用功之要、本始致效之原"。格物、致知作为"两条"，其"六目"之"本末、终始、先后"，无不在其中、无能出其外。所谓"自诚意、正心以至平治，固无非格物、致知事也"。"修身"为本，其功夫是"诚意、正心"，其功德是"齐家治国平天下"。《大学》古本"以修身释格物、致知"，格物、致知则是"知本、知之至"而"止于至善"而已，所以"有总括之义焉"。湛若水认为"圣人之学，通在于格物"，所以格物有"总括之义"。"格物之总括之义"，则是"格"之"义"虽随物而移，体贴即可。

（三）

湛若水《圣学格物通》说：

---

[1] 彭龟年（1142—1206）：字子寿、谥忠肃，清江即今江西省樟树市人，南宋干道进士，历官焕章阁待制、知江陵府、湖北安抚使，原文集失传，清人编其诗文为《止堂集》三十卷。

[2] 张栻（1133—1180）：字敬夫，后避讳改字钦夫、又字乐斋、号南轩、称南轩先生，谥曰宣，后世称张宣公。南宋汉州绵竹即今四川绵竹市人，南宋初期学者、教育家。

[3] 深契（shēnqì）：深厚的契合、深入的理解。

凡意之事则诚意之类举之矣、凡心之事则正心之类举之矣、凡身之事则修身之类举之矣、凡家之事则齐家之类举之矣、凡国之事则治国之类举之矣、凡天下之事则平天下之类举之矣，辑事以从其类、取义以畅其情，故曰有疏解之义焉。

【谨案】

此为湛若水阐述格物、致知"疏解之义"。因为格物、致知是"格致"天下之事之物的天理、人性（人之共性），物理、人性（人之个性），所以"意心身家国天下"都可以且必须"辑事以从其类、取义以畅其情"，所以格物、致知必然"有疏解之义"。格物、致知之"格致"谓之"学"或"习"、格物、致知之"物知"谓之"理"或"性"，都因格物、致知有"疏解义"然。往昔之学人于"格"或拘于"至"或拘于"来"或拘于"正"等，不过拘泥其一端而已，"至、来、正"等，无不在其中。没有无事、无物之理和性，也没有无理、无性之事和物，在事事物物上磨"理、性"等而已。在"明明德"等指引下，因"事和物"而明"理和性"，因"理和性"而知"事和物"，无不至、无不来、无不正，主体与客体，息息相关、相辅相成，绝无凌虚蹈空之"事和物、理和性"。

（四）

湛若水《圣学格物通》说：

列诚意所以欲其于意焉、格之也，列正心所以欲其于心焉、格之也，列修身所以欲其于身焉、格之也，列齐家所以欲其于家焉、格之也，列治国所以欲其于国焉、格之也，列平天下所以欲其于天下焉、格之也，意心身之于家国天下之事，非二也，一以贯之也。故《大学》，于诚意曰好恶、曰慎独，于正心曰忿懥、曰忧患、曰恐惧、曰好乐，于修齐曰辟、曰好恶，于齐治曰孝弟慈、曰心诚求、曰恕，于治平曰絜矩、曰辟、曰好恶、曰忠信、曰仁义，皆以其心言之也。而通之于各条，因事以明其理、因理而会诸心，通一无二，故曰有贯穿之义焉。

【谨案】

此为湛若水阐述格物、致知"贯穿之义"。这里对"意心身、家国天下"，虽然只是单言"格之"。其实"致"也在其中。"诚意、正心、修齐治平"等，都因有格物、致知而贯穿起来。"意心身、家国天下"，无不是物、无不有知，"意心身、家国天下"之"物"和"知"，必然能够"格且致之"。《大学》"诚意"的好恶、慎独，正心的忿懥、忧患、恐惧、好乐，"修齐"的"辟、好、恶"，"齐治"的孝弟慈、心诚求，"治平"的絜矩、辟、好恶、忠信、仁义等，无一不是格物、致知的"事物"和"知智"。因此，格物、致知作为"两条"能通贯"六目"，因事明理、因理会心，一以贯之。天人诚学之"三纲、六证、两条、六目"，知而行之、行而验之，其说之不可易矣也哉！

（五）

湛若水《圣学格物通》说：

是故君子之学，读诚意之事则感其意之理、读正心之事则感其心之理、读修身之事则感其身之理、读齐家之事则感其家之理、读治国之事则感其国之理、读平天下之事则感其天下之理。理也者吾之良知也、学之者所以觉其良知也，知也。存之又存、存存而不息，由一念以达诸万事，皆行也，故曰有感悟之义焉。

【谨案】

此为湛若水阐述格物、致知"感悟之义"。"诚意、正心、修齐治平"，因格物、致知而"通其理、感其知"，其理乃天理即"吾之良知"，其知乃"学之者"即"所以觉其良知"，感知、悟行，存而存之、存而不息，一念达万事，是为"感悟之义"。

（六）

湛若水《圣学格物通》总结以上内容说：

是故读斯通者，意心、身家、国天下之理，皆备于我矣。故君得之以成其仁、臣得之以成其敬、学士得之以成其德、家国天下之民得之以会极而归极，是故圣人之学无余蕴矣。

【谨案】

湛若水以"两条"之格物、致知通"六目"之"诚意、正心、修齐治平"之功显，意心、身家、国天下之理备，子得其孝、君得其仁、臣得其忠、士得其德，人尽其才、物尽其用，三纲有焉、六证存焉、两条得焉、六目安焉，"圣人之学无余蕴矣"。

（七）

湛若水唯恐以上阐述对格物、致知或有所扞格，于是乎自设问题而疏解之，《圣学格物通》这样说：

或曰：诸通无格物、致知者，何也？

曰：诚意、正心、修身齐家治国平天下之事，无非格物、致知之地也，夫又何赘焉？

或又曰：夫格物、致知而不及天地万物者，何也？

曰：意心身家国天下一贯，圣门切问近思之学也，然而天地万物同体无外矣。虽位育配天可也，何高远之求？

【谨案】

湛若水设问为什么"诸通无格物、致知"？湛若水认为："诚意、正心、修身齐家治国平天下"之事，都是格物、致知的对象或地方，所以不用赘述。这也是我们在本书中把格物、致知认定为"两条"的基本依据之一。湛若水设问格物、致知为什么没有涉及"天地万物"？湛若水认为：意心身家国，一以贯之，这是因为"圣门切问近思之学"所决定的，三纲明而身修，与天地万物为一体，天地、日月、春夏秋冬等等，无不同、无不通，所以不言"天地万物"，"天地万物"就在圣人的"知中、行中"。古人行文，举一反三、连类而及，比比皆是，读者当晓之。

（八）

湛若水对格物最简单的诠释是，《圣学格物通》说：

曰：何谓格物？

曰：物至而后义生，义生而后知有所措。

【谨案】

湛若水认为：格物的意思是："物至而后义生，义生而后知有所措。""物至、义生、知所措"，是发生学关系，这是湛若水理解格物的基本路径。主体通过格物而获得"物至"而"义生"进而"知所措"。"物至"或为"物之至理"，"义生"或为"至理之用"，"知所措"或为"所用之功"，此或为"修身"，或为"明明德亲民止至善"等，随机应变而已。

（九）

基于这种观点，湛若水对程子、朱熹有关格物的阐述加以评论，《圣学格物通》说：

朱子格物穷理之功甚精，与程子之说何异？

只程子主于涵养，朱子主于穷索。若穷索中知有涵养之意，如手持足行而心志有定，二者功夫夹进，乃为得也。诸生用功，须随处体认天理，即《大学》所谓格物、程子所谓至其理。将意心身家国天下，通作一段功夫，无有远近彼此，终日终身，只是体认这天理二字。吾儒学要有用，自综理家务，至于兵农、钱谷、水利、马政之类，无一不是性分内事，皆有至理，处处皆是格物功夫。以此涵养成就，他日用世，凿凿可行。诸生读《大学》，须读文公章句应试，至于切己用功，更须玩味古本《大学》。《大学》一书，是古人入道阶梯，其要下手只在止至善。止之之功在知行，故知止以至能得，即知行之功也。格物者，程子曰至其理也，格之之功，即上知行是也。《大学》古本好处，全在以修身释格物知至，使人知所谓格物者，至其理必身至之，而非闻见想像之粗而已。此其为益甚大，故诸生不可不仔细看。

【谨案】

本段的问题是：朱子格物穷理之功甚精，与程子之说何异？湛若水认为：程子主于"涵养"，朱子主于"穷索"。在"穷索中知有涵养之意"，就像"手持足行而心志有定"，二者互相促进，"乃为得也"。诸生用功，应该"随处体认天理"，这就是《大学》的格物、程子的"至其理"。把"意心身、家国天下"，贯通为"一段功夫"，无论"远近彼此，终日终身"，只是"体认这天理二字"而已。儒学之所以"有用"，从"综理家务"乃至于"兵农、钱谷、水利、马政"等，无一不是"性分内事"、无一不是"天下至理"、无一不是"格物功夫"。用此"涵养成就""凿凿可行"。诸生读《大学》，读朱熹的《大学章句》是为了"应试"，如果"切己用功"，还是须"玩味古本《大学》"。《大学》是"古人入道阶梯"，其下手处"只在止至善"。"止至善"之功在知行，所以知乃至"能得"，这就是"知行之功"。格物，就是程子所说的"至其理"，而"格之之功"，就是"上知行"。湛若水认为：《大学》古本的好处，"全在以修身释格物知至"，这样就"使人知所谓格物"而"至其理必身至之”，而不是“闻见想像之粗而已”。

湛若水借评论程、朱有关格物的论述，不仅说明程、朱的异同，也阐释了自己的观点，特别是指出《大学章句》只是考试用书，而经世济民、修身养性还是必须研读《大学》古本。湛若水认为，天下万物万知，无不由格物、致知而来，格物、致知之功全在身体力行，以此体认天理，而不是“闻见想像之粗而已”。

【孙奇逢说】

孙奇逢《大学近指》说：

第使[1]物无不妥，所谓知之明、处之当也，此之谓格物，此之谓诚意、正心修身而齐治均平，一通在内。格物无传，此大学最精微处。盖物不可指名，自诚意后，康诰、盘铭、邦畿以及身修正心至平天下章，无遄非物、无遄非格。朱子所谓穷至事物之理、众物之表里精粗无不到，盖通《大学》数章而言也。

【孙奇逢说】

孙奇逢认为：只要“知之明、处之当”就能“物无不妥”，这就是格物、这就是“诚意正心修身而齐治均平”。孙奇逢认定：“格物无传，此大学最精微处。”此观点直接针对程朱理学之有关格物的理论根基，之于格物的研究而言，具有重大现实意义和深远历史意义，有石破天惊、震古烁今的学术价值。为什么说“格物无传”是“大学最精微处”呢？天下万物不可尽格、天下万知不可尽致，“诚意正心、修齐治平”，康诰、盘铭、邦畿乃至你、我、他，心、物、理，洒扫应对、明心见性等，“无遄非物、无遄非格”，没有一样不在格物的范围之内，没有一样不是“所格之物”和“所致之知”，无论是“尽性穷理”还是“洒扫应对”。因此孙奇逢认为：朱熹的“穷至事物之理、众物之表里精粗无不到”，是就《大学》“数章而言”的，并非仅仅在阐述格物。孙奇逢虽然以“朱熹所谓‘穷至事物之理、众物之表里精粗无不到’，盖通《大学》数章而言也”为朱熹辩护，可孙奇逢不同意朱熹对《大学》古本的篡改，这是毫无疑问的。

---

[1] 第使：但使。

三、修身章

自天子以至于庶人，壹是皆以修身为本[1]。其本乱而末治者否矣，其所厚者薄而其所薄者厚未之有也。此谓知本，此谓知之至也。

"修身章"从"自天子以至于庶人"至"此谓知之至也"，主要提出了"修身"的范围是"自天子以至于庶人"，"修身"的地位是"修身为本"，并且明确指出不能"本乱而末治"，不能"其所厚者薄而其所薄者厚"，这就是"知本"、"知之至"。"知本"即知"修身为本"，"知之至"即知"明明德至于至善"或"明明德亲民至于至善"。

1.身本论

（一）

《大学》的核心命题或主题思想，《大学》本来以"自天子以至于庶人，壹是皆以修身为本"已经说得清清楚楚了，可有关《大学》的核心命题或主题思想，有朱熹的"格物论"、魏立武的"知止论"、王阳明的"诚意论"、孙奇逢的"至善论"等。因此，《大学》的核心命题或基本主题当以"修身为本"的诂[2]。

（二）

从天子至于庶人，都是以"修身为本"，而"修身"之功夫为"诚意、正心"，要点在"诚意"。"意不诚"则"身不修"，"身不修"乃至"家难齐、国难治、天下难平"，此所谓"其本乱而末治否矣"。"本"乃修身，按照"诚意、正心"的次第去下功夫就"修身而身修"，则"家齐国治天下平"。该"厚"即"修身"必须厚，该"薄"如"齐家治国"等可以薄。分而言之："明明德"是相当于修之于内的"修身"，"亲民"是相当于修之于外的"修身"；统而言之："明明德、亲民、止于至善"，相当于不分内外的修身。"诚意、正心"是修之于内的"修身"，修炼关注点是道德境界，是"本"；齐家是齐之于外的修身，关注

---

[1] 自天子以至于庶人，壹是皆以修身为本：【大学古本傍释】其本则在修身。知修身为本，斯谓知本，斯谓知之，然非实能修其身者，未可谓之修身也。修身惟在诚意，故特揭诚意，示人以修身之要。【谨案】王阳明认为《大学》在"诚意"，而这里所说的"诚意"是"示人以修身之要"，跟《大学》在"诚意"的观点有不一致的对方，准确的说法应该是：《大学》的主题在修身，修身的要点在诚意。这才是对"壹是皆以修身为本"基本理解。

[2] 的诂（dígǔ）：的：准确、明确。诂：训释、通解。

点是成败得失，是"末"。

（三）

"修身"之"身"指什么？当探讨之。

在《大学》中，格物的"物"指"诚意正心、修身齐家、治国平天下"中的"意、心、身、家、国、天下"，其中跟"意、心、家、国、天下"在一起的"身"是"本"，即《大学》提出了"壹是皆以修身为本"的著名论断。在《大学》文本中，"身"字一共出现15次，依次是"心正而后身修""身修而后家齐""壹是皆以修身为本""富润屋、德润身、心宽体胖""所谓修身在正其心者""身有所忿懥则不得其正……""此谓修身在正其心""所谓齐其家在修其身者""此谓身不修不可以齐其家""所藏乎身不恕而能喻诸人者未之有也""菑必逮夫身""仁者以财发身，不仁者以身发财"等。综合分析其中的"身"字，既指形体之"身"即"身体"，也指心灵之"身"即"身心"。在历代学人的研究中，朱熹等曾经提出把"身有所忿懥则不得其正"等处之"身"改为"心"，原因是文本所说"忿懥、恐惧、好乐、忧患"都属于"心"的特征。其实，"身"包括"身体、身心"两个基本内容，结合这两个方面来理解《大学》的"身"才是比较全面和准确的。"身"是"身体、身心"的统一体，"体"相当于"有形"，"心"相当于"无形"，"体心合一"才是"身"，不能因为在特定的地方强调"心"而把"身"改为"心"。身体之"身"主要指标是"身体健康"、身心之"身"主要指标是"心灵高尚"。"体心合一"相当于"身心合一"。"身"即"自身、自己"即"自我"或"个体"或"人"即"主体"，所以如果把"修身"的"身"换为"人"，"人"是"万物之灵"，是脱离了动物界的人类，"人"包括个体和群体。

"修身"的起点是"修己"，如《论语·宪问》说：

子路问君子，子曰：修己以敬。曰：如斯而已乎？曰：修己以安人。曰：如斯而已乎？曰：修己以安百姓。修己以安百姓，尧舜其犹病诸？

《大学》的"修身"相当于《论语》的"修己"，而"亲民、止于至善"相当于"修己以安人、修己以安百姓"乃至"修己以安天下"。"修己以安百姓"是很难的，《论语》所谓"尧舜其犹病诸"。把《大学》的"修身"即"明明德、亲民、止于至善"转换为"修己"即"修己安人、安百姓、安天下"。

【朱熹说】

（一）

从本章开始，朱熹《大学章句》就跟《大学》古本出现了分歧，我们以《大学》古本为序依次介绍《大学章句》如下。《大学章句》针对"自天子以至于庶人，壹是皆以修身为本"说：

壹是，一切也。正心以上，皆所以修身也；齐家以下，则举此而措之耳[1]。

【谨案】

本段的"正心以上，皆所以修身也"值得注意："正心以上"指"格物、致知、诚意、正心"还是"诚意、正心"，即"所以修身"是"格物、致知、诚意、正心"还是"诚意、正心"。朱熹的意思显然是"格物、致知、诚意、正心"。既然《大学章句》已经言"物格、知至则知所止矣、意诚以下则皆得所止之序也"，而此处朱熹混淆了"知所止、止之序"的关系，肯定是自相矛盾的。且"正心以上，皆所以修身也"而"齐家以下，则举此而措之耳"，分明是把"齐家以下"当成"修身"之"措"，"修己以敬、修己安人"，是分得清清楚楚的。此根源就是朱熹没有弄清楚格物、致知跟"诚意正心、修身齐家、治国平天下"的不同性质或不同层次所致。可朱熹很明显地把"格物、致知、物格知至"联系起来以"知所止"来概括，朱熹似乎已经差不多发现了"两条"奥秘了。失之交臂，一晃悠悠近千年！

【黎立武说】

黎立武《大学本旨》说：

天下国家之本在身，故揭一言曰壹是皆以修身为本，是为八条总防，所谓格物、致知、诚意、正心乃修身中事，而齐家治国平天下，又修身所推也。《中庸》以率性为道、修道为教，而九经亦自修身始。本末云者，

---

[1] 正心以上……则举此而措之耳：以《大学章句》为准，"正心以上"指"格物、致知、诚意、正心"，以《大学》古本为准，指"诚意、正心"，因为格物、致知没有具体所谓"传"。齐家以下：指齐家治国平天下。古书竖书、自右而左，所以说"以上"。"齐家以下"的"以下"同此。

非谓重本轻末也，枝叶华实所谓末也，然皆本根之发见，未有本丰而末不茂者、未有薄于本而能厚于末者，本正则末治矣。知物之有本在于修身、知修身之道在于诚意，以正其心知诚之在乎止至善、知止至善之在乎知所止，可谓知之本、可谓知之至也。经曰：欲诚其意者先致其知，自知止以下发明格物、致知之义已尽，下章先揭诚意一条，继之此知至而后意诚之序也。

【谨案】

黎立武认为："所谓格物、致知、诚意、正心乃修身中事，而齐家治国平天下，又修身所推也。"这跟朱熹《大学章句》的观点是一致的。格物、致知是"两条"，跟天下事事物物都发生关系；"诚意、正心"属于"六目"，直接跟"修身"发生关系且对应"三纲"之"明明德"。可见黎立武等没有弄清楚格物、致知跟"诚意、正心"等基本性质。本章的要点有：第一是"修身为本"，第二是"本正而末治"，第三是"修身"在"诚意、正心"。

黎立武在这里十分清楚地指出："自知止以下发明格物、致知之义已尽，下章先揭诚意一条，继之此知至而后意诚之序也。"从这里可以发现，黎立武从根本上不同意朱熹等人篡改《大学》古本的做法，而认定从"知止而后有定"以下都是在阐述"格物、致知之义"，因此接着是"揭诚意一条"。"天下国家之本在身"，所以《大学》提出了"壹是皆以修身为本"的观点，这是"八条总防"，而"八条"之"格物、致知、诚意、正心"是"修身中事"，"齐家治国平天下"，是"修身所推"。为了说明自己的观点，黎立武用《中庸》以"率性为道、修道为教"且"九经亦自修身始"来进行说明。黎立武指出：本末不是"重本轻末"，两者是"相辅相成、不可或缺"的，"本正则末治"。事物之有本在于修身、知道修身之道在于诚意，从"正其心知诚之在乎止至善"，而"知止至善之在乎知所止"，这就是"知之本"乃至"知之至"。

【憨山说】

（一）

憨山《大学纲目决疑题辞》说：

身为天下国家之本。经文向后，总归结在修身上，可见修身是要紧的事，而此一件事最难理会。岂是将者血肉之躯束敛得谨慎端庄，如童子见先生时即此就可治国乎？岂是身上件件做得模样好看，如戏场上子弟相似即此可以平天下乎？故修身全在心上功夫说。只如颜子问仁，孔子告以克己复礼为仁，此正是真正修身的样子。随告之曰：一日克己复礼，天下归仁，此便是真正治国平天下的实事。若不信此段克己是修身实事，如何颜子请问其目孔子便告之以四勿乎？且四勿皆修身之事也。克己乃心地为仁之功夫也。克己为仁即明明德也，天下归仁即新民也。为仁由己，此己乃真己即至善之地。故颜子隳聪明、黜肢体，心斋坐忘[1]，皆由己之实效至善之地也。夫人之一身作障碍者，见闻知觉而已，所谓视听言动皆古今天下人人旧有之知见，为仁须是把旧日的知见一切尽要划去，重新别做一番生涯始得，不是夹带着旧日宿习之见可得而入。以旧日的见闻知觉都是非礼，杂乱颠倒，一毫用不着。故剜心摘胆拈出个勿字，勿是禁令驱逐之词，谓只将旧日的视听言动尽行屏绝，全不许再犯，再犯即为贼矣，此最严禁之令也。颜子一闻，当下便领会，遂将聪明隳了、将肢体黜了，一切屏去，单单坐、坐而忘，忘到无可忘处，翻身跳将起来，一切见闻知觉全不似旧时的人，乃是从新自己别修造出一个人身来一般，如此岂不是新人耶？自己既新就推此新以化民而民无不感化而新之者，此所谓一日克己复礼天下归仁，正修身之效也。不如此，何以修身为治国平天下之本耶？

【谨案】

《大学》古本说："自天子以至于庶人，壹是皆以修身为本。"憨山此段阐述的即"身为天下国家之本"。此"本"即基础、根基，而"修身全在心上功夫说"。孔子说"克己复礼为仁"，"克己复礼"即"修身"，"身修"而"天下归仁"。"明明德"就是"克己复礼为仁"，而"亲民"就是"天下归仁"乃至"止于至善"。孔子有"非礼勿视，非礼勿听，非礼勿言，非礼勿动"的教诲，视听言动都以"礼"为皈依，一个"勿"字，当头棒喝，剜心摘胆，乃至"颜子隳聪明、黜肢体，心斋坐忘"以求抵达至善之地。修身如此，身修乃至家齐国治天下平。

（二）

憨山大师讨论"修身"是与传统所谓"八条目"一起讨论的，《大学

---

[1] 隳聪明……心斋坐忘：出自《庄子·大宗师》：堕肢体，黜聪明，离形去知，同于大通，此谓坐忘。

纲目决疑题辞》说：

> 心乃本体为主、意乃妄想思虑属客，此心、意之辨也。今要心正，须先将意根下一切思虑妄想一齐斩断，如斩乱丝，一念不生，则心体纯一无妄。故谓之诚，盖心邪由意不诚。今意地无妄则心自正矣，故曰欲正其心，先诚其意。

【谨案】

此释"欲正其心，先诚其意"以辨析"心、意"之异同。"心正而意诚"就"生知"言，"诚意而正心"就"学知、困知"言，憨山只强调"心正而意诚"而忽视"诚意而正心"，难免偏颇。"诚意、正心"："心"是主体，心作用于物而有"意"，"意"的中节为"正意"，"意"的不中节为"邪念"，诚"邪念"而正之即"诚意"，所谓"为善去恶"。憨山在这里把"意"看成"妄想"，且认为"心、意"之辨在"心乃本然为主"与"意乃妄想思虑属客"，失之稍偏。无物何来意？无心何来正意、邪念？所以"欲正其心，先诚其意"者，"提升境界、归正妄想"，斩断私欲，意无妄而心正。"诚其意"者，以"诚"去规范"意"，"意善"则至善之，"意恶"则归正之，所以"正意、邪念"之说，"正、邪"以"意、念"分，不当以"意"分。曰"邪念"不曰"邪意"，曰"诚心诚意"不曰"诚心诚念"，曰"私心杂念"不曰"私心杂意"，明矣。未发心正、已发意诚，"明德"可"明"，"民"可"亲"，"至善"可"止"。

（三）

《大学纲目决疑题辞》接着说：

> 知与意，又真妄之辨也。意乃妄想，知属真知。真知即本然之明德，一向被妄想障蔽不得透露，故真知暗昧受屈而妄想专权，譬如权奸挟天子以令诸侯，如今要斩奸邪，必请上方之剑，非真命不足以破僭窃[1]，故曰：欲诚其意先致其知。知乃真主，一向昏迷不觉[2]，今言致者犹达也，譬如

---

[1] 僭窃（jiànqiè）：越分窃取。

[2] 知乃真主，一向昏迷不觉：**此类说法，属于便利之法门**，否则必然不能说"知乃真主，一向昏迷不觉"。这是因为，既然"知"是"真主"即"真知"，那就不可能"一向昏迷不觉"而必须"致"。如果说"知"有的人、有时候可能"昏迷不觉"那是可能的，否则就必然自相矛盾。

忠臣志欲除奸，不敢自用，必先致奸邪之状达于其主，使其醒悟，故谓之致。若真主一悟，则奸邪自不容其作祟矣，故曰欲诚其意先致其知。

【谨案】

此释"欲诚其意，先致其知"以辨析"知、意"之异同。"知、意"的不同在于"真、妄"的不同，"意"是"妄想"，"知"是"真知"，"真知"即"明德"，而"明德"可能被"妄想"障蔽。憨山继承了"意"的观点，认定"意"仅有"妄想"之义而没有"理想"之义。按照《中庸》喜怒哀乐之"已发"而皆"中节"谓之"和"的观点，其"已发"的喜怒哀乐之中必然包含着"中节、不中节"，"中节"之"和"即"正意"，"不中节"的"不和"即"邪意"。同样的推理，憨山认为"知属真知"，"真知"即"明德"，这也是不准确的。用"真知"解释"知"，显然是增字为训，一般性解释可以忽略不计，而作为概念解释肯定是不行的。阳明曾经说"致知"即"致良知"，出现的误解也在这里。作为主体认识的方法或手段之"知"，对物的认识必然出现两种情况，即所谓"真知"或"误知"。"真知"永远在路上，是主体在认知的征途上目前为止合乎天理人性的是"真知"，而"误知"则相反。"真知"的存在核心价值就在于被不断质疑。如果哪一天"真知"被推翻，"真知"也就为"误知"了。由此可知，"知"有"真知"和"误知"，"意"有"正意"和"邪念"。"知"主要表现在认知的方法上，"意"主要表现在认识的结果上，两者都有真假、正邪或正误的异同。其所以说"欲诚其意先致其知"，目的就是以"真知"致"正意"，即"知至而后意诚"。"知至"相当于"至知"，即"知之至"即"良知、真知、明德"等。以"真知"致"正意"，自觉即可，否则不可能有"真知"，也不可能正意、正心而修身。

2.厚本论

"厚本论"讨论《大学》之"其所厚者薄而其所薄者厚"等怪现象。"厚者"为"本"即"身"，"薄者"为"末"即"家国天下"等。就常识论：正本清源、固本培元是正常，舍本逐末、本末倒置是异常。而普遍存在情况却是"其所厚者薄而其所薄者厚"。因此《大学》认为"未之有也"。在人间世，功名利禄、灯红酒绿，五色青黄赤白黑、五音宫商角徵羽、五味甜酸苦辣咸，《道德经·第十二章》所谓"五色令人目盲，五

音令人耳聋，五味令人口爽"，因此《大学》以"未之有也"加以强烈
提醒。

【朱熹说】

《大学章句》针对"其本乱而末治者否矣，其所厚者薄而其所薄者厚
未之有也"说：

本，谓身也；所厚，谓家也。此两节结上文两节之意。右，经一章，
盖孔子之言而曾子述之。凡二百五字。其传十章，则曾子之意而门人记
之也。旧本颇有错简，今因程子所定，而更考经文，别为序次如左。凡
千五百四十六字。凡传文，杂引经传，若无统纪，然文理接续，血脉贯
通，深浅始终，至为精密。熟读详味，久当见之，今不尽释也。

【谨案】

《大学章句》曰："所厚，谓家也。"有失偏颇，当为："所厚，谓
家国天下等身外之物也。"《大学章句》把"自天子以至于庶人"到"未
之有也"作为一个部分，这是朱熹本人对《大学》研究所得出的结论。
《大学》古本接着有"此谓知本，此谓知之至也"，被朱熹按照自己的观
点移到自己认为应该放的地方。本段值得注意的是：朱熹以修身为中心，
把"正心诚意、致知格物"当成是"所以修身"，而把"齐家治国平天
下"当成"举此而措之耳"，清楚地说明了"修身"的中心地位。朱熹等
因为没有弄清楚"两条"即"致知格物"跟"六目"即"诚意、正心"等
关系，所以错误地认为"修身"的功夫是"格物、致知、诚意、正心"。
朱熹认为，《大学》文本是"经"和"传"的体例，所以第一部分的
"经"跟其后的"传"应该一一对应。因此朱熹把《大学》古本的原文所
谓"传"按照自己的理解依次对应"经"。如果《大学》古本没有的，朱
熹就自己给加一段。朱熹的做法，既是读者，又是作者，不仅违背学术的
规范造成了极大的混乱，也引起了后世极大的争议。

【王阳明说】

《大学》有"其所厚者薄而其所薄者厚未之有也"的观点，这似乎跟
"大人与天地万物为一体"有所违背。

问：大人与物同体，如何《大学》又说个厚薄？

先生曰：惟是道理，自有厚薄。比如身是一体，把手足捍头目，岂是

偏要薄手足，其道理合如此。禽兽与草木同是爱的，把草木去养禽兽，心又忍得？人与禽兽同是爱的，宰禽兽以养亲与供祭祀、燕[1]宾客，心又忍得？至亲与路人同是爱的，如箪食豆羹，得则生、不得则死，不能两全，宁救至亲、不救路人，心又忍得？这是道理合该如此。及至吾身与至亲，更不得分别彼此厚薄。盖以仁民爱物，皆从此出，此处可忍，更无所不忍矣。《大学》所谓厚薄，是良知上自然的条理：不可逾越此便谓之义，顺这个条理便谓之礼，知此条理便谓之智，终始是这个条理便谓之信。

【谨案】

阳明曾经说过："一循于理，是天理合如此，本无私意作好作恶。"本段所阐述的"厚"和"薄"的问题，其基本指导思想就是"循理"即合"天理"。"仁民爱物"是在"天理"的关照下的"仁民爱物"，并非"一视同仁"地"爱护万物"。花草树木之于飞禽走兽、飞禽走兽之于芸芸众生，按照"天理"就是"能养"与"所养"的关系。路人之于至亲，按照"天理"就是"先养"与"后养"的关系。这样做就是"循理"，这就是《大学》所认为的"厚薄"，这就是"良知"。按照阳明的观点，良知就是"仁心宅厚"，没有"仁心宅厚"，"义、礼、智、信"都是无所依托的。因此阳明认为，维护"仁"就是"义"，顺着"仁"就是"礼"，明白"仁"就是"智"，笃行"仁"就是"信"。孟子之所以反对墨家的"兼爱"，就是因为"兼爱"没有顾及"能养、所养"和"先养、后养"之"天理"。

---

[1] 燕：同"宴"。

六目篇第四

"六目"也称"六条目"即"诚意正心、修身齐家、治国平天下"。"修身"不仅是《大学》之中心思想，也是"六目"之中心环节。"修身"既可以对应"明明德"或"明明德止于至善"，也可以对应"诚意、正心"；"修身"既可以对应"亲民"或"明明德亲民止于至善"，也可以对应"齐家治国平天下"。"修身"之于"六证"，从"知止"至"能得"，如"三纲"之于"六证"，就层次言。"修身"之于"两条"，通过"诚意、正心"等事事物物而格物、致知。"修身"之于六目，"诚意、正心"是功夫、"齐家治国平天下"是功德。

六条目可分为三组：第一组"诚意、正心"，第二组"修身齐家"，第三组"齐家治国平天下"。第一组"诚意、正心"主要就"修身"言，修身在于修己，"以敬修己"。第二组"修身齐家"主要讨论在"修身"之基础上如何"齐家"，目的是以"孝悌"等"齐家"，修身在于安人，"以安人修己"。第三组"齐家治国平天下"主要是把"齐家之孝悌"等成果推广到"治国平天下"，在于安百姓，"以安百姓修己"。这可以算是有关仁心、仁德、仁政之概括。"诚意、正心"之于"修身"目的重在"经世济民"，"诚意、正心"之于"明明德"目的重在"修身养性"。

一、诚意章

（一）

《大学》功夫之下手处，有以"格物"为主者、有"诚意"为主者、有"知止"为主者，有"安身"为主者，众说纷纭。

"子思括《大学》一书之义，为《中庸》首章。""大抵《中庸》功夫只是诚身，诚身之极便是至诚；《大学》功夫只是诚意，诚意之极便是至善。"基于阳明的这种观点，"诚身、至诚"跟"诚意、至善"就融会贯通了。"诚身"即"以至诚立身"，源自《礼记·中庸》："顺乎亲有道，反诸身不诚，不顺乎亲矣；诚身有道，不明乎善，不诚乎身矣。"孔颖达《疏》："言明乎善行，始能至诚乎身。"

　　"诚意章"是"六目"之首，是"修身"的直接下手处，针对的是"学"即"学知、困知"，即《中庸》之诚之者或明诚。"明明德"所对应的是"诚意、正心"，而"诚意"是"明明德"或"修身"的基本内容。"诚意章"从"所谓诚其意者"至"大畏民志，此谓知本"，分为"自谦、自律、自立、自明、自新、自止、自诚"等，是"修身"或"明明德"之于"诚意"的事事物物。《大学章句》因为囿于所谓《大学》为"经传体"，削足适履乃至窜乱《大学》古本，今全依《大学》古本，以示拨乱反正、正本清源。

　　"诚意"是"以至善正心"。"诚意"是"意必真、不自欺"，"正心"是"端正意、去邪念"。宋代程颐认为，进修之术"莫先于正心诚意"（《遗书》卷十八）。"莫先于正心诚意"最好为"莫先于诚意、正心"。"诚意"的目的是"正心"。如"正心"在前则难免蹈虚之蔽。朱熹认为，"诚意"是"万世学者之准程"（《朱文公文集》卷七十八《复斋记》）。王阳明认为，"心之本然，本无不正，自其意念发动，而后有不正"，强调"诚意"是"正心"的前提，"意无不诚，而心可正矣"（《大学问》）。王阳明弟子王畿认为，"正心先天之学也，诚意后天之学也"，"心本至善"而"吾人一切世情嗜欲，皆从意生"，"始有不善"，所以须在"先天心体上立根"则"意所动自无不善"（《三山丽泽录》）。刘宗周认为，"心之主宰曰意，故意为心本"（《学言下》）。

　　"诚意"有"诚"有"意"。今天看来，"诚意"的"诚"是个常用字，可在《诗经》《春秋》《尚书》《墨子》等经典里却没有出现"诚"字，《老子》《左传》中出现1次，在《易经·十翼》出现2次，《诗经》因传抄之误出现1次，《论语》"诚"出现1次。"诚"的比较普遍地被使用是在《大学》《中庸》《孟子》等经典里，《大学》8例、《中庸》26例、《孟子》23例、《庄子》16例、《荀子》65例。这些情况跟此前的经典文献中几乎没有出现"诚"字的情况相比，形成了非常的鲜明对比。《大学》"诚"字8例，依次是"欲正其心者，先诚其意""欲诚其意者，先致其知""知至而后意诚""意诚而后心正"，共4例，这些例子后来演变为"诚意"。其余4例是："诚其意者毋自欺也、诚于中形于外、君子必诚其意、心诚求之"。"诚意"跟"诚其意"即"毋自欺、诚于中形于外"等含义，因此有"君子必诚其意"的观点。"心诚求之"的"诚"字的含义是"果真"。《中庸》26例、《孟子》23例，"诚"字成了构造诚学体系的中心概念。《中庸》《孟子》明确提出了"诚者，天之道也；诚之者，人之道也"和"诚者天之道也，思诚者人之道也"等著名论断。除此之外，《中庸》《孟子》都提到了"至诚"的概念，《中庸》还提出了"诚明、明诚"等基本概念等。《中庸》《孟子》之后，周敦颐《通书》、张载《诚明》等对此又有专题论述。"诚意"之"意"是"心"之所发，中节为"和"，不中节为"不和"，"不和"则必"诚"之，所以曰"诚意"。"诚意"的"意"还可以这样分辨，中节为"和"为"意"，不中节为"不和"为"念"，所谓"诚意"就是"诚正意、纠邪念"。就格物言即"纠邪念"，"邪念归正意"相当于"为善去恶是格物"。就"致知"言即"诚正意"，"诚意而至善"，相当于"知善知恶是致知"。就格物、致知言即"为善去恶是格物、知善知恶是致知"。格物而"为善去恶"，针对习心之人，如"修道之谓教"；"致知"而"知善知恶"，针对"利根之人"，如"率性之谓道"。

（二）

　　如说格物是诚意的功夫，明善是诚身的功夫，穷理是尽性的功夫，道问学是尊德性的功夫，博文是约礼的功夫，惟精是惟一的功夫：诸如此类，始皆落落难合，其后思之既久，不觉手舞足蹈。

　　博学、审问、慎思、明辨、笃行者，皆所以为惟精而求惟一也。他如博文者即约礼之功，格物、致知者即诚意之功，道问学即尊德性之功，明善即诚身之功：无二说也。知者行之始，行者知之成——圣学只一个功夫，知行不可分作两事。

【谨案】

　　阳明把格物、致知即诚意之功跟"博学、审问、慎思、明辨、笃行者，皆所以为惟精而求惟一也""博文者即约礼之功""道问学即尊德性之功""明善即诚身之功"等结合起来，是"无二说"，因此"圣学只一个功夫"，"知者行之始，行者知之成"。《中庸》的功夫是"诚身"乃至"至诚"，而《大学》的功夫是"诚意"乃至"至善"，而"明善即诚身之功"，所以"诚意而至善""明善而诚身""诚身而至诚"，"明善"把"诚意而至善"跟"诚身而至诚"融汇在一起，这为《大学》主要为"经世济民"，《中庸》主要为"修身养性"的观点提供了证据。所以析言之则"诚身"乃至"至诚"、"诚意"乃至"至善",混言之则"诚意"乃至"至善"即"诚身"乃至"至诚"。

（三）

若除去了比较分两的心,各人尽着自己力量精神,只在此心纯天理上用功,即人人自有、个个圆成,便能大以成大、小以成小,不假外慕,无不具足。此便是实实落落、明善诚身的事。

【谨案】

王阳明认为:只要"各人尽着自己力量精神,只在此心纯天理上用功,即人人自有、个个圆成,便能大以成大、小以成小,不假外慕,无不具足",这就都是"实实落落、明善诚身的事"。因此"诚身"乃至"至诚","诚意"乃至"至善"都是"只在此心纯天理上用功"。

"诚身"而"至诚","诚意"而"至善",在这两组关键字中,"诚"字最为值得关注。从形体上看,"诚"是形声字,从言,从成,成亦声——"从言,从成"属于"据形索义";"成亦声"属于"因声求义"。"成"即"完全、纯粹"之意,"言、成"为"诚",即言语的真实可信,因此《说文》有"诚,信也"等说法。"言、成"之为"诚"即言语的成色百分百真实可信。"诚"之于自然即追求的是认知成果的货真价实,是人与物的关系;"诚"之于社会即追求的是认识态度的真实无妄,是人与人的关系。"真实"追求的是客体存在的价值,"真诚"追求的主体认识的价值。

《中庸》说:"诚者自成也而道自道也。诚者物之终始,不诚无物。""诚"的"真实、真诚"的属性贯穿于人类与自然、个人与社会的自始至终,如果没有"真实"和"真诚",也就没有事物乃至人类了。因此《中庸》下结论说"诚者自成",就像"道者自道"（自本自根）一样。"诚者自成",为"诚者非自成己而已也,所以成物也。成己,仁也;成物,知也。性之德也,合外内之道也,故时措之宜也"。"诚"不仅"自成"即"成己",还要"他成"即"成物"。"成己"的目的是"修仁","成物"的目的"炼知"。"自成、成己"与"他成、成物",这就是人性之德,能够融合"外内之道"即"身外心内"即身心合一、知行合一、天人合一,所以"时措之宜也"。

"诚身、诚意"的区别在于所"诚"的对象有所不同,一个是

"身"、一个是"意"。"天命之谓性"，天命赋予人以"性"，"性"之于形式是"身"，"性"之于内容是"心"，"身"的主宰是"心"，心的思虑是"意"，"意"的天理是"知"，"意"的对象是"物、我"。基于这种说法，"诚身"是"诚"心所主宰的"身"、"诚意"是"诚"心所思虑的"意"，"心"在其中都起着主导的作用。"诚身"主要为"心之内"的修炼境界即所谓"修身养性"，"诚意"为"心之外"的追求成果即所谓"经世济民"。

"诚身"的重点在心之内的境界，所以《中庸》有"诚身有道：不明乎善，不诚乎身矣"等说法，此即"诚身"在于"明善"即"知善知恶"，"诚身、明善"相当于阳明心学的"致良知"，所谓"知善知恶是良知"。因为"诚意"的重点在心之外的成果，所以《大学》有"诚其意者、毋自欺也""如恶恶臭、如好好色"等说法，此即"诚意"在于"毋自欺"即"为善去恶"，相当于阳明心学的格物，所谓"为善去恶是格物"。

"诚身、诚意"各有路径，即"诚者、诚之者"的路径。"诚者"的路径是"自诚明谓之性"，所谓"率性之谓道"，即尽性穷理而循道；"诚之者"的路径是"自明诚谓之教"，所谓"修道之谓教"，即穷理尽性而修道。"夫诚者、自诚明"源自内在之本质，即"性"，属于"率性之谓道、修身以道"的范围，这是无为法，顺性而无为。"诚之者、自明诚"源自外在的熏陶，即"教"，属于"修道之谓教、修道以仁"的范围，这是有为法，必须有志、有勤、有方、有恒、有效，即朱熹所谓："居敬持志，为读书之本；循序致精，为读书之法。"在"有"的状态下，"诚身"和"诚意"所秉持的指导思想都是"自明诚"，所采用的方法都是"修道以仁"，而"诚身"重点在"无为法"，"诚意"的重点在"有为法"。所以"诚身"称之为儒家的所谓"密教"，"诚意"称之为儒家的所谓"显教"。

（四）

"修身以道"的"诚身"是自觉而觉人，关键点是"知善知恶"而"至诚"。王阳明"天泉证道"中有"知善知恶是良知"的论断，因此"明善"就相当于"知善知恶"，就相当于"致良知"。"知善知恶是良知"其实相当于"知善知恶是致知"，一是跟"为善去恶是格物"相对，二是避免把"致知"误解为"致良知"。"明明德"指导下的"致知"，其"知"必是"良知"。致良知达"至"的境界，就是"至诚"。《中庸》通过"诚身"等修炼而抵达"至诚"的上德境界。"修道以仁"的"诚意"是先觉觉后觉，关键点是"为善去恶"。王阳明"天泉证道"中有"为善去恶是格物"的论断，因此"毋自欺"就是"为善去恶"，总的指导思想是格物、致知，具体的方法是"诚意、正心"。"诚意"达到"至"的境界就是"至善"。所以《大学》是通过"诚意"等修炼而抵达"至善"的上德境界的。

　　天人诚学认为：至诚、至善跟至孝、至德、至信一样，不仅没有跟"诚"相对的"假、丑、恶"，连跟"诚"相类的"真、善、美"也没有。《中庸》"诚身"的着眼点在"知善知恶"即"良知"的发现，相当于"明道"。《大学》的"诚意"着眼点在"为善去恶"即格物的功夫，相当于"修道"。"至诚、至善"都是上德的境界，无论是从致知的"知善知恶"路径还是从格物的"为善去恶"路径，最终都是逐渐经过"有善有恶意之动"下德层次而回归"无善无恶心之体"的上德境界。

　　"天泉证道"之"无善无恶心之体，有善有恶意之动"，历来争论不休。王汝中认为：严滩问答之"有心俱是实，无心俱是幻"对应"无善无恶心之体"，"是从本体上说功夫"，针对的是"利根之人"的功夫，相当于"率性之谓道"即"自诚明谓之性"；严滩问答之"无心俱是实，有心俱是幻"对应"有善有恶意之动"，"是从功夫上说本体"，针对的是"习心之人"的功夫，相当于"修道之谓教"即"自明诚谓之教"。大率如是。

　　"无善无恶心之体"应该是有成贤成圣理想的人心中的"仰山"，心向往之，而作为常人，时时刻刻"知善知恶、为善去恶"，以"诚"关照之、引领之，实为当下提高中华民族文化自信、文明自觉的必须。诚意诚身，人人可为，非不能也。"诚"是目标、是自性、是此心、是方法和过程，因此，时时处处诚、事事物物诚，诚无止境，惟天下之大诚，能立天下之大本！

【王阳明说】

　　阳明心学是学问更是修养，追求"身心合一、知行合一、天人合一"而"成贤成圣"。阳明认为"《大学》功夫只是诚意"，有所谓《大学》

"诚意而至善"、《中庸》"诚身而至诚"等基本观点。

（一）

守衡[1]问：《大学》功夫只是诚意，诚意功夫只是格物。修齐、治平，只诚意尽矣。又有正心之功，有所念懥好乐则不得其正，何也？

先生曰：此要自思得之，知此则知未发之中矣。

守衡再三请，曰：为学功夫有浅深。初时若不着实用意去好善恶恶，如何能为善去恶？这着实用意便是诚意。然不知心之本然原无一物，一向着意去好善恶恶，便又多了这分意思，便不是廓然大公。《书》所谓无有作好作恶，方是本然。所以说有所念懥好乐则不得其正。正心只是诚意功夫里面体当自家心体[2]，常要鉴空衡平[3]，这便是未发之中。

【谨案】

"自思得之"，是自我修养、自我觉悟，是"恨斗私字一闪念"的"灵魂深处闹革命"，而"未发之中"即《中庸》所谓"喜怒哀乐之未发谓之中，发而皆中节谓之和"。"未发之中"即"喜怒哀乐之未发谓之中"，"已发之和"即"喜怒哀乐发而皆中节谓之和"。一个人的喜怒哀乐等情感即使没有表现出来也不会影响主体对天理的认定即"中"，而喜怒哀乐等情感即使表现出来都不会影响主体对天理的认定即"和"。"未发"为"中"，"已发"即"和"，无论"未发"还是"已发"，"良知"都存在于每个人的内心世界，不会因为高低贵贱、男女老少、古今中外而有丝毫改变。"未发之中、已发之和"，理当对应"无善无恶"的境界，此种"无善无恶"境界，并非善恶不分、优劣不论，只是在"无善无恶"之境界明辨善恶优劣而不固执于善恶优劣而已。

关尹子《文始经》说："执之皆事，不执之皆道。"又说："均一物也：众人惑其名，见物不见道；贤人析其理，见道不见物；圣人合其天，不见道不见物。一道皆道，不执之即道，执之即物。"正如庄子《南华经》所说："以道观之，物无贵贱；以物观之，自贵而相贱；以俗观之，贵贱不在己。"

---

[1] 守衡：各家注解都未载此人生平，估计为王阳明弟子。

[2] 心体：精神与肉体，象征非常投入和执着。

[3] 鉴空衡平：朱熹《大学或问》：人之一心，湛然虚明，如鉴之空、如衡之平，以为一身之主者，固其真体之本然。

阳明此番论述，守衡因不解而"再三请"，于是有"为学功夫有浅深"的箴言。这是一句结论性的话，下面的分析值得特别留意："为学"要"着实用意"，这样才能"好善恶恶"，否则自然不可能"为善去恶"。这"着实用意"就是"诚意"。"心之本然原无一物"，可如果固执于"好善恶恶"，"便又多了这分意思，便不是廓然大公"。其所以不是"廓然大公"和"多了这分意思"，"这分意思"就是私意，这是因为不知道"心之本然原无一物"所致。《书经》说："无有作好作恶。""无有"即"没有"或"不要有"，"作好作恶"即刻意"作好"，刻意"作恶"。"刻意为善其善不善"，这是基本观点，否则"有所念懥好乐则不得其正"。"无有作好作恶"的意思是：不要刻意去"作好、作恶"，这是关键。因此，"正心"是"诚意"功夫里面的"自家心体，常要鉴空衡平，这便是未发之中"。

（二）

"《大学》功夫只是诚意，诚意功夫只是格物"，"《大学》功夫即是明明德""明明德只是个诚意"等，这是阳明对"诚意"之于格物的推演，《王阳明全集·答王天宇》记载：

《大学》功夫即是明明德。明明德只是个诚意，诚意的功夫只是格物、致知。若以诚意为主，去用格物、致知的功夫，即功夫始有下落，即为善去恶，无非是诚意的事。

【谨案】

这段论述有一个逐步推演的过程：《大学》的功夫就是"明明德"，而"明明德"只是"诚意"，"诚意"的功夫只是格物、致知。"明明德"而"诚意"而格物、致知，"诚意"是关键，以"诚"为主而下功夫去格物、致知，这样的功夫才可以落实。阳明明确指出："诚意"的过程是"为善去恶"，抵达的境界是"至善"，这就是"诚意"的功夫。王门四句教有名言"为善去恶是格物"，可见有了"诚意"的功夫才能"为善去恶"，可见"格物"就是"诚意"。王阳明是把格物、致知跟诚意混杂在一起，读者应仔细分辨。

（三）

格物跟"诚意"的关系，在阳明那里是念念不忘的话题。

爱曰：昨闻先生之教，亦影影[1]见得功夫须是如此。今闻此说，益无可疑。爱昨晓思格物的物字即是事字，皆从心上说。

先生曰：然。身之主宰便是心，心之所发便是意，意之本然便是知，意之所在便是物。如意在于事亲，即事亲便是一物；意在于事君，即事君便是一物；意在于仁民爱物，即仁民爱物[2]便是一物；意在于视听言动，即视听言动便是一物。所以某说无心外之理、无心外之物。《中庸》言不诚无物，《大学》明明德之功只是个诚意，诚意之功只是个格物。

先生又曰：格物，如《孟子》大人格君心之格，是去其心之不正，以全其本然之正。但意念所在，即要去其不正，以全其正。即无时无处不是存天理，即是穷理[3]。天理即是明德，穷理即是明明德。

又曰：知是心之本然。心自然会知：见父自然知孝、见兄自然知弟[4]、见孺子入井自然知恻隐[5]，此便是良知，不假外求。若良知之发，更无私意障碍，即所谓充其恻隐之心，而仁不可胜用矣。然在常人，不能无私意障碍，所以须用致知格物之功。胜私复理，即心之良知更无障碍，得以充塞[6]流行，便是致其知，知致则意诚。

【谨案】

在这一段话中，徐爱的问题是格物的"物"字就是"事"字，并且这是从"心"上进行阐发的。这种想法得到了阳明的认可，且对此进行比较详细的阐述。阳明阐述的思路是："心、意、知、物"，即"身"的主宰是"心"，"心"阐发是"意"，而"意"的本然是物，所以物即事。这为了说明这个观点，阳明列举了"事亲、事君、仁民爱物、视听言动"等加以说明，且发表了"无心外之理、无心外之物"的观点，进而说明"明明德"的功夫即"诚意"的功夫，"诚意"的功夫即格物的功夫。那么格物的功夫是什么功夫呢？阳明的答案是："去其心之不正，以全其本然之

---

[1] 影影：隐隐约约、模模糊糊。

[2] 仁民爱物：仁：仁爱。对人亲善，对物爱护。《孟子·尽心上》：君子之于物也，爱人而弗仁；于民也，仁之而弗亲，亲亲而仁民，仁民而爱物。

[3] 穷理：深究事物之理乃至无穷无尽。

[4] 弟即悌（tì）：敬爱兄长，象征顺从长上。

[5] 恻隐：对弱者内心同情。《孟子·告子上》："恻隐之心，人皆有之。"

[6] 充塞：堵塞，象征邪说诬民充塞仁义。《孟子·滕文公下》：是邪说诬民，充塞仁义也。

正。"有了这种格物的功夫，就无时无处不在的"存天理"，"存天理"就是"穷理"。而"天理"就是"明德"，"穷理"就是"明明德"。基于此，因为"知是心之本然"，所以"心"自然具备良知，有了良知，自然就具备"悲天悯人"的本性。对于圣人，这就足够了，因为圣人的本性是"生而知之"的，而对于圣人以下的贤人等，则必须通过致知格物的功夫来"胜私复理"，乃至于回归人的本性。

阳明的"心学"之所以能够流行，这跟这种严密的思路密不可分，因此天人诚学认为，本段值得读者认真研读，反复其意，乃至熟能生巧，巧能生精，得心应手，运用自如，这样才能产生作用。《六祖坛经》说："世人白色身是城，眼耳鼻舌是门。外有五门，内有意门。心是地，性是王；王居心地上。性在王在，性去王无。性在身心存，性去身心坏。"阳明也说："身之主宰便是心，心之所发便是意，意之本然便是知，知之所在便是物。"阳明的意思是，希望弟子仿效先圣从自己的心中反观圣哲，不随境，不攀缘，使五官出五门而一尘不染，这就是"良知"。

阳明认为："《大学》明明德之功，只是个诚意，诚意之功，只是个格物。""明明德、诚意、格物"是什么关系，这是阅读《大学》的一个基本问题，如果不明白这个问题，常常就会似是而非。"明明德"是三纲之一，和"亲民"都是下学，属于事事物物的范围。"诚意"是"六目"之一，和"正心"都是下学，也属于事事物物的范围。"格物"和"致知"是一对，相当于实践和认识，属于方法论的范围。格物的"物"、致知的"知"，针对的是事事物物的整体，属于一般的"物和知"，而"明明德、诚意"，针对的是事事物物的部分，属于个别的"物和知"，一般的"物和知"要落实到事事物物上即部分的事物就是"明明德、诚意"。"明明德"相当于六条目的"修身"，而"修身"的功夫是"诚意、正心"。因为"明明德"是比"诚意"范围更大的事事物物，所以说"明明德之功，只是个诚意"，这是合乎逻辑的。"诚意"针对的是事事物物的"个别"，格物针对的是事事物物的"一般"，所以"诚意之功，只是个格物"，这是不合乎逻辑的。历代研读大学之人，即使有人自觉不自觉地认为格物、致知跟"诚意、正心至平天下"的性质不同，可鲜有认真划分或贯彻执行的，乃至对格物、致知众说纷纭、莫衷一是。

1.自谦

所谓诚其意者，毋自欺也，如恶恶臭、如好好色，此之谓自谦[1]。

"自谦"即"诚其意"即"诚意"即"毋自欺"，所谓"自足自乐"。"诚"之反曰"欺"，"诚其意"即"毋自欺"。"毋自欺"是人之社会性的人性之自觉，"如恶恶臭、如好好色"，"自谦"是人性之发现，自快于己、不损于人。"知之者不如好之者好之者不如乐之者"，以学论之，则有"知学、好学、乐学"之别，"自谦"即"乐学"！"乐学"即"君子之好学"。孔子在《论语·学而篇》曰："君子，食无求饱、居无求安、敏于事而慎于言、就有道而正焉，可谓好学也已。"唯有发自本心的心诚意正才能"自谦"，否则就是自欺欺人、误己害人，得不偿失。《大学》以"自谦"作为"诚意"之首，值得特别留意。

【朱熹说】

朱熹《大学章句·传六》针对"所谓诚其意者……故君子必慎其独也"诠释说：

恶、好上字，皆去声。谦读为慊，苦劫反。诚其意者，自修之首也。毋者，禁止之辞。自欺云者，知为善以去恶，而心之所发有未实也。谦，快也，足也。独者，人所不知而己所独知之地也。言欲自修者知为善以去其恶，则当实用其力，而禁止其自欺。使其恶恶则如恶恶臭、好善则如好好色，皆务决去，而求必得之以自快足于己，不可徒苟且以殉外而为人也。然其实与不实，盖有他人所不及知而己独知之者，故必谨之于此以审其几焉。

【谨案】

《大学章句》认为：诚意是"自修之首"。"自欺"是"知为善以

---

[1] 所谓诚其意者……此之谓自谦（qiè）：如恶（wù）恶（ě）臭、如好（hào）好（hǎo）色：如恶恶臭：恶（wù）：厌恶，恶（è）臭：难闻的气味。如好好色：好（hào）：喜欢，好（hǎo）色：秀丽的色彩。【谨案】"如恶恶臭、如好好色"是插入"毋自欺也……此之谓自谦"的说明文字，因为也可以这样断句："所谓诚其意者，毋自欺也——如恶恶臭、如好好色——此之谓自"或"所谓诚其意者，毋自欺也（如恶恶臭、如好好色），此之谓自谦"，自谦即自慊（qiè）：自足、自快。"故君子必慎其独也"，历代学人疑为衍文，本书移到下一段。诚意即起心动念，属于心的已发状态，跟正心相比，正心属于心的未发状态，相当于孟子所说"不动心"。【大学古本傍释】诚意只是慎独功夫，在格物上用，犹《中庸》之戒惧也。君子小人之分，只是能诚意与不能诚意。

去恶"，可"心之所发有未实"，即所谓"口不应心、知不应行"，所以《大学》明确提出"毋自欺"。"毋自欺"而"自谦"，"自谦"就是"快"而"足"。快则乐之，知足常乐。《大学章句》对"慎其独"的解说是："独"是"人所不知而己所独知之地"，即外人不知道而只有自己知道的东西。意思是"欲自修者"如果"知为善以去其恶"，就应该"实用其力"去"为善去恶"，严禁自己欺骗自己。"毋自欺"是"实用其力"去"为善去恶"，就是"使其恶恶则如恶恶臭、好善则如好好色"，因而一定要"必得之以自快足于己"，不能因为"苟且以殉外而为人"。是不是"实用其力"，这是外人不知道而只有自己才知道的，所以"必谨之于此以审其几"。《大学章句》把"慎其独"作为"毋自欺"或"自谦"，不以对错论，理解不同而已。我们把"故君子必慎其独也"归在"自律"一段，是跟"自律"部分的"故君子必慎其独也"，相互照应。

【黎立武说】

黎立武《大学本旨》说：

毋自欺三语，诚意之针砭也。人心天理自有当然之则，要在审其善恶之几而明取舍，如恶臭好色之于人，出于好恶之真，在得所好去、所恶则已，有自谦、毋自欺也。

【谨案】

《大学本旨》不同意《大学章句》的观点，选择的文本跟朱熹的不同，黎立武在本章没有具体分层次，可就其解读而言，还是比较清楚的。"诚意"的第一个要求即"有自谦、毋自欺"，这是因为"人心"应该本于"天理"，关键是要"审其善恶之几而明取舍"，出于人性的"好恶之真"，在于"得所好去、所恶则已"。

【王阳明说】

志道[1]问：荀子云养心莫善于诚[2]，先儒非之，何也？

---

[1] 志道：姓管，字登之，号东溟，江苏太仓人，王阳明门人耿定的弟子。

[2] 养心莫善于诚：意为养心最好的办法是思诚。语出《荀子·不苟》。《荀子·不苟》："君子养心莫善于诚。致诚则无它事矣，唯仁之为守，唯义之为行。"意思是：养心没有比诚心更好的方法。诚心诚意地对待人或事就不会出现其他的事情，唯有持守"仁"，唯有践行"义"。

先生曰：此亦未可便以为非。诚字有以功夫说者，诚是心之本然，求复其本然，便是思诚[1]的功夫。明道[2]说以诚敬存之[3]，亦是此意。《大学》欲正其心，先诚其意。荀子之言固多病，然不可一例吹毛求疵。大凡看人言语，若先有个意见，便有过当处。为富不仁之言，孟子有取于阳虎[4]。此便见圣贤大公之心。

【谨案】

阳明认为，荀子所说的"养心莫善于诚"是对的，而程颢所说的"以诚敬存之"也是对的。养心在于真诚，只要真诚就不再做其他的事情了，因此阳明说："诚是心之本然，求复其本然，便是思诚的功夫。"在本段之中，阳明主张不能因人废言，这也值得读者品味和学习！

2.自律

故君子必慎其独也[5]。小人，闲居为不善、无所不至，见君子而后厌然[6]、掩其不善而善其善。人之视己，如见其肝肺然，则何益矣？此谓诚于中、形于外，故君子必慎其独也[7]。曾子曰：十目所视，十手所指，其严乎[8]！富润屋、德润身、心广体胖，故君子必诚其意[9]。

诚意必自律，自律即慎独，慎独即"慎其独"，此是就"自谦"推演

---

[1] 思诚：运用思维自我反省，使自己的行为达到"天道合一"的"至诚"的境界。

[2] 程颢（1032-1085）：字伯淳，学者称明道先生，河南洛阳人，北宋哲学家、教育家、北宋理学奠基人。

[3] 以诚敬存之：出自《河南程氏遗书》：学者须先识仁。仁者浑然与物同体，义礼知信，皆仁也。识得此理，以诚敬存之而已。不须防检，不须穷索。

[4] 孟子有取于阳虎：《孟子·滕文公上》曰："阳虎曰：'为富不仁矣，为仁不富矣。'阳虎，春秋晚期鲁国人，正卿季氏的家臣，曾挟持季氏专政鲁国。

[5] 故君子必慎其独也：此句一般都划为上一段，《大学义证》认可黎立武的划分，这不仅跟后面的"故君子必慎其独也"相呼应，也跟后面的"故君子必诚其意"相关照，即"慎其独"也是"诚其意"。

[6] 厌然（yàrán）：掩饰、闭藏。孔颖达《疏》："厌然，闭藏其不善之事。"

[7] 故君子必慎其独也……故君子必慎其独也：首句"故君子必慎其独也"传统本在上一段，本书在此段，与其后"故君子必慎其独也"相呼应。厌然：安然、安定。【大学古本傍释】此犹《中庸》之"莫见莫显"。

[8] 曾子曰……其严乎：【大学古本傍释】言此未足为严，以见独之严也。

[9] 富润屋……故君子必诚其意：【大学古本傍释】诚意功夫实下手处惟格物，引《诗》言格物之事。此下言格致。

出来的结论。因为慎独，所以能"诚于中、形于外"，因为"富润屋、德润身"，所以能"心广体胖"。自律之所以远胜他律，就是因为不必"掩其不善而善其善"，不会被"十目所视，十指所指"。这样就能够获得做人的尊严，这样就能坚守做人的底线。人在做，天在看，任何自欺欺人、掩耳盗铃的行径都不会长久，真相最终大白于天下。即使"大奸似忠"而"蒙混过关"，混了个"青史留名、光宗耀祖"，可其为非作歹、欺天灭地的勾当也是无论如何不可能漂白的。自欺欺人，即使不被当下或日后惩罚，可自欺欺人终究还是自欺欺人的恶行，绝对不可能被演绎为利己利人的善举。即使"为善无近名、为恶无近刑"，也要遵循规则、尊重天理，遵守规则就是尊重天理，这就是君子之所以"必诚其意"的原因所在！

【朱熹说】

《大学章句·传六》针对"小人闲居为不善……故君子必慎其独也"诠释说：

闲，音闲。厌，郑氏读为餍。闲居，独处也。厌然，消沮[1]闭藏之貌。此言小人阴为不善，而阳欲揜[2]之，则是非不知善之当为与恶之当去也，但不能实用其力以至此耳。然欲掩其恶而卒不可掩，欲诈为善而卒不可诈，则亦何益之有哉？此君子所以重以为戒，而必谨其独也。

【谨案】

《大学章句》认为，本段说的意思是"小人阴为不善"，而表面上却要"文过饰非"，所谓"阳欲揜之"，这不是小人不知道"善之当为、恶之当去"，只是不能心口如一地"为善去恶"而已。可小人，"欲掩其恶而卒不可掩、欲诈为善而卒不可诈"，这到底有什么好处呢？因此，"君子所以重以为戒而必谨其独"。《大学章句》的解说有两点可议：第一，小人"不为善而为恶"，一般分为"明知故犯"和"习非为是"两种情况。《大学章句》所说的情况属于小人"明知故犯"一类，而"习非为是"则是小人"是非不分、混淆黑白"。如果说"明知故犯"是小人，那么"习非为是"就是歹徒了。"习非为是"是价值观的缺失，已经把本来是不对的东西当成对的了，比"明知故犯"对人类及自身造成的危害更

---

[1] 消沮：沮丧、削减、减弱。

[2] 揜（róng）：掩盖、粉饰。

严重。第二，从"自谦"说到"慎独"，从"自律"也说到了"慎独"，"自律"跟"慎独"比较一致，把"故君子必慎其独也"一句划入"自律"一段较妥。《大学义证》跟《大学章句》有所不同。

【黎立武说】

黎立武《大学本旨》针对从"故君子必慎其独也……故君子必诚其意"评论说：

彼小人者，孰不知善之当为哉？然为不善者，往往知诱物化，明知不善而故为之，又惧人之议已也，伪为之善以掩之。人不可欺也，心可欺乎哉？独者，非止闲居屋漏之谓，意之初萌人不知已独觉之时也。意动而敬以直内、凛乎指视之甚严者，君子而时中也，意肆而事见于外，了然肺肝之如见者，小人而无忌惮也。然则欺事未着于人已相形之时，欺心或萌于意必固我[1]之际，则首言毋者，得不戒其欺。于自两言必者，得不严其慎于独哉？富润、德润、心广体胖，此诚中形外之验。诚其意，所谓诚之也，诚于中形于外，此即诚形着、明动变之道，盖由慎独之功，造乎诚者之域矣。《中庸》以诚为本，亦于首章明慎独之意[2]。

【谨案】

黎立武认为："不欺他人"在于"不欺自心"，"不欺自心"在于"必慎其独"，"必慎其独"在于"必诚其意"，"诚其意"即所谓"诚之者"，诚于中、形于外，通过"慎独之功"抵达"诚者之域"。"慎独之功"即自诚于心，这是自律。"十目所视，十指所指"，这是他律。就修身养性言，他律不如自律。自律讲境界、他律讲规矩，他律有缺漏、自律有真无伪。自律久之，不知自律而无不中和，是乃能与天地万物为一体。《中庸》认为，夫诚者天之道、诚之者人之道，所诚者是自诚而明，诚之者即思诚是自明而诚。黎立武把《大学》跟《中庸》结合起来，融会贯通，所以有是说。黎立武自注曰："心身家国章皆兼修齐家治国平天下举，其目惟诚意章单举于此，亦以心身家国天下皆本于诚故也。"这

---

[1] 意必固我：出自《论语·子罕第九》："子绝四：毋意，毋必，毋固，毋我。""勿意"即不能主观臆断，"勿必"即不能绝对肯定，"勿固"即不能拘泥固执，"勿我"即不要自以为是。

[2] 黎立武自注：心身家国章皆兼修齐家治国平天下举，其目惟诚意章单举于此，亦以心身家国天下皆本于诚故也。所引曾子曰或谓曾晳之言。

里提出了一个很重要的读书方法：举一反三、兼顾彼此。"心身家国章"何以"兼修齐家治国平天下"？按照黎立武的观点，"心身家国"是物，"修身齐家治国平天下"是事，没有无物之事、没有无事之物，单说"诚意"，"心身家国、修齐家治国平天下"也在其中，而高度概括就是一个"诚"字。这是汉语的特点和行文的习惯，如果拘泥于书面文字，往往可能顾此失彼。可黎立武"彼小人者，孰不知善之当为哉"之误解，跟朱熹不分"明知故犯"和"习非为是"类似，可见"性本善"的观点在历代学人的心目中是何等根深蒂固！

【王阳明说】

以方[1]问曰：先生之说格物，凡《中庸》之慎独及集义、博约等说，皆为格物之事。

先生曰：非也。格物，即慎独即戒惧。至于集义、博约，功夫只一般，不是以那数件都做格物底[2]事。

【谨案】

这段不仅对于初学者不好理解，对于很多学人也都不好理解。本段对"格物、慎独、集义、博约"等做了一个简单的比较，是基础知识，读者应该仔细阅读，把这些内容记清楚，弄明白。按照阳明的观点：格物是把不正的念头扭转为正，所谓"为善去恶"；"慎独"是在独知独觉的时空中戒慎恐惧，令此心循理而行。"格物、慎独"都是在"意"所发起的地方下功夫，其有所区别在于：格物注重"使物归于正"，"慎独"注重"使心有所畏"。"集义"是"积善"，追求"事事皆合于义"，因此"集义"是在时时处处坚持格物。"格物、集义"有所区别在于：格物侧重在意念发起的地方下功夫，"集义"侧重从宏观视角看待格物，强调的是格物的功夫在时空中以"义"为中心的拓展性。"博约"即"博学之文，约之以理"，"博"也是"学"，重点在时空的拓展"理"即"天理"。"集义、博约"的意思相近。简单地说：格物即慎独，集义即博约；集义是不断格物的过程，博约是不断"慎独"的过程。王阳明的这些

---

[1] 黄以方：即黄直，字以方，江西金溪人，嘉靖二年（1523年）进士，王阳明弟子。

[2] 底：相当于"的"。

观点，是阳明心学的基本思想，也是方便法门。

3.自立

《诗》云[1]：瞻彼淇奥，菉竹[2]猗猗；有斐君子，如切如磋，如琢如磨；瑟兮僩兮，赫兮喧兮；有斐君子，终不可喧兮[3]。如切如磋者道学也，如琢如磨者自修也，瑟兮僩兮者恂栗也，赫兮喧兮者威仪也[4]，有斐君子终不可喧兮者，道，盛德至善、民之不能忘也[5]。《诗》云：於戏！前王不忘。君子贤其贤而亲其亲，小人乐其乐而利其利，此以没世不忘也[6]。

自立是自我的修炼或觉悟，所谓"立德、立功、立言"。按照本段的观点，自立至少包括"如切如磋者道学也""如琢如磨者自修也""瑟兮僩兮者恂栗也""赫兮喧兮者威仪也""有斐君子终不可喧兮者，道，盛德至善、民之不能忘也"等方面，是一个整体，目的是"已精而益求其精、已密而益求其密"。孔子读诗曾经喟然叹曰："吾于淇奥见学之可为君子也。"孔子何以如是说呢？"竹之为物中虚外直"因此"喻君子之诚中形外"。"如切如磋道学也"相当于《中庸》的"尊德性而道问学"。"道学"即"道问学"，意思是"琢磨以自修"，属于"诚于中"的范围。"瑟僩之着于恂栗、赫喧之见于威仪"，相当于"文质彬彬"的"文"，属于"形于外"的范围。"有斐君子终不可喧兮者"，因为"盛

---

[1]《诗》云：朱熹《语类卷十六》云："他经引诗，或未甚切，只《大学》引得极细密。"

[2] 菉（lù）竹：草名即荩草，古时绿豆也称为菉，《说文》：菉，王刍也，从草录声。菉竹即荩（jìn）草，中药名，禾本科植物。

[3] 终不可喧兮：【大学古本傍释】惟以诚意为主而用格物之工，故不须添一敬字。"如切如磋"者，道学也。犹《中庸》之"道问学、尊德性"。

[4]"赫兮喧兮"者，威仪也：【大学古本傍释】犹《中庸》之"齐明盛服"。"有斐君子终不可喧兮"者，道盛德至善，民之不能忘也。格物、致知以诚其意，则明德止于至善，而亲民之功亦在其中矣。

[5]《诗》云……民之不能忘也：淇（qí）澳（ào）：淇水弯曲的地僩兮：庄敬宽厚。恂（xún）栗（lì）：诚实、恐惧。喧：大声说话、声音杂乱，象征夺取。【大学古本傍释】惟以诚意为主，而用格物之工，故不须添一"敬"字。"如切如磋"者，道学也。犹《中庸》之"道问学""尊德性"。

[6]《诗》云……此以没世不忘也：於戏（wūhū）：也作于熙、于乎，象征赞美性的感叹。没世：终身。【大学古本傍释】明德亲民只是一事。亲民之功至于如此，亦不过自用其明德而已。【谨案】此本阐述诚意，而《大学章句》误以为释"止于至善"，乃至《大学章句》改变《大学》原文，传播广、影响坏，读者当牢记之。

德至善"而"入人也"。这是孔学乃至中华文化传统的基本观点：内化外应而抵达"道"的"盛德至善"之境界。"君子贤其贤而亲其亲、小人乐其乐而利其利"，君子小人，各得其所，这是"以道觉民之功"，这也"三纲"的具体表现。

【朱熹说】

（一）

《大学章句·传三》针对"《诗》云……民之不能忘也"诠释说：

澳，于六反。菉，诗作绿。猗，协韵音阿。僩，下版反。喧，诗作咺，喧，诗作谖，并况晚反。恂，郑氏读作峻。诗卫风淇奥之篇。淇，水名。澳，隈也。猗猗，美盛貌。兴也。斐，文貌。切以刀锯、琢以椎凿，皆裁物使成形质也。磋以鑢锡[1]、磨以沙石，皆治物使其滑泽也。治骨角者，既切而复磋之。治玉石者，既琢而复磨之。皆言其治之有绪，而益致其精也。瑟，严密之貌。僩，武毅之貌。赫喧，宣着盛大之貌。喧，忘也。道，言也。学，谓讲习讨论之事，自修者，省察克治之功。恂栗，战惧也。威，可畏也。仪，可象也。引诗而释之，以明明明德者之止于至善。道学自修，言其所以得之之由。恂栗、威仪，言其德容表里之盛。卒乃指其实而叹美之也。

《大学章句·传三》针对"《诗》云……此以没世不忘也"诠释说：

于戏，音鸣呼。乐，音洛。诗周颂烈文之篇。於戏，叹辞。前王，谓文、武也。君子，谓其后贤后王。小人，谓后民也。此言前王所以新民者止于至善，能使天下后世无一物不得其所，所以既没世而人思慕之，愈久而不忘也。此两节咏叹淫泆[2]，其味深长，当熟玩之。右，传之三章。释止于至善。此章内自引淇奥诗以下，旧本误在诚意章下。

【谨案】

朱熹认为，这个部分是《大学》引用《诗经》以阐述"至于至善"，所以把本来在《大学》古本"诚意章"的内容挑出来归在《大学章句》认为应该对应的地方。朱熹是一个很善于读书的人，朱熹有关《诗经》的这些阐述很精辟，值得熟读、体会，如"物各有所当止之处、人当知所当止

---

[1] 鑢（lǜ）：磋磨。锡（yáng）：马额头或盾背上的金属装饰物。

[2] 淫泆（yínyì）：声音绵延不绝。

之处、言其无不敬而安所止也"等。在"瞻彼淇奥"中，如"切以刀锯、
琢以椎凿，皆裁物使成形质也""磋以鑢锡、磨以沙石，皆治物使其滑泽
也""治骨角者，既切而复磋之""治玉石者，既琢而复磨之"，"皆言
其治之有绪，而益致其精也"等。

《大学或问》讨论的是引用"淇奥之诗"的作用。朱熹认为，上面只
说到了"止于至善之理"，而这里要继续说明"其所以求之之方"和"其
得之之验"。"如切如磋"说的是"其所以讲于学者已精而益求其精"、
"如琢如磨"说的是"其所以修于身者已密而益求其密"，这些就是"其
所以择善固执，日就月将而得止于至善之由"。"已精而益求其精"的意
思是：即使已经很精粹也还要进一步精益求精，"已密而益求其密"的意
思是：即使已经很周密也还要进一步密益求密。其目的就是"得止于至善
之由"。"恂栗"的意思是"严敬之存乎中"，"威仪"的意思是"辉光
之着乎外"，其目的就"为止于至善之验"。圣人"盛德至善"，所以
"民不能忘"，"盛德"是就"身之所得"言，而"至善"是就"理之所
极"言。"如切如磋""如琢如磨"就是"求其止于是而已"，"求其止
于是"求"止于至善"。学有起点、习无止境，切磋琢磨，死而后已，此
乃"朝闻道夕死可矣"之谓也！

【黎立武说】

黎立武《大学本旨》说：

此章明篇首《大学》之道。按《孔丛子》[1]，孔子观诗，喟然叹曰：
吾于淇奥见学之可为君子也。竹之为物中虚外直，喻君子之诚中形外也。
切磋以学，言琢磨以自修，言诚于中也；瑟僩之着于恂栗、赫喧之见于威
仪，形于外也。不喧不忘者，盛德至善入人也。深君子小人各得其所，又
以道觉民之功也。篇首以一言总三要，故曰德、曰民、曰善，兼举焉。

【谨案】

黎立武认为："竹之为物中虚外直，喻君子之诚中形外也。""诚中"
即"琢磨以自修"，"形外"即"赫喧之见于威仪"，乃至"不喧不忘"而

---

[1]《孔丛子》：共三卷二十一篇，旧题孔鲋撰，主要记叙孔子及子思、子上、子
高、子顺、子鱼即孔鲋等人的言行，书末附缀孔臧所著之赋和书上下两篇，而别名为《连
丛》，宋仁宗嘉祐时宋咸曾为该书作注。

"盛德至善"。因此，君子小人，各得其所而"以道觉民"。黎立武所谓"以一言总三要"，"曰德、曰民、曰善，兼举焉"，此为统言之。也可以"三要总一言"，此为析言之。此读书之法，跟上面的读书之法类似。

【王阳明说】

阳明对本段的内容，多次从《中庸》的角度阐发。

以方问尊德性一条。

先生曰：道问学即所以尊德性也。晦翁言，子静以尊德性诲，某教人岂不是道问学处多了些子？是分尊德性、道问学作两件。且如今讲习讨论，下许多功夫，无非只是存此心、不失其德性而已。岂有尊德性只空空去尊，更不去问、学？问、学只是空空去问、学，更与德性无关涉？如此，则不知今之所以讲习讨论者更学何事？

【谨案】

君子应该推崇德性，这是"尊德性"；君子应该沿着学问的道路走下去，这是"道学问"。只要这样不断"尊德性、道学问"，一个人就能够达到既无所不包而又极其细致精微的境界，达到这样极高明的境界而又始终践履中庸之道，这就是圣人的作为。"尊德性"与"道问学"，"宏"而"细"，是修养德性、存养天理的根本方法。不能空谈"尊德性"而忽视"道问学"，特别是修身或为学之"学知、困知"类人。《大学》主要针对修身言，"道问学"相当于"诚意"就必然是基础课程，而"尊德性"相当于"正心"，就自然是"道问学"的成果了。

4.自明

《康诰》曰克明德[1]、《大甲》曰顾諟天之明命[2]、《帝典》曰克明峻德[3]，皆自明也[4]。

自明即"自知者明"，与"知人者智"相对应。把目光或焦点集中在自己的身上，这就是"克明德、天之明命、克明峻德"。知人难、自知更

---

[1] 《康诰》曰：《康诰》《帝典》是《尚书·周书》中的篇名。

[2] 《大甲》曰：顾諟天之明命：顾諟（gùshì）：敬奉、承顺。諟，同是。

[3] 《帝典》曰：克明峻德：克：能、可以。峻德（jùndé）：大德、高尚品德。

[4] 自明：即明明德或自知者明或自知之明。【大学古本傍释】又说归身上。自明不已，即所以为亲民。

难，"人贵有自知之明"！人作为万物之灵、作为脱离了动物界的人类，作为认知主体，无时无处不跟认知客体息息相关、相辅相成。我之所以是吾，是因为吾是主体；我之所以是我，是因为我是客体。所以唯有自明才能明己明人、明事明物。主体客体都是吾之自明的存在，主体的高度跟客体的亮度和深度完全一致，所谓仁者见仁智者见智。主体的高度即主体的认知水平、方法、角度完全一致，所谓多少读者就有多少林黛玉。

【朱熹说】

（一）

朱熹《大学章句·传一》说：

康诰曰：克明德。康诰，周书。克，能也。大甲曰：顾误天之明命。大，读作泰。误，古是字。大甲，商书。顾，谓常目在之也。误，犹此也，或曰审也。天之明命，即天之所以与我，而我之所以为德者也。常目在之，则无时不明矣。帝典曰：克明峻德。峻，书作俊。帝典，尧典，虞书。峻，大也。皆自明也。结所引书，皆言自明己德之意。右，传之首章。释明明德。此通下三章至止于信，旧本误在没世不忘之下。

【谨案】

朱熹认为，上面三处引文，都是在阐述"自明己德"，是解释"明明德"的。朱熹力求把经过他自己篡改的《大学》今本跟"经、传"的格式统一起来。这是先入之见，所谓成见，其后的误解与此相同，从略。

《大学或问》讨论朱熹《大学章句》改本改郑玄《大学》古本和程颐《大学》改本的理由。朱熹认为，《大学》的文本结构应该且必然是"以经统传、以传附经"，所以有本问所说的改正，而郑玄《大学》古本、程颐《大学》改本的必定"不然"，这是不言而喻的。朱熹正是基于"以经统传、以传附经"的观点，对郑玄《大学》古本进行了改正，因而最终引爆了《大学》古本跟《大学》改本之争。"以经统传、以传附经"是古人的一种写书体例，最著名的例子就是《春秋三传》（《左传》《公羊传》《谷梁传》），可《大学》乃至《中庸》的文本并不合乎"以经统传、以传附经"的所谓通例。朱熹以并不准确的通例去改《大学》古本，即使是当时的学者及其弟子也有赞成的或反对的，其影响至今未绝。改本还在改、古本还在坚持，朱熹的教训应该吸取，可步其后尘者络绎不绝，读者慎思之。

《大学或问》对"克明德、天之明命、克明俊德"加以总结。"克明德"，朱熹认为，这是在阐述"文王能明其德"。人人都明白"德之当明而欲明之"，可因"气禀拘之于前、物欲蔽之于后"，很多人"虽欲明之而有不克"。而"文王之心浑然天理"，不需要"克之而自明"。文王"独能明之"而"他人不能"，所以不能自明的人不得不修炼"明明德"之功。"顾諟天之明命"，朱熹认为曰：人人都是"受天地之中以生"，所以"人之明德"是"天之所以命我，而至善之所存"。明德的"全体大用"，无时无处不显示在"日用之闲"，只是常人"不察于此"，因此"汩于人欲而不知所以自明"。每个人只要时时处处、真心实意地真"参于前、倚于衡"，这样就能够"成性存存而道义出"。"克明俊德"，朱熹认为是"言尧能明其大德也"。朱熹认为，这三者都是"自明之事"，可这三者是"言之有序"的。《康诰》是"通言明德"，《太甲》是阐述"天之未始不为人，而人之未始不为天"，《帝典》是"专言成德之事而极其大"，这三者"言之浅深亦略有序"。宋·黄榦[1]说："本文三引书，乃'断章取义'，以明经文'明明德'之意。其言之序自浅而深，最为有味。'克明德'者，泛言之；言'顾諟'，则言明之至功；曰'明命'，则言明德之故。次之曰'峻德'，加一峻字，则又见'明德'之极，乃所谓'止于至善'者也。"峻德即明德，精读则有必要做微言大义之解读。朱熹及弟子读书可谓细致入微、深思熟虑，值得后学效仿。

朱熹是易学大家，本段所言之"成性存存而道义出矣"值得品味。《易经·系辞》有"成性存存，道义之门"之说。"成性存存"相当于《易经·系辞》的另一种说法，"继之者善也，成之者性也"。在天曰"理"，在人曰"性"，"性"有"天性、人性"之分。"天性"即"天命之谓性"即"天赋之性"或"自然属性"；"人性"即"修道之谓教"即"教化之性"或"社会属性"。"自然属性"是天性，吃喝拉撒、生老病死，无人不有；"社会属性"是人性，礼义廉耻、忠孝节义，成贤成圣必不可少。阴阳之道的完美结合，"天性"得以显现，"人性"得以释

---

[1] 黄榦（gàn）：字直卿、号勉斋，朱子弟子。

放。成性是混成的天性、人性，所以顺其自然而"存天性"、与时俱进而"存人性"，即"成性存存"。"成性存存"之所以成为"道义之门"，每个人的最佳路径都是顺应天性、完善人性，修养心性而经世致用。千万不能忘记，因为"人是万物之灵、是脱离了动物界的人类"，所以人必须尊天理、守人则、替天行道，而不能逆天行事、欺天灭地。

【黎立武说】

黎立武《大学本旨》说：

三要之首曰明明德，此三引书明之于明德，曰克于明命、曰顾误于峻德、曰克明终之，曰皆自明也，然则人之明明德者，可不致其力乎？惟求诸自而已，自即慎独之谓。

【谨案】

黎立武认为"此三引书明之于明德"，这是继承了朱熹的观点和方法，其实这也是"诚意"的一个层面。"明之于明德"即"明明德"，而"惟求诸自而已"，这"自明"即"慎独"。"自明"是"自知之明"，人贵有自知之明。《老子·二十三章》说："知人者智也，自知者明也。"古希腊神庙大门上写着："认识你自己。""自知者明"或"认识你自己"是神之谕、是大智慧。

5.自新

汤之《盘铭》曰：苟日新，日日新，又日新[1]。《康诰》曰：作新民[2]。《诗》曰：周虽旧邦，其命维新[3]。是故君子无所不用其极[4]。

"新"也者，非"亲民"之"新"。"苟日新，日日新，又日新""作新民""其命维新"，乃"诚意"之"新"。"滚滚长江东逝

---

[1] 汤之《盘铭》曰……又日新：《盘铭》：商成汤刻在器皿上警醒自己的箴言。苟：如果、假使。

[2] 作新民：使民更新、教民向善。

[3] 《诗》曰……其命维新：旧邦：周：西岐，周文王治下的邦国。古老的国家。《大学章句》：言周国虽旧，至于文王，能新其德以及于民，而始受天命也。

[4] 是故君子无所不用其极：极：最高最好乃至无善无恶。【大学古本傍释】孟子告滕文公养民之政，引此诗云："子力行之，亦以新子之国。"君子之明德亲民岂有他哉？一皆求止于至善而已。

水" "逝者如斯夫" "日新月异、与时俱进"者也。诚意之"新"乃"自新"，自明自新、明人新人，尽性为道、穷理为教，先知知后知、先觉觉后觉。自强不息、厚德载物，人有新德、物有新质！"明明德"须洗心革面、修其身则焕然一新。人在一天天变换、事在一日日发展，人生不可能长生不老、事物不可能一成不变。此乃时光之新、时代之新，欣欣向荣、蒸蒸日上，惟诚惟新，因此"君子无所不用其极"！

【朱熹说】

朱熹《大学章句·传二》针对"汤之盘铭曰……是故君子无所不用其极"诠释说：

汤之盘铭曰：苟日新，日日新，又日新。盘，沐浴之盘也。铭，名其器以自警之辞也。苟，诚也。汤以人之洗濯其心以去恶，如沐浴其身以去垢。故铭其盘，言诚能一日有以涤其旧染之污而自新，则当因其已新者，而日日新之，又日新之，不可略有间断也。康诰曰：作新民。鼓之舞之之谓作，言振起其自新之民也。诗曰：周虽旧邦，其命惟新。诗大雅文王之篇。言周国虽旧，至于文王，能新其德以及于民，而始受天命也。是故君子无所不用其极。自新新民，皆欲止于至善也。右，传之二章，释新民。

【谨案】

朱熹改《大学》古本之"亲民"为"新民"，所以把《大学》中有关"新"内容集中在一起，认定这是所谓"传"新民的。孟子说："天之生此民也，使先知觉后知、使先觉觉后觉也。予，天民之先觉者也，予将以斯道觉斯民也。非予觉之，而谁也？"朱熹改"亲民"为"新民"，不仅改变了"明明德、亲民、止于至善"的词语构造，改变了三纲的连贯性含义，也违背了孟子"先知觉后知、先觉觉后觉"的基本观点。"民"不是自新之人，而是需要圣贤"以斯道觉斯民"。不能说朱熹没有读懂孟子的话，只能说是朱熹囿于成见，所以不愿意按照孟子的话去理解《大学》文本而已。

【黎立武说】

黎立武《大学本旨》说：

此节为亲民言之言。新民而加以作实，在上之人兴起之。盘铭日新云者，谓旧染污俗洗而新之若澡身也。旧邦新命云者，谓因民性善而新其德非能有加也。故二者取义如此，结文曰：君子无所不用其极，此建用皇极之道也。君民一极耳，其性同，故其德同民德之新。孰其新之？由我之自明耳，亦曰立我烝民、莫匪尔极，皆至善之谓。

【谨案】

黎立武认为"此节为亲民言之言"，也是拘泥于朱熹之说而已。"诚意章"所言如何诚意，并非一定要跟三纲一一对应。本章所言内容主题词是"新"，就诚意言则"自新"。自明而明人、自新而新人，先知觉后知、先觉觉后觉，本来是同一个道理。"自新"也者，意谓"自强不息，日有新得"，所谓"染污俗洗而新之若澡身""因民性善而新其德"，自明而自新，"苟日新，日日新，又日新"。

6.自止

《诗》云：邦畿千里，惟民所止[1]。《诗》云：缗蛮黄鸟，止于丘隅。子曰：于止，知其所止，可以人而不如鸟乎[2]？《诗》云：穆穆文王，於缉熙敬止。为人君止于仁，为人臣止于敬，为人子止于孝，为人父止于慈，与国人交止于信[3]。

自止"止"，是目标、是境界，仁是人君之止、敬是人臣之止、孝是人子之止、慈是人父之止、信是与国人交之止。自止、知止是以天理人性为皈依的目标和境界，《易经·乾文言》所谓"夫大人者，与天地合其德、与日月合其明、与四时合其序、与鬼神合其吉凶，先天而天弗违、后天而奉天时"者也。每个人都能够且应该而容易做到"与天地合其德、与日月合其明、与四时合其序、与社会合其则"。"与天地合其德"即尊

---

[1]《诗》云……惟民所止：邦畿（bāngjī）：古代指天子所在的京城及周围属其管辖的地域。

[2]《诗》云……可以人而不如鸟乎：缗蛮（mínmán）：文采繁密。丘隅（qiūyú）：丘阿、山丘的曲深僻静处。"可以人而不如鸟乎"之"可以"读可（hé）以，当作"何以"讲。可通何：可在上古属溪纽歌部、何在上古属匣纽歌部，可何迭韵通假。可"肯定、许可"，《说文》："可，肯也。"：何"怎么、为啥"。《左传·定公五年》："国亡矣！死者若有知也，可以歆旧祀？岂惮焚之？"歆（xīn）：享受。"可以歆旧祀"即"何以享受旧祀"。【大学古本傍释】止于至善，岂外求哉？惟求之吾身而已。

[3]《诗》云……止于信：缉熙（jīxī）：光明。【谨案】《大学章句》的"五者乃其目之大者也"是："为人君，止于仁；为人臣，止于敬；为人子，止于孝；为人父，止于慈；与国人交，止于信。"宜熟记。【大学古本傍释】又说归身上。

重自然、"与日月合其明"即按时作息、"与四时合其序"即春耕冬藏、"与社会合其则"即遵纪守法，这不仅是做人的境界、也是做事的底线。境界跟底线的同一性，是中华文化传统的特质。时时处处固守底线即境界，久久为功，必然下学而上达。

【朱熹说】

《大学章句·传三》针对"诗云……与国人交止于信"诠释说：

诗云：邦畿千里，惟民所止。诗商颂玄鸟之篇。邦畿，王者之都也。止，居也，言物各有所当止之处也。诗云：缗蛮黄鸟，止于丘隅。子曰：于止，知其所止，可以人而不如鸟乎！缗，诗作绵。诗小雅绵蛮之篇。缗蛮，鸟声。丘隅，岑蔚之处。子曰以下，孔子说诗之辞。言人当知所当止之处也。诗云：穆穆文王，於缉熙敬止！为人君止于仁，为人臣止于敬，为人子止于孝，为人父止于慈，与国人交止于信。於缉之於，音乌。诗文王之篇。穆穆，深远之意。於，叹美辞。缉，继续也。熙，光明也。敬止，言其无不敬而安所止也。引此而言圣人之止，无非至善。五者乃其目之大者也。学者于此，究其精微之蕴，而又推类以尽其余，则于天下之事，皆有以知其所止而无疑矣。

【谨案】

朱熹在《大学章句》中主要指出的是"为人君止于仁，为人臣止于敬，为人子止于孝，为人父止于慈，与国人交止于信"，此"五者乃其目之大者也"。希望学习或实践的每个人都应该"究其精微之蕴，而又推类以尽其余"，如此则"天下之事"，都"有以知其所止而无疑矣"。

【黎立武说】

黎立武《大学本旨》说：

曰止于至善、曰知止，《大学》一书之枢要也，故此章明止之义甚备。取义邦畿之止、丘隅之止，谓民与物各得其所而为归宿也。复引夫子之言曰于止知其所止，又在乎致知而知所止焉。于艮有之艮其止、止其所也。所者何？曰王敬，作所敬所以入诚，斯文王所止也。止得其所，故穆穆言其深远，缉则续续则无息，熙则明明而愈文王我师也，人伦物理皆吾性分，所固有四端，万善皆吾天则所当然。不诚无物，何有于物则哉？君止仁、臣止敬、子止孝、父止慈、交止信，皆以止言者，一本于诚而已。

诚则不离其所，所谓思不出位也。五伦之目此着其三，余二述诸齐家章，其义互见。

【谨案】

黎立武认为"止于至善"和"知止"是《大学》一书的"枢要"。按照《大学》古本，黎立武把这里的"止"跟《易经》艮卦的"艮其止、止其所"联系起来，且演绎为"所以入诚、一本于诚"，因此"诚则不离其所，所谓思不出位也"。这是黎立武很精彩的阐述。《大学》诚意、《中庸》诚身，修身养性，惟诚而已。天下万物、世间万人，无物无人、无人无物，真诚真实。人之外，何来诚呢？人之外，何来信呢？常人起于诚之者即明诚、圣人起于夫诚者即所诚，皆止于夫诚者即诚明。诚之者或思诚，思诚而明诚、思实而明实，止于至善，诚也实也、实也诚也，其诚实，真诚真实而已矣！

7.自诚

子曰：听讼，吾犹人也。必也使无讼乎[1]！无情者不得尽其辞，大畏民志，此谓知本[2]。

"知本"即"慎独"或"知修身"或"明明德"或格物、致知，皆是"诚"也。"诚者自成"，真诚地对待自己才能最终成就自己。自诚就是不自欺也不欺人。"自诚"是诚意的根基，源自"无情者不得尽其辞"。"听讼"是"已发"，相当于"救火"乃至"灭火"；而"无讼"则是"未发"，相当于"防火"乃至"无火"。为了达到"防火"乃至"无火"的目的，就应该"讼不待听而自无"，因为"无实之人不敢尽其虚诞之辞"。"听讼"的目标或境界是"止讼"，相当于"自明而诚"，所谓"物格知至而后意诚"；"无讼"即"无火"，"无火"即"自诚而明"，所谓"至诚为能尽人物之性"。"无情者不得尽其辞"即"听讼而

[1] 听讼……必也使无讼乎：【大学古本傍释】又即亲民中听讼一事，要其极，亦皆本于明德，则信乎以修身为本矣。又说归身上。

[2] 子曰……此谓知本。【谨案】《顾炎武·日知录卷九》"致知"条下云："致知者，知止也。知止者何？为人君止于仁、为人臣止于敬、为人子止于孝、为人父止于慈、与国人交止于信，是之谓止。知止然后谓之知"清初胡渭《大学翼真》改"知本"为"知止"。依照文脉，"止"乃为"本"。"知本"之"本"为"身"，"身"即"修身"，而修身之本即诚。

得其情"。自诚以求之于讼，人"不敢矫情饰辞以欺"，于是乎"心悦诚服而至无讼"，所谓"上以诚求、下以诚应"，诚实自我、诚信他人。《说文》云："诚，信也。""信，诚也。"戴震《孟子字义疏证》云："诚，实也。"《北溪字义》云："真实无妄之谓诚。""诚"者就天道言，《中庸》所谓"诚者天之道"或"自诚明谓之性"；"信"者就人道言，《中庸》所谓"诚之者人之道"或"自明诚谓之教"。"诚"者，天之自然、人之本心；"信"者，人之作为、人之用心。诚实、诚信，字有微殊、意本通融，明矣。人乃万物之灵，人之应诚实、人之有诚信，如天之有四季、地之有万物，毋庸置疑！诚、信，"诚"是根基、源泉，"诚"是天心，"信"是人心，惟诚信能行走天下。"信"必依于"诚"、本于"诚"。"信"不依于、本于"诚"，则犹孔子云："言必信、行必果，硁硁然小人哉！"孟子也云："大人者，言不必信、行不必果，惟义所在。"孔子以为，"言必信、行必果"，不过"硁硁小人"，士之下者也。孟子以为，"大人"以"义"为本，"义"也者，"诚"之用也，故"大人"以"诚"为基。"信"一旦背"诚"则"言不必信，行不必果"，理所当然！孔孟如是言之何以？"信"乃"人为"，"人为"则难免有未达"诚"之处，未达"诚"则"伪"生焉。此非"小人"而何？此非"言不必信"而何？诚，实也，本于吾心、本于自然乃至社会。《大学》云"诚者不自欺、诚于中形于外"。诚实惟自知，故必"慎其独也"。就认识言：诚是"良知"，"良知"者，诚明也；信是"致良知"者，明诚也。就存在言：诚是"性"，"天命之谓性"；信是"情"，"修道之谓教"。"性"在物为物理、天理，在人为人性、明德，"诚"而"诚实、诚信"，在己为真诚而真实无妄、在人为诚信而真实不虚。真诚就主体之己言，真实就客体之人言。诚之最易、诚之最难，惟诚心而已矣！

【朱熹说】

朱熹《大学章句·传四》针对"子曰：听讼……此谓知本"诠释说：

犹人，不异于人也。情，实也。引夫子之言，而言圣人能使无实之人不敢尽其虚诞之辞。盖我之明德既明，自然有以畏服民之心志，故讼不待听而自无也。观于此言，可以知本末之先后矣。右，传之四章。释本末。此章旧本误在止于信下。此谓知本。程子曰：衍文也。此谓知之至也。此句之上别有阙文，此特其结语耳。

【谨案】

朱熹认为，《大学》所谓"传"以此诠释三纲领之"本末"，因此把《大学》古本后面的文句调整到这里。其实，如果按照朱熹的观点，这里还应该有诠释"物有本末，事有终始"等句子。基于此，朱熹要修改《大学》古本来对应自己的观点，还有很多事情没有做完。由此可以说明，朱熹的这种做法不合乎《大学》文本的基本事实。

【黎立武说】

黎立武《大学本旨》针对"子曰：听讼……此谓知本"说：

自篇首《大学》之道句而释之以序，则格物、致知、诚意三条当着于此，然自物有本末至修身为本，百六十余言，于物格而后知至，其说已尽，继之以诚意章，于知至而后意诚，其序甚明，详于前而略于后，故此不复条释，独揭此谓知本一语而引听讼、无讼明之，三条之义融贯无遗矣。自明而诚言之则物格知至而后意诚，自诚而明言之则至诚为能尽人物之性。夫听讼而得其情者，诚求之也，民不敢矫情饰辞以欺其上，心悦诚服而至无讼者，诚应之也。上以诚求、下以诚应。曾子尝曰：如得其情则哀矜而勿喜，诚之至也。夫修身本也，诚者又修身之本也。知之至者莫尚乎此，故曰此谓知本。

【谨案】

黎立武认为《大学》古本不误，其所以没有具体阐述格物、致知，而是"详于前而略于后"，以"听讼"一段和"知本一语"来结束这个部分。"格物致知、物格知至"已经说完此"六条目"，所以接着说"诚意"。黎立武认为："自明而诚言之则物格知至而后意诚，自诚而明言之则至诚为能尽人物之性。"意思是说：从"物格知至"至"意诚"是"自明而诚"，从"天下平国治"而"致知在格物"是"自诚而明"。历来认为《大学》的要点是"诚意"，《中庸》的要点是"诚身"，黎立武在这里给联系起来了。诚意和诚身的关系是："修身"是齐家治国平天下的基础，而"诚"是"修身"的基础，所以"知之至者"即"明诚"乃至"诚明"被称之为"知本"。值得指出的是，黎立武"物格知至而后意诚"的说法混淆了"物格知至"跟"意诚心正"的关系。两条例的"物格知至"

跟格物、致知具有同样方法论的性质，六条目之"意诚心正、诚意正心"具有事例论的性质，两者不在一个层次。

【孙奇逢说】

《大学近指》针对"子曰：听讼……此谓知本"说：

天地间任举一物而本与末具焉。从其本而图之，不劳而事理得，所先也；从其末而图之，徒劳而罔功，迷于后也。听讼一事，自矜其才能即得情，亦末耳，何如无情者不得尽。民各畏其志而自使之无讼乎！大畏民志，全在平日治民时曲尽[1]，此心明威出于明德，所谓知本也。王泰州[2]曰：此谓知本犹言此知本之说也，贴在为民上者身上说。

【谨案】

孙奇逢认为：天地间的任何事物都是"本、末"一体的。因此无论做任何事情，"从其本而图之，不劳而事理得"，所以"本"的位置在"末"之前，"本"是首先考虑的。如果做事情"从其末而图之，徒劳而罔功"，就必然"迷于后"。比如"听讼"这类事情，如果"自矜其才能"去获取实际情况，这也是"末"，不如"止讼"而"无讼"。让民众"各畏其志"而自己"使之无讼"。"大畏民志"就是在"在平日治民时曲尽"，民众之"此心明威出于明德"，这就是"所谓知本"。孙奇逢引王艮王泰州之说认为"此谓知本"，相当于说"知本之说"，是"贴在为民上者身上说"的。

二、正修章

所谓修身在正其心者，身有所忿懥[3]则不得其正、有所恐惧则不得其正、有所好乐则不得其正、有所忧患则不得其正。心不在焉，视而不见、

---

[1] 曲尽：委曲而详尽。《中庸》有"其次致曲"之说。"其次"即次一等的人即次于"自诚明"的圣人的"自明诚"之贤人。致曲：致力于某一方面。曲即偏即"部分"。所谓"曲能有诚"的意思是，人心虽为物欲所蔽，然良心未曾泯灭，必有一端发见的去处，这就叫"曲"。

[2] 王艮（1483-1541）：初名银，王阳明替他改名为艮、字汝止、号心斋，明代哲学家，泰州学派的创立者。

[3] 忿懥：亦作忿疐、忿愤：发怒。懥（zhì）：愤怒。

听而不闻、食而不知其味，此谓修身在正其心[1]。

（一）

《大学章句》引用"程子曰：'身有之身当作心'"，且认为："盖是四者，皆心之用，而人所不能无者。然一有之而不能察，则欲动情胜，而其用之所行，或不能不失其正矣。"通审《大学》全文，"身"包括"身体、身心"两个内容，且"修身为本"是《大学》的中心思想，而本章为"正修章"，阐释的正是"正心"与"修身"的关系，因此身"有所忿懥则不得其正"，所以作"身"不误，为"身"才合乎《大学》基本思想。

（二）

"正修章"主要讨论"修身"何以要"正其心"。本章之身"有所忿懥、有所恐惧、有所好乐、有所忧患"皆为性之动言，所谓"喜怒哀乐"。人之有"身"和"性"，"身"为文，"性"为质。性之分为性和情，性、情有动和静，性之静即中，情之动中节为和、不中节为不和。身因"忿懥、恐惧、好乐、忧患"而"不和"故正之。正之方法即"心不在焉，视而不见，听而不闻、食而不知其味"。"心不在焉"于是乎"视而不见、听而不闻、食而不知其味"，即"非礼勿视、非礼勿听、非礼勿言、非礼勿动"，所谓"一日克己复礼，天下归仁焉"。这就是"修身"何以要"正其心"！"修身"必须落实在事事物物、起心动念上，"事事物物"即诚意、"起心动念"即正心。诚其意、正其心、修其身，非二事，明矣！

（三）

"心不在焉、视而不见、听而不闻、食而不知其味"，是非常生动的生活体验，目的是最大限度地避免负面情绪对人的干扰，自始至终把持住此心的清明和宁静，这是需要修养的。修养愈深，把持力愈强。这是《大学》《中庸》道德修养理论的极致发挥，而孟子"知言养气"修养就是这种道德修养的途径。这种"道德心理学"必将启发"自我心理学"的继续发展，必将为人类美好生活作出更大贡献。

---

[1] 此谓修身在正其心：【大学古本傍释】修身功夫只是诚意。就诚意中体当自己心体，常令廓然大公，便是正心。此犹《中庸》"未发之中"。正心之功，既不可滞于有，又不可堕于无。

【朱熹说】

朱熹《大学章句·传七》针对"所谓修身在正其心者……有所忧患则不得其正"诠释说：

> 程子曰：身有之身当做心。忿，弗粉反。懥，敕值反。好、乐，并去声。忿懥，怒也。盖是四者，皆心之用，而人所不能无者。然一有之而不能察，则欲动情胜，而其用之所行，或不能不失其正矣。

朱熹《大学章句·传七》针对"心不在焉……此谓修身在正其心"诠释说：

> 右，传之七章，释正心修身，此亦承上章以起下章。盖意诚则真无恶而实有善矣，所以能存是心以检其身。然或但知诚意，而不能密察此心之存否，则又无以直内而修身也。自此以下，并以旧文为正。

【谨案】

朱熹认为，"意诚"是"真无恶、实有善"，所以"存是心"而能"检其身"。可有的人只知道"诚意"而不能"密察此心"，所以必须"正心"，因此"正心"就是"直内而修身"。诚意为"密察此心"，正心为"直内而修身"，本同一体。按照《中庸》的观点，"诚意、正心"相当于"已发、未发"。"已发"皆"中节"则"诚意而意诚"，"未发"皆"合道"则"正心而心正"。"诚意"重在修道而穷理、正心重在率性而尽性，如此而已。朱熹所谓"但知诚意，而不能密察此心之存否，则又无以直内而修身也"的说法须认真思考。知"诚意"即"密察此心"必知"正心"即"直内而修身"，否则所谓这样的"诚意"必然是"意不诚"，否则不能说是"知诚意"。朱熹认为"意不诚"所以需要"正心"，这是因为不明白诚意、正心所谓"已发、未发"的关系。阳明认为"修身"是"已发"，"诚意"是"未发"，这是因为不明白"诚意、修身"不在一个层次的关系。

【黎立武说】

黎立武《大学本旨》针对"所谓修身在正其心者……此谓修身在正其心"说：

> 心，身之主也。忿懥、恐惧、好乐、忧患，要非喜怒、忧惧之正者，其发诸身皆本诸心，往往为事所动、为境所迁，谬迷当然之则，故尔无是

四者，本心之正存焉。一或有之，鲜得其正，甚者失其本心矣。然人苦不自觉，故以人所常自觉者明之。凡目之于色、耳之于声、口之于味，人心所同者，其或视不见、听不闻、食不知味，岂非诚之不存而心失其正也欤？

【谨案】

正心就修身言、修身就齐家言，以此类推就有了"正修章、齐治章、治平章"等名称，而不以传统的"齐家治国平天下"等名称给各章取名。"心"是"身之主"，而"忿懥、恐惧、好乐、忧患"，虽然看起来由身所发，可实际是"心"在起着关键性的作用。可一般人常"为事所动、为境所迁"，因心中的"忿懥、恐惧、好乐、忧患"而就迷失了"当然之则"，所以"心"就可能不得其"正"，可"此心"原本还是"正"的。一个人的本心之所以被遮蔽，是因为五色、五味、五音等诱惑，而清除这些遮蔽的方法就是"诚"，逐步抵达"视不见、听不闻、食不知味"的境界，这就是正心而修身的基本方法。由此可见朱熹对正心的理解有所不足。

【孙奇逢说】

孙奇逢《大学近指》说：

心体，廓然大公、物来顺应，忿懥恐惧等情虽不能无，然非有所，一有所则已私横处于中，而心灵遂失其位，一不正即不在矣。心一不在则身无所主，视谁视、听谁听而饮食又谁为饮食也，躯窍虽是，神明全非，此谓修身在正其心。正修功夫总在诚意中，此特举身心相关处痛切言之。盖心之所有、身不能无也，心之所无、身不能有也，身心异用，非理之所许。张氏曰：正修之功，卒无一语及之者，盖已具于诚意章故也。

【谨案】

孙奇逢认为：心体是"廓然大公、物来顺应"的。忿懥恐惧等情绪，心体"虽不能无，然非有所"。心体一旦出现忿懥恐惧等情绪，个体的私欲就会"横处于中"，而"心灵遂失其位"。心灵失位"心体就不正"，心体不正就"身无所主"，于是"躯窍虽是，神明全非"，视听饮食等都无主宰，所以"修身在正其心"。孙奇逢认为，正心、修身的功夫在诚意中，而在"正修章"在此仅以"身心相关处痛切言之"。由此可以说明"诚意、正心"为"修身"的功夫，而非"正心"跟"修身"在一个相同的层次。"心之所有、身不能无"或"心之所无、身不能有",所以"身心异用",这在道之理上说不通的。"身心一体",心为心灵、身为身体,心为质、身为文,心为主宰、身为形体,"相由心生""哀莫大于心死"等,说的就是这个道之理。

三、修齐章

所谓齐其家在修其身者,人,之其所亲爱而辟焉、之其所贱恶而辟焉、之其所畏敬而辟焉、之其所哀矜而辟焉、之其所敖惰而辟焉,故好而知其恶、恶而知其美者,天下鲜矣[1]。故谚有之曰:人,莫知其子之恶、莫知其苗之硕[2]。此谓身不修不可以齐其家[3]。

(一)

现代是小家庭、古代是大家庭,而古人"光宗耀祖、光耀门庭"之情结深入骨髓。《易经》有《家人卦》,《易传·象传下·家人·大象》曰:"风自火出,家人,君子以言有物而行有恒。"意思是:表象"风从火出",象征着外部上卦的"风"来自内部下卦的"火",就像家庭的影响和作用产生于自己内部一样。君子持家应该特别注意自己的一言一行,说话要有根据和内容、行动要有准则和规矩,不能朝三暮四、半途而废或朝令夕改、言而无信。

(二)

《孟子·离娄上》曰:

孟子曰:人有恒言皆曰:天下国家。天下之本在国,国之本在家,家之本在身。

【谨案】

孟子所谓"天下之本在国,国之本在家,家之本在身"跟《大学》所言"六条目"之"诚意正心、修身齐家、治国平天下"一脉相承。"家之本在身"是中华文化传统的核心观念:孔子称之为"修己",如"修己以敬"即"以敬修己";文子称之为"修身、治身",如"故道不可以

---

[1] 所谓齐其家在修其身者……天下鲜矣:敖惰(áoduò):傲慢怠惰。人:众人。之:于。辟,犹也。辟同僻:偏。鲜(xiǎn):少、不多。

[2] 故谚有之曰……莫知其苗之硕:谚:谚语。硕:大。

[3] 此谓身不修不可以齐其家:【大学古本傍释】人之心体惟不能廓然大公,是以随其情之所发而碎焉,此犹"中节之和"。能廓然大公而随物顺应者,鲜矣。

进而求名，可以退而修身”“夫道无为无形，内以修身、外以治人，功成事立，与天为邻，无为而无不为”“学而不厌，所以治身也；教而不倦，所以治民也”；庄子称之为“治身”，如“道之真以治身，其绪余以为国家，其土苴以治天下”。无论“家之本在身”还是在“修己、修身、治身”，其起点和终点都是“自身”。中华文化传统高度重视社会属性的人，因此时时刻刻都在强调“修己”即“内圣”而后“治民”即“外王”。“天网恢恢、疏而不失”“人在做、天在看”，这是其他文化系统之中所缺乏的。

“修齐章”何以欲“齐其家”而必须先“修其身”？齐家之要在于“不辟”！“辟”即“偏”，“偏”即偏心。家长心有所偏就会出现不公平、不公正情况，这对家影响很大。“齐家”之“齐”就是齐一即标准一致。因此家长不能因个人之好恶爱憎而失其公平性，特别在古代的大家庭尤其如此。家庭之所以必须“不辟”，这是因为“亲爱而辟焉、贱恶而辟焉、畏敬而辟焉、哀矜而辟焉、敖惰而辟焉”。常人有“好、恶”，“好、恶”是“情”，“情”发而不中节，就必然“莫知其子之恶、莫知其苗之硕”。常言“孩子是自己的好”，此之谓也。如果对孩子溺爱、姑息、恶劳和惰力，就必然会“好而忘其恶、恶而忘其美”。就齐家言，“修身”必须“不偏不倚”。齐家有情、理，“亲爱、贱恶”是“情”的表现，“畏敬、哀矜”是“理”的表现，认识且处理好情和理的关系，才能“家和万事兴”。

【朱熹说】

朱熹《大学章句·传八》针对“所谓齐其家在修其身者……天下鲜矣”诠释说：

辟，读为僻。恶而之恶、敖、好，并去声。鲜，上声。人，谓众人。之，犹于也。辟，犹偏也。五者，在人本有当然之则，然常人之情惟其所向而不加审焉，则必陷于一偏而身不修矣。

朱熹《大学章句·传八》针对“故谚有之曰……此谓身不修不可以齐其家”诠释说：

谚，音彦。硕，协韵，时若反。谚，俗语也。溺爱者不明、贪得者无厌，是则偏之为害，而家之所以不齐也。

右，传之八章，释修身齐家。

【谨案】

朱熹认为：辟即偏。人之辟有亲爱之辟、所贱恶之辟、所畏敬之辟、所哀矜之辟、所敖惰之辟，此亲爱、贱恶、畏敬、哀矜、敖惰五者，作为一个人本来能够按照天理而行，可常人却往往不能够适度把握，就必然出现偏心。溺爱则不明、贪得则无厌，偏之为害而家之所以不齐。朱熹这段解释很经典。朱熹之"传之八章，释修身齐家"，说明本段的内容是"修身齐家"即"修齐"。"修身齐家"关系很紧密，也可以算一对，"修身齐家"是"治国平天下"的功夫，这是显而易见的。

【黎立武说】

黎立武《大学本旨》针对"所谓齐其家在修其身者……此谓身不修不可以齐其家"说：

修身之道，不止五者，此则对齐家言之。人指家之人，之犹于其，谓我也。夫亲爱、贱恶当其情可也，畏敬、哀矜尽其道可也，接下宜无敖、勤物宜不惰，方人人思得其分愿于我。于我之所处，何如也，而辟焉可乎？辟犹言邪辟、颇辟[1]。肆意所为，而不合乎人心天理当然之则，过与不及皆谓之辟。一家之内物情不齐，施得其宜、躬帅以正，乃所以齐之也。五者之下，既以好恶总之。好恶之下，又以谚语喻之。谓溺爱而事姑息者，不知子之恶为可忧，是好而忘其恶也；恶劳而惰力穑者，不知苗之硕为可美，是恶而忘其美也。二喻所以甚言好恶之辟。身者，家之则也，其身不正，虽令不从，何以行于家？

【谨案】

黎立武认为：就齐家而言，修身之道要注意五个方面的问题："亲爱而辟、贱恶而辟、畏敬而辟、哀矜而辟、敖惰而辟"。"辟"即"偏"。就家庭管理言，修身的要点就是不能"偏"，必须"不偏不倚"。从情的方面说是"亲爱、贱恶"，从"理"的方面说是"畏敬、哀矜"，只有在家里"接下无敖、勤物不惰"，才可能"家和万事兴"。每个常人都有"好、恶"，如果按照自己的"好、恶"去齐家，就必然"莫知其子之恶、莫知其苗之硕"。如果溺爱和姑息、恶劳和惰力，就必然"好而忘其恶、恶而忘其美"。身体力行、以身作则是齐家的原则，身正令行，身不

---

[1] 邪辟、颇辟：邪辟（xiépì）：乖谬不正。颇辟（pōpì）：邪佞、不正。

正就令不从。管理家庭要以身作则，所谓"身者，家之则也"，因为在家庭里，老幼尊卑、男女老幼，知根知底，唯有身正才是齐家之道。

【孙奇逢说】

孙奇逢《大学近指》说：

君子以言有物而行有恒[1]，家道之所以正也，辟则有所好恶，安得中节？故美中有恶都以其好之辟而掩之、恶中有美都以其恶之辟而掩之，这样好恶则家之心志自纷、耳目自乱，如何得齐？修身言好恶者，盖家国天下之通关处也，总之一如恶恶臭、好好色之诚而贯于齐治均平之中，其功力全在致知上，所谓壹是皆以修身为本。任举一节通体融彻，才是善读书。问如何修身专指待人言？朱子曰：修身以后，大概说向接物待人去，又与只说心处不同，要之根本之理，则一但一节说阔一节去。

【谨案】

孙奇逢认为：修身齐家之要在"言有物而行有恒"，这是"家道之所以正"的秘诀。反之则"辟"。"辟"就"有所好恶"，于是"美中有恶都以其好之辟而掩之、恶中有美都以其恶之辟而掩之"，这样"好恶则家之心志自纷、耳目自乱"。修身之所以言"好恶"的原因，因为这是"家国天下之通关处"。"如恶恶臭、好好色"即"诚"，把"诚"贯穿在"齐治均平之中"，在"致良知"上狠下功夫，所谓"壹是皆以修身为本"。孙奇逢指出："任举一节通体融彻，才是善读书。"读书重在融会贯通、举一反三。天下的书是读不完的，所以要读经典、要精读，读出自己的心得滋味。读书的最终目的是提升境界、拓展思路，所以《大学》的修身"专指待人"。孙奇逢引用朱熹的话说："修身以后，大概说向接物待人去，又与只说心处不同，要之根本之理，则一旦一节说阔一节去。""修身"在诚意、正心，"修身以后"在"向接物待人去"。可"根本之理"还是在"修身"，"修身"是纲，其余的都是目，所谓"纲举目张"，即此！

四、齐治章

"齐治章"即"所谓治国必先齐家者……此谓治国在齐其家"，分

---

[1] 言有物而行有恒：出自《易传·象传下·家人·大象》：风自火出，家人，君子以言有物而行有恒。

为"孝慈、仁让、忠恕、宜家"等层次。孙奇逢是从整章来阐释"齐治章",《大学近指》如是说:

> 虽释齐家、治国然必归重人主之身,乃穷源之论。不出家而成教,言只修身以教家而自然成教于国。孝者三句,正是不出家而成教于国的柱子。心诚求之直推本,诚意乃联属家以及国之真血脉也。一人仁让、贪戾如形之于影,尧舜之民仁、桀纣之民暴,皆一人为帅而天下从之,所谓一人者正归本于君身也。有诸己、无诸己到底只以身教,绝无求人非人之念,藏身之恕即尧舜之帅天下以仁,隐然含下絜矩意。历数三诗只于夫妇、兄弟、父子求宜,其实归结有国者,身上去宜之者身也,足法者身也,故曰壹是皆以修身为本。传者[1]以忠恕明一贯,所以称守约者[2]乎!齐治合传,言身则家在其中、言家则皆根身说来,总见修身为本意。

孙奇逢认为:修身而齐家治国的关键处在人主,这是《大学》"穷源之论"。"不出家而成教"就是"修身以教家而自然成教于国",因为身修家齐而"治国"则"国必治"。"孝悌慈"是"不出家而成教于国"的"柱子","仁让"是"一人者正归本于君身"的"一人","忠恕"是"有诸己、无诸己"的"身教",于是乎以"三诗"求宜于"夫妇、兄弟、父子"而"其实归结有国者身上去",其原因就是"宜之者身也、足法者身也",所以《大学》曰"壹是皆以修身为本"。孙奇逢认为:其所以"传者以忠恕明一贯",是因为"所以称守约者乎";"齐治合传"是因为"言身则家在其中、言家是从根身"说来,"总见修身为本意"。孙奇逢之所以言"齐治合传",是因为秉持朱熹的"三纲八目"之所谓"格物、致知、诚意、正心、修身齐家、治国平天下",其实除了"诚意章"之外,《大学》原文从来就没有所谓"格物章、致知章、正心章、修身章、齐家章、治国章、平天下章"之说,而只有所谓"齐治合传"即"齐治章"等说法。

1.孝慈

> 所谓治国必先齐家者,其家不可教而能教人者,无之。故君子不出家而成教于国。孝者所以事君也,弟者所以事长也,慈者所以使众也。《康诰》曰:如保赤子。心诚求之,虽不中、不远矣,未有学养子而后嫁

---

[1] 传者:孙奇逢按照《大学章句》的观点,认为《大学》是所谓"纪传体"。

[2] 守约者:遵守絜矩之道者。

者也。

治国之所以必须先"齐其家"，就是因为齐家之"孝、弟、慈"是治国的延伸。身不修则家不齐、家不齐则国不治，所以齐家的目标是修炼"孝、弟、慈"的品质和能力。仁之于父母是孝、之于君主则是忠，仁之于兄长则是悌、之于长官则是敬，仁之于子女是慈、之于民众则是爱。治国如齐家，《康诰》所谓"如保赤子"，就像护理小孩一样治理民众就"其国治"。如果这样，即使"不中"也"不远矣"。所谓"未有学养子而后嫁者也"者，意思是只有"家齐"而后"国治"。不能齐家、不能治国，明矣。

【朱熹说】

朱熹《大学章句·传九》针对"所谓治国必先齐家者……慈者所以使众也"诠释说：

弟，去声。长，上声。身修则家可教矣，孝弟慈所以修身而教于家者也，然而国之所以事君事长使众之道，不外乎此。此所以家齐于上而教成于下也。

朱熹《大学章句·传九》针对"如保赤子……未有学养子而后嫁者也"诠释说：

中，去声。此引书而释之，又明立教之本不假强为，在识其端而推广之耳。

【谨案】

朱熹认为，"身修"而后才"家可教"，而"孝弟慈"就是之所以"修身而教于家者也"，而国用来"事君、事长、使众"的方法，也不过"修身而教于家"的"孝弟慈"。"家齐于上"是齐家，"教成于下"是治国，意思是：修身在于齐家、治国先要齐家，上行下效、风吹草动。《论语·颜渊》有言："君子之德风、小人之德草，草上之风，必偃。"此之谓也。这是"立教之本"，"立教"所贵在"识其端而推广之耳"。只有先明白该做什么才能考虑怎样去做，这是战略与战术的关系，这是做正确的事与正确地做事的关系，务必牢记在心！

【黎立武说】

黎立武《大学本旨》说：

孝弟慈，所以修身而教于家也。孝事君、弟事长、慈使众，所以推之治国而教于国也。引《书》如保赤子而曰心诚求之，《大学》言诚，此最深切着明处。愚夫妇之所能知、能行，盖良知、良能也，其于诚明之道，亦暗合矣。苟扩充之，所谓惟天下至诚，能尽其性，则能尽人物之性，无二道也，实自诚意始。又曰：治平章言孝弟慈、仁让、忠信与夫恕藏乎身，义以为利，道在絜矩，曰慎德、曰宝善，皆物则也，皆所止之善，而明明德之着见于家国天下，所以新民者也。

【谨案】

《大学本旨》认为，“修身而教于家”主要在“孝弟慈”等方面。以孝亲之心事君、以悌兄之心事长、以仁慈之心使众，这样就可以把修身的功夫用来齐家乃至治国。这是《大学》言“诚”之“最深切着明处”。以诚意、正心而修身，以身修而齐家，所本者惟诚也。常人之所以“能知、能行”就是源自每个人的“良知、良能”，此即《中庸》所谓“自诚明谓之性”即“诚明之道”。“自诚明谓之性”即“率性”则“诚明”，“率性之道”扩而充之，诚意而至于至善、诚身而至于至诚，这就能“尽性”，尽人性、尽物性。人性惟德性、物性而至于道理。就《大学》言自“诚意”始、就《中庸》言自“诚身”始。“诚意”就人言，知行合一；“诚身”就己言，身心合一。身心合一、知行合一、天人合一、心物一体，是“修身”之极致、是“齐治平”之基本。黎立武认为：“治平章”所阐释的“孝弟慈、仁让、忠信”“恕藏乎身，义以为利”，都是“慎德、宝善”、都是“物则”和“所止之善”、都是“明明德”用之于“家国天下”，目标就是能够“新民”。

2.仁让

一家仁、一国兴仁，一家让、一国兴让，一人贪戾、一国作乱，其机如此，此谓一言偾事、一人定国[1]。

---

[1] 一家仁……一人定国：一人：人君。贪戾（tānlì）：贪利。机：发动所由。偾事（fènshì）：毁坏；败坏。

仁让即"仁爱谦让"，贪戾即"贪婪暴戾"，人君之仁让或贪戾，关系到国之兴衰成败，不可不"战战兢兢，如临深渊、如履薄冰"，因为"一言偾事、一人定国"。康熙十九年（1680）内乡知县高以永[1]撰有这样一副对联："得一官不荣、失一官不辱，勿道一官无用、地方全靠一官；穿百姓之衣、吃百姓之饭，莫以百姓可欺、自己也是百姓。"因为"官"是关键少数，是"定国"之"一人"、是"偾事"的"一言"，所以"地方全靠一官"。"一言偾事、一人定国"，千古名言、警钟长鸣！

【朱熹说】

朱熹《大学章句·传九》针对"一家仁……一人定国"诠释说：

偾，音奋。一人，谓君也。机，发动所由也。偾，覆败也。此言教成于国之效。

【谨案】

朱熹认为，"一人"即"君"，是关键少数，对国家天下至关重要。朱熹曾曰"家齐于上而教成于下"，明君能定国、暴君能乱国，"教成于下"之谓也。下文曰："尧舜率天下以仁而民从之、桀纣率天下以暴而民从之……""教成于下"有"尧舜率天下以仁而民从之"和"桀纣率天下以暴而民从之"，"仁、暴"之别，天壤其间，要在尧舜一言、桀纣一人，君子可不慎乎也哉！

【黎立武说】

黎立武《大学本旨》说：

仁让贪戾，承上文孝弟慈言之，家之于国，此作则彼应。一言系乎兴丧、一身系乎安危，至为神速，故以机言之。机者，意为之始，而善恶之几也，此机之发，在我而已，可不慎哉？

【谨案】

黎立武认为，孝慈之于家，仁让之于国，"此作则彼应"，息息相

---

[1] 高以永（1629-1692）：字子修，号荆门，浙江省嘉兴府秀水县新丰村（今浙江嘉兴市南湖区新丰镇竹林村）人，康熙十一年（1672）中举人、十二年（1673）中进士，十八年（1679）年调任内乡知县，兼管镇平、淅川两县事务，二十七年（1688）升任直隶省安州知州并兼新安县事，三十一年（1692）任户部江西司员外郎，因劳于政务而病卒于官邸，享年六十三岁。

关。人君的一言一行都关系到国家的兴丧和安危，其效果至神、其影响至速，所以《大学》曰"其机如此"。"机"是"诚意之始、善恶之几"，而"此机之发，在我而已"，我之仁、暴，一发千钧，所以必须慎之又慎！

3.忠恕

尧舜率天下以仁而民从之、桀纣率天下以暴而民从之，其所令反其所好而民不从，是故君子有诸己而后求诸人、无诸己而后非诸人。所藏乎身不恕而能喻诸人者，未之有也。

尧舜"仁"则"民从之"，"桀纣"暴则"民从之"，此即"一言偾事、一人定国"，所谓"其所令反其所好而民不从"。《论语·卫灵公》曰："君子求诸己，小人求诸人。"君子"求诸己"而后"求诸人"、而不会"无诸己"而后"非诸人"。孔子说："君子求之于自身，而小人求之于他人。""求诸己"是向内"求"，这是君子修身养性；"求诸人"是向外"求"，这是小人追名逐利。君子必"忠恕"，"忠"是"心无二心、意无二意"，"恕"是"了己了人、明始明终"。程子曰："以己及物，仁也；推己及物，恕也。""忠"也"仁"矣！朱熹《论语集注》所谓"尽己之谓忠，推己之谓恕"。"尽己、推己"析言之，如《论语·卫灵公》曰："其恕乎！己所不欲，勿施于人。"《中庸》曰："忠恕违道不远，施诸己而不愿，亦勿施于人。"忠恕也者，"成己成物"而已矣。《中庸》曰："诚者，非自成己而已也，所以成物也。成己仁也，成物知也。性之德也，合内外之道也。"王阳明《与黄勉之》曰："君子学以为己。成己成物，虽本一事，而先后之序有不容紊。孟子云：学问之道无他，求其放心而已矣。"

【朱熹说】

朱熹《大学章句·传九》针对"尧舜率天下以仁而民从之……未之有也"诠释说：

好，去声。此又承上文一人定国而言。有善于己，然后可以责人之善；无恶于己，然后可以正人之恶。皆推己以及人，所谓恕也，不如是，则所令反其所好，而民不从矣。喻，晓也。故治国在齐其家。通结上文。

【谨案】

朱熹认为："有善于己，然后可以责人之善；无恶于己，然后可以正人之恶。"这即"推己及人"，这是"恕"。"有善于己"相当于"有诸己"，"无恶于己"相当于"无诸己"，"有诸己、无诸己"即"尽己之道"，这就是"忠"。忠恕之道所以"齐家、治国"而"家齐、国治"。这就是"一人定国"！

【黎立武说】

黎立武《大学本旨》说：

此一节乃修身之事而系之齐家章，盖承上文一人定国衍而伸之也。仁以仁让言、暴以贪戾言，民惟好是，从者，不从其令而从其意也。意之诚不诚，仁暴异焉、尧桀分焉，吁可畏哉！一贯之传悟于一，唯忠恕二字，体用兼该。此书于此揭出恕义，有诸己、无诸己，皆尽己之道，所谓忠也。恕本以推己言，此以藏乎身言之者，兼忠也。子贡尝求一言以终身，夫子止语之恕，而曰己所不欲、勿施于人[1]。其后子贡有谓我不欲人之加诸我、吾亦欲无加诸人，则曰非尔所及[2]。盖知恕而未知忠也。无忠何以行恕？圣门之教，引而不发，欲学者，深造自得之。

【谨案】

黎立武认为："修身之事而系之齐家章，盖承上文一人定国衍而伸之也。"修身为一人之事，齐家为一人之于一家之事，治国为一人、一家之于一国之事，孝慈仁让忠恕，于己于人、于家于国，一以贯之，体用兼该。孝慈则仁让、贪戾则残暴，意诚则尧舜、意伪则桀纣，尧舜则忠恕、桀纣则贪戾。"忠"是"尽己之道"，所谓"有诸己、无诸己"；"恕"是"推己及人"，所谓"有善于己、无恶于己"。"恕"不仅有"推己及人"意，也兼有"尽己之道"意即"忠"意。黎立武以"子贡"为例说明之。孔子之所以点评子贡曰"非尔所及也"，就是因为子贡"盖知恕而未知忠也"。忠在"尽己"，恕在"及人"，不能"尽己"不能"及人"，

---

[1] "子贡尝求一言以终身……勿施于人"：出自《论语·卫灵公》记载："子贡问曰：有一言而可以终身行之者乎？子曰：其恕乎！己所不欲，勿施于人。"

[2] "其后子贡有谓我不欲人之加诸我……则曰非尔所及"：出自《论语·公冶长》记载："子贡曰：我不欲人之加诸我也，吾亦欲无加诸人。子曰：赐也，非尔所及也。"

所以黎立武有"无忠何以行恕"之问，其本于此也哉！"以敬修己、以安人修己、以安百姓修己"，所作所为，尽在修己而已！"尽己曰忠、及人曰恕"，此之谓也！黎立武曰："圣门之教引而不发，欲学者，深造自得之。"此当深省之！"圣门之教"并非故弄玄虚而"引而不发"，难发而所以引之而已！"引而不发"非"春风杨柳多少条"之谓也，乃可引而难发之谓也。

4.宜家

故治国在齐其家。《诗》云：桃之夭夭，其叶蓁蓁；之子于归，宜其家人。宜其家人而后可以教国人。《诗》云：宜兄宜弟。宜兄宜弟而后可以教国人。《诗》云：其仪不忒[1]，正是四国。其为父子兄弟足法而后民法之也。此谓治国在齐其家[2]。

"齐治章"由"孝慈、仁让、忠恕"而至于"宜家"即"宜其家人"，目的在于阐述"治国在齐其家"。三引《诗》咏叹之，以"宜其家人而后可以教国人"概括《诗》之"桃之夭夭"，以"宜兄宜弟而后可以教国人"概括《诗》之"宜兄宜弟"，以"其为父子兄弟足法而后民法之也"概括《诗》之"其仪不忒"，旨在阐述"治国在齐其家"。"桃之夭夭"以"家人"言，"宜兄宜弟"以"兄弟"言，"其仪不忒"以"四国"言，朱熹所谓"其味深长，最宜潜玩"，心领神会、一语中的，得矣！以"齐其家"作为"治其国"的基本，这是中华文化传统有关治理的体现。在"明明德"之指导下，"身修家齐国治"而"天下平"，是实践"敢干、能干"乃至于"想干"之根本途径，是践行中华文化核心价值观的根本保证。"敢干"就赏罚言，"能干"就规则言，"想干"就境界言，赏罚严苛则有敢干和不敢、规则严密则有能干和不能、境界高低则有想干和不想。境界高无须规则、规则密无须威慑，齐家治国之要也。

【朱熹说】

朱熹《大学章句·传九》针对"《诗》云……宜其家人而后可以教国人"诠释说：

---

[1] 不忒（bùtè）：没有变更、没有差错。

[2] 故治国在齐其家……此谓治国在齐其家：【大学古本傍释】又说归身上。亲民只是诚意。宜家人兄弟与其仪，不忒只是修身。

夭，平声。蓁，音臻。诗周南桃夭之篇。夭夭，少好貌。蓁蓁，美盛貌。兴也。之子，犹言是子，此指女子之嫁者而言也。妇人谓嫁曰归。宜，犹善也。

朱熹《大学章句·传九》针对"《诗》云……宜兄宜弟而后可以教国人"诠释说：

诗云："宜兄宜弟。"宜兄宜弟，而后可以教国人。诗小雅蓼萧篇。

朱熹《大学章句·传九》针对"《诗》云……其为父子兄弟足法而后民法之也"诠释说：

诗曹风鸣鸠篇。忒，差也。

朱熹《大学章句·传九》针对"此谓治国在齐其家"诠释说：

此三引诗，皆以咏叹上文之事，而又结之如此。其味深长，最宜潜玩。右，传之九章。释齐家治国。

【谨案】

朱熹认为，本段以《诗》言"家人、兄弟、四国"乃咏叹齐治章之"孝慈、仁让、忠恕"之事，"其味深长，最宜潜玩"。朱熹阅读、研究、玩味《大学》一辈子，仅以寥寥数语论此，可谓惜墨如金、一字千金。

朱熹《大学或问》认为，《大学》之所以"结上文而复引诗者三"是因为"古人言必引诗，盖取其嗟叹咏歌优游厌饫有以感发人之善心，非徒取彼之文证此之义而已也"。"言必引诗"是古人说话作文之习惯，而目的是"取其嗟叹咏歌优游厌饫"而"感发人之善心"，并"非徒取彼之文证此之义"。"非徒取彼之文证此之义"这是古人之传统，所谓"断章取义"。"断章取义"最著名的例子就是《论语·为政》之"诗三百，一言以蔽之，思无邪"。朱熹认为："此章所论齐家治国之事，文具而意足矣，复三引诗，非能于其所论之外别有所发明也。"朱熹深有体会地说："然尝试读之，则反复吟咏之闲意味深长义理通畅，使人心融神会，有不知手舞而足蹈者。"这是朱熹之读书之法，读者如能举一反三、必然大有裨益。朱熹认为，"三诗之序"是："首言家人、次言兄弟、终言四国"，其含义即"刑于寡妻、至于兄弟、以御于家邦"。朱熹之于《大学》的贡献，大处能够自圆其说、小处能够画龙点睛，这是必须明白的。有浅人常师心自用而信口雌黄，东拉西扯，言朱熹这也不对、那也不对，大都言不及义，读者当审慎辨之！

【黎立武说】

黎立武《大学本旨》说：

《桃天》《周南》之诗，正始之道系焉，是为齐家之首，若夫同父之人、同胞之子、孩提亲爱，出于天性，妻子具而情渐薄、支派衍而分日疏，讵知其初一人之身哉？友恭之道，又齐家所重者，仪所以取法，是在此身，为人之父子、兄弟俱尽其道而已。宜主和不忮、主肃和以教国人、肃以正四国，兼济之道。所引三诗，即文王刑于寡妻、至于兄弟以御于家邦也。

【谨案】

黎立武继承朱熹的观点，认为"所引三诗"的意思是："文王刑于寡妻、至于兄弟以御于家邦也。"黎立武认为，《桃天》《周南》乃"正始之道系焉"，是"齐家之首"，就像"同父之人、同胞之子、孩提亲爱"，都是"出于天性"。而"友恭之道"是"齐家所重"，因为"仪所以取法，是在此身"，所以"为人之父子、兄弟俱尽其道而已"。而"宜主和不忮，主肃和以教国人、肃以正四国"，这是"兼济之道"。"兼济之道"，即《孟子·尽心》章句上之"穷则独善其身，达则兼善天下"之"达则兼善天下"。"独善其身"是本职工作，"兼善天下"是业余爱好，读者当细参之。

五、治平章

"治平章"即"所谓平天下在治其国者……以义为利也"，讨论"平天下在治其国"事，为"絜矩、保民、慎德、善道、进贤、忠信、义利"等。"絜矩"在"明规矩"，"保民"在"得民心"，"慎德"在"德为本"，"善道"在"行善道"，"进贤"在"用贤人"，"忠信"在"财发身"，义利"在"义率利"，言简意赅、一气呵成。

1. 絜矩

所谓平天下在治其国者，上老老而民兴孝、上长长而民兴弟、上恤孤而民不倍，是以君子有絜矩[1]之道也。所恶于上毋以使下、所恶于下毋以事

---

[1] 絜矩（xiéjǔ）：絜，量度物体周围的长度；矩，画直角或正方形、矩形用的尺。絜矩：象征道德境界的规范。

上，所恶于前毋以先后、所恶于后毋以从前，所恶于右毋以交于左、所恶于左毋以交于右，此之谓絜矩之道也。

　　"治其国"之目标是"平天下"，而"治其国"务必"上老老而民兴孝、上长长而民兴弟、上恤孤而民不倍"，因此有国之君主持守"絜矩之道"。"絜矩之道"即"所恶于上毋以使下、所恶于下毋以事上""所恶于前毋以先后、所恶于后毋以从前"，"所恶于右毋以交于左、所恶于左毋以交于右"，分别以"上下、先后、左右"之关系阐释之。"所恶"虽然就"禁止"言，可前提却是"民兴孝、民兴弟、民不倍"。此为"平天下之要道"，"治平章"由此引申而推之，于是乎"保民、慎德、善道、进贤、忠信"而至于"义利"。

【朱熹说】

　　朱熹《大学章句·传十》针对"所谓平天下在治其国者……是以君子有絜矩之道也"诠释说：
　　长，上声。弟，去声。倍，与背同。絜，胡结反。老老，所谓老吾老也。兴，谓有所感发而兴起也。孤者，幼而无父之称。絜，度也。矩，所以为方也。言此三者，上行下效、捷于影响，所谓家齐而国治也，亦可以见人心之所同而不可使有一夫之不获矣。是以君子必当因其所同，推以度物，使彼我之间各得分愿，则上下四旁均齐方正而天下平矣。
　　朱熹《大学章句·传十》针对"所恶于上……此之谓絜矩之道"诠释说：
　　恶、先，并去声。此覆解上文絜矩二字之义。如不欲上之无礼于我，则必以此度下之心，而亦不敢以此无礼使之。不欲下之不忠于我，则必以此度上之心，而亦不敢以此不忠事之。至于前后左右，无不皆然，则身之所处，上下、四旁、长短、广狭，彼此如一，而无不方矣。彼同有是心而兴起焉者，又岂有一夫之不获哉。所操者约而所及者广，此平天下之要道也。故章内之意，皆自此而推之。

【谨案】

　　朱熹认为，絜矩之道"民兴孝、民兴弟、民不倍"，既能够"上行下效，捷于影响""家齐而国治"，也能够"见人心之所同而不可使有一夫之不获"。有国之君子"因其所同，推以度物"，必定使"彼我之间各得分愿"就"上下四旁均齐方正而天下平矣"。絜矩之道的六个"所恶"之"上下、先后、左右"，阐释"己所不欲勿施于人""将心比心、推己及人"之大意，于是乎"所操者约而所及者广"而"无不皆然"，这就是"平天下之要道"。

【黎立武说】

黎立武《大学本旨》说：

上章言孝事君、弟事长、慈使众，此章言老老、长长、恤孤而民兴，家国天下，有出三者之外哉？《大学》发明絜矩之义，盖物则之公、道器之合，使人有所持循而求圣贤心法。以己度物曰絜、为方之则曰矩，上下四方，均齐方正，矩之至用也。道者，忠恕而已矣，尽己尽人。至诚，合内外之道，止至善者以之。

【谨案】

黎立武认为，《大学》所发明的"絜矩之义"，是"物则之公、道器之合"，让人"有所持循而求圣贤心法"。"以己度物"曰"絜"，"为方之则"曰"矩"，上下四方，无不"均齐方正"，这是"矩之至用"。"絜矩之道"就是"忠恕"，"忠恕"就是"尽己尽人"。"尽己"在前、"尽人"在后，此即"修己以敬、修己以安人、修己以安百姓"。"尽己尽人"则"诚身而至诚"而"止于至善"。

2.保民

《诗》云：乐只君子，民之父母。民之所好好之、民之所恶恶之，此之谓民之父母[1]。《诗》云：节彼南山，维石岩岩；赫赫师尹，民具尔瞻。有国者不可以不慎，辟则为天下僇矣[2]！《诗》云：殷之未丧师，克配上帝；仪监于殷，峻命不易。道，得众则得国、失众则失国[3]。

"有国之君主"成为"民之父母"的条件是"民之所好好之、民之所恶恶之"。有国之君主对此"不可以不慎"，否则"辟则为天下僇矣"。

---

[1] 《诗》云……此之谓民之父母：只：语助词。

[2] 《诗》云……辟则为天下僇矣：节：截。具：俱也。僇（lù）：侮辱。辟：僻。

[3] 《诗》云……失众则失国：峻命（jùnmìng）：大命、天帝或圣王的命令。

"民之所好好之、民之所恶恶之"，这就是"絜矩之道"、这就是"治国平天下"之道，得此道则"得众"，否则就"失众"，"得众则得国、失众则失国"。"絜矩之道"之于"民之父母"即朱熹言"以民心为己心"。"以民心为己心"就是"以百姓心为心"。《道德经》曰："圣人常无心，以百姓心为心。善者吾善之、不善者吾亦善之，德善；信者吾信之、不信者吾亦信之，德信。""德善、德信"是以"德"为核心的"善、信"，这是必须明明白白的，不能有丝毫含糊！"民之所好好之、民之所恶恶之"，这是阐释孔子的观点。

《论语·子路篇》记载：子贡问曰：

"乡人皆好之，何如？"子曰："未可也。""乡人皆恶之，何如？"子曰："未可也。不如乡人之善者好之，其不善者恶之。"

对一个人做出正确评价，并非易事。而孔子提出的原则很值得借鉴：不以众人的好恶作为依据，而以众人的善恶作为标准："善者好之，恶者恶之！"善人一致认为这个人是好人，而恶人却一致认为这个人是恶人。怎么确定谁是善人或恶人，这是前提。不是以人数的多少来判断好人或恶人的，而是以是非来判断好人或恶人。而把握是非不一定是人数的多少，核心要素是判断力的高低。判断力高的人往往是少数，因此对此必须慎之又慎，不能人云亦云！

"民心、百姓心、己心"是"道心、天心、良心"，不是"欲心、私心、偏心"，更不是"丧心病狂、利欲熏心"。中华文化是圣贤文化、中华治理是圣贤治理，所谓"贤者上、不肖者下"。不能误解圣贤治理"只讲仁、不讲礼""只讲道德约束、不讲规则管理"。"同民之好恶"是在"仁义礼智信"的基础讲的，不仅有高尚的道德约束还有严格的规则管理，"德治、法治"相互促进、相得益彰，"没有规矩不能成方圆"。"同民之好恶"不应该也不可能是人数的多少，而是天理之所在、人心之所向，是在明辨是非基础上的少数服从多数，真知总是最先被先知先觉发现并掌握的，因为任何真知都是主体认识客体的成果。

【朱熹说】

朱熹《大学章句·传十》针对"诗云……此之谓民之父母"诠释说：

乐，音洛。只，音纸。好、恶，并去声，下并同。诗小雅南山有台之篇。只，语助辞。言能絜矩而以民心为己心，则是爱民如子，而民爱之如父母矣。

朱熹《大学章句·传十》针对"诗云……辟则为天下僇矣"诠释说：

节，读为截。辟，读为僻。僇，与戮同。诗小雅节南山之篇。节，截然高大貌。师尹，周太师尹氏也。具，俱也。辟，偏也。言在上者人所瞻仰，不可不谨。若不能絜矩而好恶殉于一己之偏，则身弑国亡，为天下之大戮矣。

朱熹《大学章句·传十》针对"诗云……失众则失国"诠释说：

丧，去声。仪，诗作宜。峻，诗作骏。易，去声。诗文王篇。师，众也。配，对也。配上帝，言其为天下君，而对乎上帝也。监，视也。峻，大也。不易，言难保也。道，言也。引诗而言此，以结上文两节之意。

【谨案】

朱熹认为，"絜矩之道"就是"以民心为己心"，所以"有国者"能够"爱民如子"，而民众爱"有国者"也就像孩子之爱父母那样。"有国者"为人所瞻仰，不可不以絜矩之道规范其视听言动，否则"好恶殉于一己之偏"就会"身弑国亡"，为"天下之大戮矣"。

【黎立武说】

黎立武《大学本旨》说：

承上六者所恶而言。为君子者，当同民之好恶，若保赤子，心诚求之，故曰民之父母。夫贤者民之所同好，不贤者民之所同恶，惟用贤可以得民。无若尹氏之不平，惟得民可以永命，厥有殷监之不远。

【谨案】

黎立武认为：君子即"有国者"应该"同民之好恶"就像"保赤子"那样，"心诚求之"，所以"有国者"称之为"民之父母"。贤者能够"民之所同好"，"不贤者"只能"民之所同恶"，所以"有国者"只有"用贤可以得民"。

3.慎德

是故君子先慎乎德[1]。有德此有人，有人此有土，有土此有财，有财此有用。德者本也、财者末也，外本内末，争民施夺。是故财聚则民散，财

---

[1] 是故君子先慎乎德：【大学古本傍释】又说归身上，修身为本。

散则民聚。是故言悖[1]而出者亦悖而入，货悖而入者亦悖而出。

　　本段接着阐释"有国者不可以不慎"，所以言"是故君子先慎乎德"。君子即"有国者"，是关键少数，所以君子必须"有德"。"德"即"明德"，"有德"就是"明明德"，"明明德"之人即"有人"即君子即"有国者"。所以《大学》曰："有德此有人，有人此有土，有土此有财，有财此有用。""德者本也、财者末也"，否则"外本内末，争民施夺"，所以"财聚则民散，财散则民聚"，所以"悖而出者亦悖而入，货悖而入者亦悖而出"。"有人"即"有德之人"即"有国者"，是治国平天下之关键，这是中华文化传统文化之特色。

【朱熹说】

　　朱熹《大学章句·传十》针对"有天下者……有财此有用"诠释说：
　　先慎乎德，承上文不可不慎而言。德，即所谓明德。有人，谓得众。有土，谓得国。有国则不患无财用矣。德者本也、财者末也，本上文而言。外本内末，争民施夺。人君，以德为外、以财为内，则是争斗其民，而施之以劫夺之教也。盖财者人之所同欲，不能絜矩而欲专之，则民亦起而争夺矣。是故财聚则民散，财散则民聚。外本内末故财聚，争民施夺故民散，反是则有德而有人矣。是故言悖而出者，亦悖而入；货悖而入者，亦悖而出。悖，布内反。悖，逆也。此以言之出入，明货之出入也。自先慎乎德以下至此，又因财货以明能絜矩与不能者之得失也。

【谨案】

　　朱熹认为，上一节说"有国者不可以不慎"，所以此言"先慎乎德"。"德"即"明德"，"有人"即"得众、有土、得国"，"有国则不患无财用矣"。"德"是本，"财"是末，所以应该"固本兴元"，而不能"舍本求末"。如果外明德而内财货，就必然"争民施夺"。人君如果"以明德为外、以财货为内"，就是"争斗其民"，就是"施之以劫夺之教"。"争斗其民"即"怂恿民众相互争夺"即"挑起群众斗群众"，所以被朱熹称之为"施之以劫夺之教"。财货是常人之"所同欲"，必须"絜矩"之，否则民众必然"起而争夺"，所以《大学》曰："财聚则民散，财散则民聚。"无德无人就会出现"外本内末故财聚，争民施夺故

---

[1] 悖：逆、反。

民散"的情况，所以《大学》曰"悖而出者，亦悖而入""货悖而入者，亦悖而出"。慎乎德、明絜矩，"财散则民聚"，否则"财聚则民散"。"悖而出者亦悖而入"是起兴即陪衬句，"货悖而入者亦悖而出"才是要点或主题。《大学章句》曰："此以言之出入，明货之出入也。"《大学章句》不当曰"明货之出入"应当曰"明货之入出"，以便"货悖而入者亦悖而出"相一致。"财聚则民散"，言人君聚敛财富而民众离心离德、众叛亲离。

【黎立武说】

黎立武《大学本旨》说：

承上得众失众而明，理财之道在乎得民，得民之道在乎慎德。以德本言即修身为本之义，以财末言则外本内末，以致争夺之兴、聚散之失、出入之悖，又与前本末、治乱、厚薄之说相应。

【谨案】

黎立武认为："理财之道在乎得民，得民之道在乎慎德。"慎德之"德"即"修身为本"，即"得民之道"因为"修身"。"身修"而"民得"，"民得"而"财理"，得民为本、理财为末。如果"理财"外本内末，就会引起"争夺之兴、聚散之失、出入之悖"。这跟"两条例章"之"本末、治乱、厚薄之说相应"。

4.善道

《康诰》曰：惟命不于常。道，善则得之，不善则失之矣[1]。《楚书》曰：楚国无以为宝，惟善以为宝。舅犯曰：亡人无以为宝，仁亲以为宝。

"善道"说之"善道"，以"善"为"道"、以"恶"为"不道"。天之所命变化无常，所谓"惟命不于常"，其道就是"善则得之、不善则失之矣"。行善就能够顺应天之所命而受之，作恶就是违背天之所命而不受，受与不受，为善与恶之所因也。楚国以"善人以为宝"，亡人以"仁亲以为宝"，所宝之所以有所异，就是因时因地因情而异，而核心则是"惟此心之善否"，阳明所谓"善人只是全其心之本然者"。

---

[1]《康诰》曰……不善则失之矣：道：言、说。【大学古本傍释】惟在此心之善否，善人只是全其心之本然者。

【朱熹说】

朱熹《大学章句·传十》针对"康诰曰……不善则失之矣"诠释说：

道，言也。因上文引文王诗之意而申言之，其丁宁反复之意益深切矣。

朱熹《大学章句·传十》针对"楚书曰……惟善以为宝"诠释说：

楚书，楚语。言不宝金玉而宝善人也。

朱熹《大学章句·传十》针对"舅犯曰……仁亲以为宝"诠释说：

舅犯，晋文公舅狐偃，字子犯。亡人，文公时为公子，出亡在外也。仁，爱也。事见檀弓。此两节又明不外本而内末之意。

【谨案】

本段阐释"文王诗之意而申言之"，《楚书》"惟善以为宝"即"言不宝金玉而宝善人也"，舅犯"仁亲以为宝"即"言不宝金玉而宝仁亲也"。《楚书》之"宝善人"是举贤任能因以治国、舅犯之"宝仁亲"是凝聚人心以度难，面对的形势不同，所"宝"的对象不同，此即《康诰》"惟命不于常"。朱熹认为，"此两节又明不外本而内末之意"，"本"即"善人、仁亲"等，而"末"则是"金玉"等。

【黎立武说】

黎立武《大学本旨》说：

合前二节、三引经传以终其意而归之善。篇首言止于至善，诚意章言小人之不善、伪善，淇澳章言盛德、至善，至此又言善不善之得失与所宝者善人。善一也，或以诚中言、或以形外言、或以己言、或以人言，明与新同，所止也。曰惟善为宝、曰仁亲为宝，二宝字又因上货财论之，以明轻财、重德之意。

【谨案】

黎立武认为：这是把"治平章"之"保民说、慎德说"归结到"善道说"而"终其意而归之善"。"篇首言止于至善""诚意章言小人之不善、伪善""淇澳章言盛德、至善"，而"善道说"又言"善不善之得失"与"所宝者善人"，都在阐述一个"善"，其分别是"诚中言、形外言""诚己言、诚人言"。"惟善为宝"就"诚中言、诚己言"、"仁亲为宝"就"形外言、诚人言",此皆"惟命不于常"意,"道善则得之,不善则失之"。而"惟善为宝、仁亲为宝"之"宝""因上货财论之",以阐述"轻财、重德"之意。

5.进贤

《秦誓》曰:若有一介臣,断断兮,无他技,其心休休焉,其如有容焉[1]。人之有技若己有之、人之彦圣其心好之,不啻若自其口出,寔能容之,以能保我子孙黎民,尚亦有利哉!人之有技媢疾以恶之[2]、人之彦圣而违之俾不通,寔不能容,以不能保我子孙黎民,亦曰殆哉[3]!唯仁人放流之[4],迸诸四夷,不与同中国。此谓惟仁人为能爱人、能恶人[5]。见贤而不能举、举而不能先,命也;见不善而不能退、退而不能远,过也[6]。好人之所恶、恶人之所好,是谓拂人之性,菑必逮夫身[7]。

尊贤好士、礼贤下士,"人之有技若己有之、人之彦圣其心好之",人之箴言犹如己的心语、人之成功犹如己的成绩,这样就能够"保我子孙黎民"!此为能诚意者言。如果"人之有技媢疾以恶之、人之彦圣而违之俾不通",乃至傲贤慢士、嫉贤妒能,如此则"不能保我子孙黎民"!此为不能诚意者言。其所以"惟仁人为能爱人、能恶人"、唯仁人能够"见贤而能举、举而不先",这是天之所命、天性使然。仁人"见不善而不能退、退而不能远"乃至"一民不食以为耻、一夫不衣以为辱"。《孟子·万章上》有言:"伊尹耕于有莘之野,而乐尧舜之道焉……思天下之民,匹夫匹妇有不被尧舜之泽者,若己推而内之沟中,其自任天下之重如此。"这是人之本性所受,仁爱之心使然。如"好人之所恶、恶人之所好",这就是"谓拂人之性",灾害"必逮夫身"。

---

[1] 秦誓曰……其如有容焉:【大学古本傍释】此是能诚意者。

[2] 人之有技媢疾以恶之:【大学古本傍释】是不能诚意者。

[3] 《秦誓》曰……亦曰殆哉:断断:真诚。休休:宽厚。彦圣(yànshèng):善美明达。不啻(bùchì):不只、不止。媢疾(màojí):嫉妒。疾同嫉。俾(bǐ):使。寔通是:此、这。

[4] 唯仁人放流之:【大学古本傍释】仁是全其心之本然者。

[5] 唯仁人放流之……能恶人:迸:迸通屏:驱除。四夷:东夷、西戎、南蛮、北狄。

[6] 见贤而不能举……过也:命:怠慢。命为"慢"之误。

[7] 好人之所恶……菑必逮夫身:拂:逆、违背。菑:灾、灾难。逮:缠绕。

【朱熹说】

朱熹《大学章句·传十》针对"《秦誓》曰……亦曰殆哉"诠释说：

古贺反，书作介。断，丁乱反。媢，音冒。秦誓，周书。断断，诚一之貌。彦，美士也。圣，通明也。尚，庶几也。媢，忌也。违，拂戾也。殆，危也。

朱熹《大学章句·传十》针对"唯仁人放流之……能恶人"诠释说：

逆，读为屏，古字通用。逆，犹逐也。言有此媢疾之人，妨贤而病国，则仁人必深恶而痛绝之。以其至公无私，故能得好恶之正如此也。

朱熹《大学章句·传十》针对"见贤而不能举……过也"诠释说：

命，郑氏云当作慢。程子云：当作怠。未详孰是[1]。远，去声。若此者，知所爱恶矣，而未能尽爱恶之道，盖君子而未仁者也。

朱熹《大学章句·传十》针对"好人之所恶……菑必逮夫身"诠释说：

菑，古灾字。夫，音扶。拂，逆也。好善而恶恶，人之性也；至于拂人之性，则不仁之甚者也。自《秦誓》至此，又皆以申言好恶公私之极，以明上文所引南山有台、节南山之意。

【谨案】

朱熹认为，媢疾之人"妨贤而病国"，而"仁人必深恶而痛绝之"，这是因为仁人以其"至公无私"，所以"能得好恶之正如此也"。仁人之所以能"若此者"，因为仁人"知所爱恶"而"未能尽爱恶之道"，这是"君子而未仁者也"。其所以说人之性"好善而恶恶"，"拂人之性"者"不仁之甚者也"，这是因为"好恶"是"公私之极"。朱熹之"至公无私，故能得好恶之正如"，就人之共性言，所谓"率性之谓道"；朱熹之君子"知所爱恶矣""而未能尽爱恶之道"，就人之个性言，所谓"修道之谓教"。人之性乃天之所命，所谓天之性者也，而之于个体则有人之所受。天之所命则"人人皆可为尧舜"，人之所受则"尧舜才能为尧舜"。因此，人之所受有率性者、修道者之别。率性者尽性而穷理、修道者穷理而尽性，所行不一，而所致者则一，明明德止于至善者也。

---

[1] 命……未详孰是：当作"慢"或"怠"，"当作"为推测之意，无论是非，一种说法而已。

【黎立武说】

黎立武《大学本旨》说：

此一节又明用贤之可以得民。一贤用而众贤随、一不肖用而众贤违，如上所谓师尹之任尤所当慎。人才有真贤否？人心有公，是非好善、恶不善，当通天下好恶之公，此仁人之事也。其或贤不能举，勉循众心之所向而举之，又不先命以事任，如晋平公之尊亥唐[1]，天职弗共也。或不善不能退，知畏清议之不与而退之，犹循习其过举，如秦之诛商鞅，苛法固在也。是皆不能通天下之好恶，岂仁也哉？

又曰：

此书以好恶言至于六七，善与不善在乎？知所止、好善恶恶，在乎意之诚。诚意章恶臭好色之喻，专以尽其性言之，其后曰好知恶、恶知美，曰所令所好、曰民好好、民恶恶，兼尽己之性、尽人之性言之，盖至于好所恶、恶所好，则拂人之性，而尽己、尽人，两失之矣。噫！是不诚也，于止善何有哉？

【谨案】

黎立武认为："治平章"之"进贤说"阐释的是使用贤人"可以得民"的道理，所谓"一贤用而众贤随、一不肖用而众贤违"。人的贤与不贤，基于人心之公，"是非好善、恶不善，当通天下好恶之公"，这是"仁人之事"。进贤在于举贤才、退不肖，"通天下之好恶"就是"仁"。《大学》一书数曰"好恶"，明善恶、知所止，"在乎意之诚"。"诚意章"之"恶臭好色之喻，专以尽其性言之"，而其后"好知恶、恶知美""所令所好""民好好、民恶恶"，则"兼尽己之性、尽人之性"言，而至于"好所恶、恶所好"，就是"拂人之性"了，这样就"尽己、尽人"而"两失之矣"！"不诚"谈不上"善"，"诚"则"善"在其中！黎立武认为："恶臭好色之喻，专以尽其性言之。""如恶恶臭、如好好色"是"诚意"开章明义之所喻，所以黎氏认为"专以尽其性言之"。这跟"诚意"之"诚"是"所诚者、诚之者"和"诚意"之"意"是"心之本意"相一致，这是从"心、性"上说的。"如好好色"之"色"，是正色、中色，不能以邪色、偏色言。凡言"好色"曰"美

---

[1] 亥唐：晋国人。晋平公时，朝中多贤臣，但亥唐不愿为官，隐居穷巷，平公曾对他"致礼与相见面请事"，非常敬重。

色、美味"者，皆有所偏离！这是因为《大学》之"修身"或"明明德"是基本指导方针，一切都是在这种思想下的"视听言动"即"非礼勿视、非礼勿听、非礼勿言、非礼勿动"。这是就人之共性言。黎立武认为，"好知恶、恶知美"等"兼尽己之性、尽人之性言"，这是因这等"好恶"是落实在人之个体上的，所以有"尽己之性、尽人之性"之分。"人之共性"是天之所命，"人之个性"是人之所受，历代学人对此不甚明白，所以常常混淆之。黎立武虽然以此论之，可尚未发现黎氏这方面之具体论述。黎氏认为，"好所恶、恶所好"就是"拂人之性"，既不能"尽己"，也不能"尽人"，所以"两失之矣"。其所以如此，这是因为"好所恶、恶所好"完全背离了天之所命的"人之共性"。

6.忠信

　　是故君子有大道，必忠信以得之、骄泰以失之。生财有大道，生之者众、食之者寡、为之者疾、用之者舒，则财恒足矣。仁者以财发身，不仁者以身发财。未有上好仁而下不好义者也，未有好义其事不终者也，未有府库财非其财者也。

　　此为"治平章"之"忠信说"。君子之大道即治国平天下之大道，而治国平天下之道实现的途径必然是"忠信以得之、骄泰以失之"。此以"忠信"言，仅以"忠"与"信"之关系简言之。"忠信"是修身的功夫：仁之于君主即"忠"，之于朋友即"信"，之于自己即"忠"，之于他人即"信"，忠信是四端五常之已发，落实在事事物物上才能言之。事君之忠、事友之信等就是落实在事事物物上，而其中心是程颐之"尽己之谓忠，以实之谓信"。全心全意地践行才是"忠"，尽善尽美地完成才是"信"，必须无一毫之不尽。忠信不是二物，"忠"是从内出而无一不尽，"信"是出于外而无处不实。程颢曰："发己自尽为忠，循物无违为信。"从自己的心中言，无一不尽则曰"忠"；循外物之实言，无些虚违背则曰"信"。信之"循外物之实言"，有发言之实、论理之实、做事之实，说话言之有物、说理言之有据、做事言之有果。"忠信"之"信"之于"五常"之"信"，"五常之信"以心之实理言，"忠信之信"以言之实言，其层次有所差异，特别须明辨之。"诚"之于"忠信"皆言"实"，对言之即"诚"在于"自然之实"，"忠信"在于"人为之实"。就圣人言，忠信即诚，即"自诚明谓之性"，所谓天之道；就常人、贤人言，"忠信"乃"思诚"，即"自明诚之谓教"，所谓人之道。"诚"之于"忠信"，诚即天道、忠信即人道。"忠"之于"信"，忠即天道、信即人道。因此，"事君之忠"即"尽己之心以事君"，"谋人之忠"即"尽己之心以为人谋"，"与朋友交之信"即"以实而与朋友交"，"与国人交之信"即"以实而与国人交"，辨得清、看得透，忠信则无往而不通、无处而不在矣。

君子之大道"以忠信得之"，君子之大道统率"生财之大道"，而"财恒足"则在于"仁"和"义"。生财之道其法有四"生之者众、食之者寡、为之者疾、用之者舒"，其根在于"仁"还是"不仁"。"仁者以财发身，不仁者以身发财"，"上好仁而下好义"而"好义其事必终"，则"府库财恒足"。君子之大道"以忠信得之"，生财之大道以"仁义得之"，非"忠信"与"仁义"有所不同，主要是变换使用概念而已。"仁义"之于"忠信"，统言之"仁即义即忠即信""义亦即仁即忠信"，"仁义"即"忠信"，"忠信"即"仁义"。析言之："仁义、忠信"各有所属，而单言之"仁义"跟"四端、五常"之"仁义"，单言之"忠信"跟"五常"之"信"必有异焉。分而言之、通而思之，仁义，忠信必然条分缕析、统分自如，所谓举一反三、触类旁通，不赘述焉。

【朱熹说】

朱熹《大学章句·传十》针对"是故君子有大道……骄泰以失之"诠释说：

君子，以位言之。道，谓居其位而修己。治人之术，发己自尽为忠，循物无违谓信。骄者矜高，泰者侈肆。此因上所引文王、康诰之意而言。章内三言得失，而语益加切，盖至此而天理存亡之几决矣。

朱熹《大学章句·传十》针对"生财有大道……则财恒足矣"诠释说：

恒，胡登反。吕氏曰："国无游民，则生者众矣；朝无幸位，则食者寡矣；不夺农时，则为之疾矣；量入为出，则用之舒矣。愚按：此因有土有财而言，以明足国之道在乎务本而节，非必外本内末而后财可聚也。自此以至终篇，皆一意也。

朱熹《大学章句·传十》针对"仁者以财发身，不仁者以身发财"诠释说：

发，犹起也。仁者散财以得民，不仁者亡身以殖货。

朱熹《大学章句·传十》针对"未有上好仁而下不好义者也……未有府库财非其财者也"诠释说：

上好仁以爱其下，则下好义以忠其上；所以事必有终，而府库之财无悖出之患也。

【谨案】

《大学章句》认为，君子必须"以位言之"，"君子之道"之"道"即"居其位而修己"。君子"居其位"就必须"思不出位"。"位"是君子言行举止的基础。"思不出位"就是"在其位谋其政、不在其位不谋其政"，否则就是"越俎代庖"，就是"僭越"，就是"越权弄权"。君子"修己"内容很多，简言之则"明明德而止至善、诚意正心而修身"。治人之术即"忠信之道"。"忠"即"发己自尽"，"信"即"循物无违"。孔子曰"仁义礼信"，孟子曰"仁义礼智"，孔子言"信"寡言"诚"，孟子言"诚"而四端不言"信"。孔子之前或之时，很重视对外界的约束，所以用"信"；孔子之后，转而强化内在的约束，所以《大学》《中庸》《孟子》、周敦颐、张载、王阳明等都很重视"诚"。孟子"四端"之后有"五常"即"仁义礼智信"。"五常"被认为是董仲舒所扩充的，其实孔孟早已有之，董仲舒最多算梳理出了"仁义礼智信"。朱熹以"治人之术即忠信之道"，言"忠信"而不言"四端、五常"，为方便法门，并非"忠信"与"四端、五常"有所异焉。"释忠信云：盖至此而天理存亡之几决矣。是数言者，真有以契夫精一执中之旨，而古之欲明明德于天下者，舍是无以用其力也。"朱熹之"忠信之道"是"天理存亡之几决"的论断，被阳明弟子聂豹誉之为"契夫精一执中之旨，而古之欲明明德于天下者"，所谓"舍是无以用其力也"。"忠信"即"四端、五常"，而"五常"贯穿中华伦理，是中华文化传统价值体系之核心要素。"五常"之所以能够家喻户晓，这当得力于《三字经》记载："曰仁义，礼智信，此五常，不容紊。"

朱熹引用吕氏认为，"财恒足"的方法是"国无游民、朝无幸位、不夺农时、量入为出"以对应《大学》之"生之者众、食之者寡、为之者疾、用之者舒"。朱熹认为，这是"因有土有财而言"，目的是明白"足国之道在乎务本而节"，不是"必外本内末而后财可聚"。"务本"即致力于"农耕"，"务节"即不"养闲人"如"游民、幸位"等，相当于开源节流！仁与财的关系是："仁者以财发身"即"仁者散财以得民"，"不仁者以身发财"即"不仁者亡身以殖货"；"上好仁而下好义"所以"上好仁以爱其下则下好义以忠其上"，所以"事必有终而府库之财无悖出之患"。

【黎立武说】

黎立武《大学本旨》说：

此节又明理财在乎得民。大公至正之道，得之忠信者诚也，失之骄泰者不诚也，与上得众、失众、善不善之得失相应。生财亦有大公至正之道四焉：其或轻财以发身、或危身以徇货，此则仁、不仁之分。上仁则下义，民既知义，孰不毕力于所事者？凡府库惟正之供，何莫非民之出？所谓未有义而后其君者也。曾子论毅之士任、重道远而归之仁。然则身斯道之传，岂不以仁为己任？是书也，一言以蔽之曰：仁，盖一贯忠恕之全体、尽己尽物之全能，内圣外王之道也。止善之中，仁其大者，始之以君，止仁以至兴仁也、率仁也、仁亲也。如是为仁人、如是为仁者，又终之以上好仁，皆以君道言之。于国曰治，使民兴仁也。以机言者，下之人感发于孝弟慈之化，兴起其良心，如机之速，何有乎不治于天下？曰平所以仁民也。以矩言者，上之人求贤以安之、富民而教之，同好恶、通愿欲，若矩之为方，何有乎不平？皆仁之事也。然有诚焉，诚中、形外，而则动、则化，机之神也。心诚求之，而不中、不远，矩之妙也。寔自诚意始，仁诚两尽，《大学》之能事毕矣。

【谨案】

《大学本旨》认为："治平章"之"存诚"继续"明理财在乎得民"。大公至正之道，能够"得之忠信者"就是因为"诚"，而"失之骄泰者"就是因为"不诚"。这跟上面所说的"得众、失众、善不善之得失"等相对应。生财的"大公至正之道"即"轻财以发身"的为"仁"、"危身以徇货"的为"不仁"。"上仁则下义"，民众"知义"就会全力以赴做好自己的工作。国家府库的一切"惟正之供"，都是民众所提供的、所创造的。修身之道，以仁为本，上有仁，下有义，有义而后有君，无义则必无其君。《大学》一书，一言以蔽之曰："仁，盖一贯忠恕之全体、尽己尽物之全能、内圣外王之道也。"　"明明德、亲民、止至善",其中心就是"仁"。君主"始于仁、止于仁"乃至于能够"兴仁、率仁"而以仁亲民。以君道言,仁则爱人、好仁,为仁人、做仁事,克己复礼,天下归仁。以治国言,仁则使民兴仁。以"机"言,仁则使民感发孝弟慈以化其良心,乃至仁民而国治天下平。以絜矩之道言,仁则上之人"求贤以安之、富民而教之""同好恶、通愿欲"。君道言仁、治国言仁、以机言仁、以絜矩之道言仁,一个仁字,不同的角度、不同的事情有不同的说法,其实都是"仁之事"。"仁之事"的核心就是一个"诚"字,"诚于中、形于外","诚动而诚化",就是"机之神"。"心诚求之"有"不中、不远"的情况,这就是"絜矩之妙"。这些都是源自"诚意","意诚"则"仁诚两尽,《大学》之能事毕矣"。

黎立武曰"意诚"为"仁诚两尽"。其实"仁诚"非二,"仁"就"道、德、性"言,"诚"则就"道、德、理、性""主、客、认知、意念、中和"等言。"仁"是中华文化传统的基本概念,而"诚"是中华文化传统和天人诚学的核心概念,这是必须充分理解和牢记的。"仁"主要就"主体"之认知成果言,而"诚"就主体客体之关系及认知方法、认知角度、认知成果等言。

7.义利

孟献子曰:畜马乘不察于鸡豚、伐冰之家不畜牛羊、百乘之家不畜聚敛之臣,与其有聚敛之臣宁有盗臣。此谓国不以利为利、以义为利也[1]。长国家而务财用者,必自小人矣。彼为善之小人之使,为国家菑害并至,虽有善者,亦无如之何矣。此谓国不以利为利,以义为利也[2]。

---

[1] 孟献子曰……以义为利也:孟献子:春秋鲁国大夫,姬姓,孟氏,名蔑,谥献,史称孟献子。乘(shèng):四匹马拉的车子。伐冰之家:卿大夫以上的人,这些人死后有资格凿冰丧祭。伐,凿。

[2] 长国家务财用者……以义为利也:菑:同灾。本段"彼为善之小人之使,为国家菑害并至,虽有善者,亦无如之何矣",历代《大学》断句多为:"彼为善之。小人之使为国家,菑害并至,虽有善者,亦无如之何矣。"这种断句的"小人之使为国家"难以理解。"彼为善之小人之使,为国家菑害并至"的句子结构是:"彼为善之小人之使"是主语,"为国家菑害并至"是谓语。"为善之小人"即"聚敛之臣"。"彼为善之小人之使"相当于"那些聚敛之臣的被重用","为善之小人之使"的两个"之",相当于"的",在文言文中用来取消句子的独立性。"为善之小人之使"相当于《围炉夜话》中"存为善之心,不必邀为善之名"中的"为善之心、为善之名"。历代学人之所以误解此句,盖其原因恐在此。"彼为善之小人之使"跟"为国家菑害并至"具有因果关系。

　　此为"治平章"之"义利说"。"义利说"以孟献子之论为例阐释之。有"畜马乘之家、伐冰之家、百乘之家"等，家有不同，理财的方法不同，所以有"不察于鸡豚、不畜牛羊、不畜聚敛之臣"等"知止"之论。且对"百乘之家"要求更严，不仅"不畜聚敛之臣"而"与其有聚敛之臣宁有盗臣"。"聚敛之臣"跟"盗臣"相对，"聚敛之臣"为"百乘之家"聚敛财富，"盗臣"不为"百乘之家"聚敛财富，"聚敛"则"以利为利"，不聚敛则"不以利为利"。《春秋》责备贤者，《春秋》对"贤者"在道德上是高标准、严要求。这可以算是《大学》对《春秋》思想的继承。《新唐书·太宗本纪赞》所谓："《春秋》之法，常责备于贤者。"因此"国不以利为利、以义为利"。"长国家、务财用"，必须也必然使用有能力的理财之人。可那些"聚敛之臣"如果得到重用，就会给国和家都带来"灾害"，既危害了"国"也祸害了"家"。即使那些被任用的"聚敛之臣"能大量搜刮财富，也不可能"治国平天下"了，此之谓"亦无如之何矣"！因此，"国不以利为利，以义为利"！历代学人、呕心沥血，除了对"彼为善之小人之使，为国家菑害并至"有所误解外，而核心之"义利"关系，研究很深、传播很广！

【朱熹说】

　　朱熹《大学章句·传十》针对"孟献子曰……以义为利也"诠释说：

　　畜，许六反。乘、敛，并去声。孟献子，鲁之贤大夫仲孙蔑也。畜马乘，士初试为大夫者也。伐冰之家，卿大夫以上，丧祭用冰者也。百乘之家，有采地者也。君子宁亡己之财而不忍伤民之力，故宁有盗臣而不畜聚敛之臣。此谓以下，释献子之言也。

　　朱熹《大学章句·传十》针对"长国家而务财用者……以义为利也"诠释说：

　　长，上声。彼为善之，此句上下，疑有阙文误字。自，由也，言由小人导之也。此一节，深明以利为利之害，而重言以结之，其丁宁之意切矣。右，传之十章，释治国平天下。此章之义，务在与民同好恶而不专其利，皆推广絜矩之意也。能如是则亲贤乐利、各得其所而天下平矣。凡传十章：前四章统论纲领指趣，后六章细论条目功夫。其第五章乃明善之要、第六章乃诚身之本，在初学尤为当务之急，读者不可以其近而忽之也。

【谨案】

朱熹以"孟献子曰：畜马乘不察于鸡豚……此谓国不以利为利，以义为利也"《大学章句·传十》，分为"孟献子曰……以义为利也""长国家而务财用者……以义为利也"诠释之。《大学章句》认为："伐冰之家、百乘之家"等各有财富来源，不能与民争利、与人夺理，所谓"君子宁亡己之财而不忍伤民之力""宁有盗臣而不畜聚敛之臣"，以献子之言为了阐述之。这一章在于"深明以利为利之害"，所言"重言以结之"，而"其丁宁之意切矣"，以"释治国平天下"。"治平章"的中心，要点就是"与民同好恶而不专其利"，目的在于"推广絜矩之意"。"与民同好恶而不专其利"就能够"亲贤乐利、各得其所，而天下平"。

《大学章句》谆谆告诫曰"凡传十章：前四章统论纲领指趣，后六章细论条目功夫。其第五章乃明善之要、第六章乃诚身之本，在初学尤为当务之急，读者不可以其近而忽之也。"朱熹所谓"十章"，皆立足于所篡改《大学》古本之《大学章句》，于其细处，朱熹时有发现发明，而对于《大学》之篇章结构则无不有杂乱无章之嫌。

【黎立武说】

黎立武《大学本旨》说：

章末又合用人、理财而论之。谓用贤则以得民为先、用小人则以聚财为急，此义利之判、治乱之分，若孟献子，诚贤矣。诚意章谓：小人闲居为不善，无所不至，见君子而后揜其不善而着其善，此所谓为善之小人，非恶其为善也，恶其不诚也。夫君子有诚，以欺为耻；小人饰伪，以欺为能。彼小人者，苟有不义之名则人弃之矣，惟其矫饰伪善，足以盗名欺世。有国家者，谓其为善而进之，一售其欺则患得患失，将无所不至，其流毒稔祸[1]，有不可救药者矣。此章于义利之界、君子小人之辨，最详而其终也。以意之不诚为深戒，有国家者可不谨诸！

【谨案】

《大学本旨》认为："治平章"之"末"把"用人、理财"合起来讨论。"用贤人"就"以得民为先"，"用小人"就"以聚财为急"，这是"义利之判、治乱之分"，如孟献子者，"诚贤"者也。诚意章曰："小

---

[1] 稔祸（rěnhuò）：酿祸。

人闲居为不善，无所不至，见君子而后揜其不善而着其善。"这说明，"所谓为善之小人，非恶其为善也，恶其不诚也"。君子因为"有诚"，所以"以欺为耻"；小人因为"饰伪"，所以"以欺为能"。那些卑鄙小人，"苟有不义之名则人弃之矣"，乃至"惟其矫饰伪善"，以达到"足以盗名欺世"的地步。拥有国家之君主，必定"为善而进之"，而"一售其欺则患得患失"，就会"将无所不至"，而"流毒稔祸"，乃至于"有不可救药者"。"治平章"之于"义利之界、君子小人"之辨，"最详而其终"。"治平章"以"意之不诚为深戒，有国家者可不谨诸"！以"义利"与"君子小人"说明"诚意"所言之"君子小人"，是历代学人之基本观点。

【孙奇逢说】

孙奇逢《大学近指》说：

上老老、上长长、上恤孤，总是修身以立教于天下。第天下大于国，须以心拟心。人之心，本无间于己，是以有絜矩之道。己之心，能不间于人，此之谓絜矩之道。好恶能絜矩则为民父母，辟则好恶任意，民心必失，众之得失，而国系焉，岂容不慎？慎德君子，是从独知、处慊、好恶之原而矩之所从出者。矩之絜于财用，最为吃紧。盖民之所欲在财、所恶在夺其财，民散而财焉可留？民聚而财将焉往？慎德君子，于本末内外、悖入悖出之际，即欲不慎不可得也。矩之絜于用人以理财者，更为吃紧。与贤者共理，则财下注，仁义孝弟慈之行生于世矣；与小人共理，则财上注，暴乱劫夺之俗盛于时矣。慎德君子，于所谓举而先、退而远，好人好而恶人恶者，即欲不慎不可得也。人主不能论相，则一人用舍之误，足以自祸其子孙；宰相不能好贤，则一念爱恶之偏，足以空人之家国。是以平天下之君子，必以其矩而絜之于用人、不能絜矩媚嫉之人也。于财用不能絜矩聚敛之臣也，是道也，必忠信方得。盖忠信是真实心矩之体也，即所谓诚意也。仁者便是忠信，不仁者便是骄泰。仁者以财发身、以义为利也，不仁者以身发财、以利为利也。此章只总注与民同好恶而不专其利一句括尽。朱子曰：絜矩不是外面别有个道理，只便是前面正心修身底推而措之。陈嘉善[1]曰：曾子传一贯，不言一贯而言絜矩，其义一也。在道则言

[1] 陈嘉善（约1121-1194）：字刚夫、行羽四、号瀍川居士，1166年中进士，知溧水，后官至监察使，以行台总史致仕。

一贯、在天下则言絜矩，此矩即从心所欲不踰之矩。圣人不必言絜言絜，则是忠恕，其于学者最可把捉，汤武反之亦是絜矩。胡云峰曰：义利之辨，《大学》之书以此终、《孟子》之书以此始，道学之传有自来矣[1]。

【谨案】

孙奇逢认为，以"修身立教于天下"，必定是"上老老、上长长、上恤孤"。天下大于国、国大于家、家大于身、身大于心，身分身体、身心，身心是身体之主宰，所以"以心拟心"。外人之心跟自我之心，本来没有任何距离，所以有"絜矩之道"。自己之心跟外人之心没有距离，这就是"絜矩之道"，所谓"人心同然"。如果能够"絜矩好恶"就能够"为民父母"，如果偏心就"好恶任意，民心必失"，而民心得失关系到国之兴衰，所以不得不谨之慎之。君子之慎德，必然从"独知、处慊、好恶"之原而"絜矩"之"所从出者"。"絜矩"之于"财"之用度"最为吃紧"，因为常人"之所欲在财、所恶在夺其财"，民心散、民众离，财不可留、不可用。所以慎德君子处于"本末内外、悖入悖出"之际，不得不谨之慎之。"絜矩"之于"用人"理财，"更为吃紧"，因为与"贤者共理"则"财下注，仁义孝弟慈之行生于世"，而与"小人共理"则"财上注，暴乱劫夺之俗盛于时"。"财下注"即把财富施之于民众以滋养，所以"仁义孝弟慈之行生于世"；"财上注"则把财富搜刮给君王以荒淫，所以"暴乱劫夺之俗盛于时"。慎德君子之所以"举而先、退而远""好人好而恶人恶"，这是因为形势所逼而不可不慎。人主因为"不能论相"就会出现"一人用舍之误"的现象，这"足以自祸其子孙"；宰相因为"不能好贤"就会出现"一念爱恶之偏"，这"足以空人之家国"。所以"平天下之君子"，务必"必以其矩而絜之于用人、不能絜矩媚嫉之人也"。"财用"是不能"絜矩聚敛之臣"的，"絜矩聚敛之臣"之道是必然是道之以"忠信"。"忠信"是"真实心矩之体"即"诚意"。"仁者"即"忠信"，"不仁者"即"骄泰"。仁者"以财发身、以义为利"，不仁者"以身发财、以利为利"。

这一章的中心就是一句话："与民同好恶而不专其利"。朱子曰：

---

[1] 孙奇逢自注：一经十传，只"修身为本"一句尽之，合"格物、致知、诚意、正心"而始为身之修、总"齐治均平"而始满修之量。此学之所以为大也，然其指趣既已无穷，而功夫自不容有间，故夫子曰：学而时习之。

"絜矩不是外面别有个道理，只便是前面正心修身底推而措之。"陈嘉善曰："曾子传一贯，不言一贯而言絜矩，其义一也。"以道言则曰"一贯"，以天下言则曰"絜矩"，"絜矩"之"矩"即"从心所欲不踰之矩"。圣人无须"言絜"，"言絜"就是"忠恕"，这样理解"于学者最可把捉"，"汤武"反之以革命也是"絜矩"之道。

胡云峰曰：《大学》最后之"义利之辩"，《大学》一文"以此终"，《孟子》一书"以此始"，"道学之传，有自来矣"。《大学》以阐述"义利之辩"而"卒章"，《孟子》以规劝梁惠王"不必言利"而"开章"，"卒章显志"以"义利"，"开章明义"以"义利"，孟子传曾子，所以有"道学之传，有自来矣"之说。

《大学义证》附篇

一、《学记》

【谨案】

《学记》，乐正克[1]撰。《学记》出自《礼记》之《小戴礼记》，全文1229字，篇幅短小、内容精湛，涉及以"学教"为中心的教育的作用、目的、制度、内容、原则、方法及师生关系、尊师重道等方方面面，是我国古代"学教"的思想和实践的高度概括。《学记》的政治基础是《大学》，哲学基础是《中庸》。《学记》"以其记人学教之义"，中心"通论学教"。附录"孔学五经"之《学记》原文于此以便深入理解《大学》之本旨。

《学记》

发虑宪求善良，足以謏闻，不足以动众；就贤体远，足以动众，未足以化民。君子如欲化民成俗，其必由学乎！玉不琢不成器、人不学不知道，是故古之王者建国君民，教学为先。《兑命》曰：念终始典于学。其此之谓乎！虽有嘉肴弗食不知其旨也、虽有至道弗学不知其善也，是故学然后知不足、教然后知困。知不足然后能自反也、知困然后能自强也，故曰教学相长也。《兑命》曰：敩学半。其此之谓乎？古之教者，家有塾、

---

[1] 乐正克（约前300—前200）：姓乐正名克，祖上是学官，战国时鲁国人，思孟学派重要人物，孟轲弟子。《礼记·王制》记载："乐正，崇四术立四教。"乐正是职业，乐正克以为姓。战国儒分为八类，"乐正氏传《春秋》为道，为属辞比事之儒"即"乐正氏之儒"。乐正克所著《学记》，是著名的"学教"论专著。晋朝陶渊明《圣贤群辅录》记载有《八儒》，全文是：夫子没后，散于天下、设于中国，成百氏之源、为纲纪之儒。居环堵之室，荜门圭窦，瓮牖绳枢，的日而食，以道自居者，有道之儒，子思氏之所行也。衣冠中、动作顺，大让如慢、小让如伪者，子张氏之所行也。颜氏传诗为道，为讽谏之儒。孟氏传书为道，为疏通致远之儒。漆雕氏传礼为道，为恭俭庄敬之儒。仲梁氏传乐为道，以和阴阳，为移风易俗之儒。乐正氏传《春秋》为道，为属辞比事之儒。公孙氏传易为道，为洁净精微之儒。

党有庠、术有序、国有学。比年入学，中年考校。一年视离经辨志、三年视敬业乐群、五年视博习亲师、七年视论学取友，谓之小成。九年知类通达、强立而不反，谓之大成。夫然后足以化民易俗，近者说服而远者怀之。此大学之道也。《记》曰：蛾子时术之。其此之谓乎！大学始教，皮弁祭菜示敬道也、《宵雅》肄三官其始也、入学鼓箧孙其业也、夏楚二物收其威也、未卜禘不视学游其志也、时观而弗语存其心也、幼者听而弗问学不躐等也，此七者教之大伦也。《记》曰：凡学，官先事、士先志。其此之谓乎！大学之教也，时教必有正业、退息必有居学。不学操缦不能安弦、不学博依不能安诗、不学杂服不能安礼、不兴其艺不能乐学，故君子之于学也，藏焉修焉、息焉游焉。夫然故安其学而亲其师、乐其友而信其道，是以虽离师辅而不反也。《兑命》曰：敬孙务时敏，厥修乃来。其此之谓乎！今之教者，呻其占毕，多其讯，言及于数进而不顾其安，使人不由其诚、教人不尽其材。其施之也悖、其求之也佛，夫然故隐其学而疾其师，苦其难而不知其益也。虽终其业，其去之必速。教之不刑，其此之由乎！大学之法，禁于未发之谓豫、当其可之谓时、不陵节而施之谓孙、相观而善之谓摩，此四者，教之所由兴也。发然后禁则扞格而不胜、时过然后学则勤苦而难成、杂施而不孙则坏乱而不修、独学而无友则孤陋而寡闻，燕朋逆其师、燕辟废其学，此六者，教之所由废也。君子，既知教之所由兴、又知教之所由废，然后可以为人师也。故君子之教喻也，道而弗牵、强而弗抑、开而弗达。道而弗牵则和、强而弗抑则易、开而弗达则思，和易以思，可谓善喻矣。学者有四失，教者必知之。人之学也，或失则多、或失则寡、或失则易、或失则止，此四者，心之莫同也，知其心然后能救其失也。教也者，长善而救其失者也。善歌者使人继其声，善教者使人继其志。其言也，约而达、微而臧、罕譬而喻，可谓继志矣。君子，知至学之难易而知其美恶，然后能博喻，能博喻然后能为师、能为师然后能为长、能为长然后能为君。故师也者，所以学为君也，是故择师不可不慎也。《记》曰：三王四代唯其师。其此之谓乎！凡学之道，严师为难。师严然后道尊，道尊然后民知敬学。是故君之所以不臣于其臣者二，当其为尸则弗臣也、当其为师则弗臣也。大学之礼，虽诏于天子无北面，所以尊师也。善学者，师逸而功倍，又从而庸之；不善学者，师勤而功半，又从而怨之。善问者如攻坚木，先其易者后其节目，及其久也，相说以解，不善问者反此。善待问者如撞钟，叩之以小者则小鸣、叩之以大者则大鸣，待其从容然后尽其声，不善答问者反此。此皆进学之道也。记问之学不足以为人师，必也听语乎！力不能问，然后语之。语之而不知，虽舍之可也。良冶之子必学为裘、良弓之子必学为箕、始驾马者反之车在马前，君子察于此三者，可以有志于学矣。古之学者，比物丑类。鼓无当于五声，五声弗得不和；水无当于五色，五色弗得不章；学无当于五官，五官弗得不治；师无当于五服，五服弗得不亲。君子曰：大德不官、大道不器、大信不约、大时不齐，察于此四者，可以有志于本矣。三王之祭川也，皆先河而后海，或源也、或委也，此之谓务本！

二、《心物论》

【谨案】

《心物论》，杨郁撰。《心物论》以中华传统文化文献有关"心即物"等有关经典阐释为线索，从发生论、认识论的角度论证心与物的同一性。主体为心，客体为心和物。主体是主体认知的主体，客体是主体认知的客体，是心物契合之存在。这是研读中华传统文化经典和"孔学五经"之锁钥，用这些观点去阅读经典，庶几可修可悟矣。

《心物论》

心为主体，道、天、理、性、物、心为客体，心即道道即心、心即天天即心、心即理理即心、心即性性即心、心即物物即心；客体之道与客体之天、理、性、物为一，道即天天即道、道即理理即道、道即性性即道、道即物物即道；客体之天与客体之理、性、物为一，天即理理即天、天即性性即天、天即物物即天；客体之理与客体之性、物为一，理即性性即理、理即物物即理；客体之性与客体之物为一，性即物物即性。中华传统文化经典之阐释揭示了中华文化传统之要义。主体之心即人心、客体因不同的角度曰道心至物心，简言则曰心与道或物。道或物是心之非彼无我、为心之所以存；心是物或道之非我无所取，为物或道之所以见。心即天、心即理、心即性、心即物，则心即道、天、理、性、物，物即心、物即性、物即理、物即天、物即道，则物即心、性、理、天、道。以心为主体、以物为客体，兹有《心物论》。由道生物而至心，就道之发生论：道无德有，道生德畜，道本德末，道体德用。道也者，生天生地，道者万物之究竟；德也者，玄鬼妙神，德者万物之个别。在道为道理、在德为德性。道以立人、循道为德。道者导也，无名无形，施之于德，不知不行，无为无不为；德者得也，有名有形，得之于道，知行合一，有为难尽为。德者道之所生、人之所受，于道曰道德、于天曰天德、于地曰厚德、于人曰仁德懿德，于三纲则曰明德。德分上德下德，上德在同一性、无善无恶，下德在差异性、有是有非。德生天地人，天地生万物。天之中，得于德曰天理；人之和，得于德曰人性。在天曰天理，在人曰人性。理是人、物之共理，性是人、物之分理。天理人性，物之共性；人性天理，人之共性。天理在物曰物理，人性在人亦曰人性。物理人性，物之个性；人性物理，人之个性。物理、天理源自德性，分言物性、天性。人之共性、个性皆曰人性，所以有混之者。天为名、理为实，人为名、性为实。天理人性，万物所用、人心所守。知天理，正人心。人有身，身体身心、天命人性。心，身体之主、人性之生。天命之性，无善无恶的至善至美。率性之道，尽性穷理，自诚明之性；修道之教，穷理尽性，自明诚之教。诚意、正心而修身，修身即尽性、慎独、明明德、致良知，身即性、独、明德、良知。性情有喜怒哀乐，未发曰中、已发曰和与不和。和曰率性、不和曰率情。诚意诚情，正心正情。道理德性、天理人性、物理，无善无恶；人之个性，无善无恶、有是有非。人之共性是自然性、社会性之大理，人人皆可为尧舜；人的个性是社会性之达德，富贵贫贱，三六九等，尧舜才能成尧舜。物之共性，物无贵贱，千差万别，自然而已。由心知物而至道，就心之认识论：天下万物生于有、天下之有生于无，道生天地人、人思天地道。伏羲一画开天地，宇宙因此有意思。人是万物之灵，人之为人，尊道贵德、循规蹈矩，克己复礼，天下归仁。人有五官，眼耳鼻舌心之视听言动思，为主体之所以认知；物分五行，天地鬼神之形色质量，为客体之所以存在。认知是主体作用于客体的感觉、记忆、想象的呈现，具有个别性特点存在；存在是客体作用于主体的感觉、记忆、想象的反馈，具体共同性特点。认知决定存在、存在反作用认知，认知是存在的认知、存在是认知的存在，认知度决定存在感、存在感反作用认知度。多修认知度、少刷存在感，宁愿有实无名、也不名不副实。心灵之思人之思，天地之知人之知。心之能思为主体、心之所思为客体，心物共存、主客互根。思之者为能指、所思者为所指，能指心之所思、所指心之所知。德者，人思有不及、人知有不明，言说为粗、意致为精。道者，绝对时空，无名无形、言说意致所不能至矣！道德、天人、物我之分焉，道理德性、天理人性、物理人性之别焉，此为方便法门。天地事物，有形无名，人因形质而名。万物皆有名，唯有道无名。人思在天为天理、人知在人为人性，道理天理物之理、德性人性人之性。人性出于德性、天理出于道理。无善无恶为上德上达、有是有非为下德下学。上德至善至诚、下德善恶诚伪，上达至仁至孝、下学仁义孝悌。仁有不仁、义有不义，孝有不孝、悌有不悌。自然性人之身、社会性人之心。自然性以上德言则重在无善无恶、社会性以下德言则重在有是有非。五色五味，人性遮蔽；修身明性，明诚穷理。明诚不自欺、穷理不欺人。思善思诚，明诚诚明，诚意至善，诚身至诚。为道尊德性、为学道问学，为道损人欲、为学益见闻，为学去伪存真、为道惟精惟一。心者所以识物、物者心之所识，心物之识曰存在，舍此则为虚幻也。道德天人、四端五常，惟人之思乃知心物之不二也。心物同一者，心意同一、身心同一、物我同一、天人同一、道德同一，心即物、物即心，心物理一、一理物心，合主体客体认知者，惟诚而已。

三、《诚铭》

【谨案】

《诚铭》，杨郁撰。“诚”为天人诚学之核心概念，《诚铭》乃阐释《天人诚学铭》之大要，是为《心物论》之概括。熟读深思《诚铭》，学问思辨行，诚可明、可行也。

《诚铭》

诚者，实也、信也，自然之谓实、社会之谓信，诚于中形于外、不自欺不欺人，真实无妄之谓也。所诚者天之道，血气心知，智仁勇，诚明也；诚之者人之道，人伦日用，仁义礼，明诚也。诚惟自知，慎其独也。良知者即诚明，致良知即明诚。自诚明谓之性，明德明，生知安行，尽性穷理，率性之谓道；自明诚谓之教，明明德，学知利行、困知勉行，穷理尽性，修道之谓教。仁成己、知成物，不成无物、修己以诚。明善思诚修身、正心修己安人，诚意至善、诚身至诚，上达至善、上德至诚。诚是理，以命、道言；信是心，以性、德言。圣人之诚天之道，贤人之诚人之道。人之有诚实、人之应诚信，如天之有四季、地之有万物。诚者天之心、信者人之根，身心合一、知行合一、天人合一、物我同一、有无归一，惟精惟一、永执厥中！

四、《习铭》

【谨案】

《习铭》，杨郁撰。《大学》经世济民，《中庸》修身养性，《学记》以学教为中心，《习铭》以成效为标的，是为为学为道之次第、目标、方法、成效之融通。《习铭》共323字，围绕学而时习之，引经据典、娓娓道来，由浅入深、深入浅出，知仁勇自强不息，以此去研读《学记》《中庸》《大学》，久久为功、心知其意，庶几或不负古人之心、先生之意也哉！

《习铭》

习者，学习也，学而时习者也；铭者，铭刻也，刻骨铭心者也。学习是自我觉悟，读书如逆水行舟。有耻则可教、闻过则可贤，知学、好学、乐学，学而思、思而学，好学近乎知、力行近乎仁、知耻近乎勇。读一本好书，就是拜一位良师、交一位好友。书非未多读也，乃不精也，未得其心得滋味耳。学习以读书为主，读书以精读为主，精读以经典为主，经典以精深为主。书籍是人类进步的阶梯，经典是人类文明的高峰。精深精明有难度、博大高明见高度，难度决定高度、高度决定亮度、亮度决定深度和广度，只有博大精深，才能高屋建瓴、高瞻远瞩。居敬持志，循序致精，专心致志，精益求精。一书已熟，方读一书，熟能生巧、巧能生精、精能生神，出神入化、神出鬼没，巧夺天工，玉汝于成。以学之心入门、以教之心登堂、以著之心入室，可矣！读书者，学习也，学而后知不足；教书者，学习也，教而后知困；写书者，学习也，写而后知大困，是为学习中之学习也。

五、《师论》

【谨案】

《师论》，袁诚吾撰。袁诚吾名光智，多年习《大学》，虽烂熟于心仍觉看山是山、看水是水，未得其心得滋味，于是乎作《师论》以明师之名位、师之责任，以利学《大学》、习《大学》、教《大学》之便。

《师论》

古有退之《师说》，今又作《师论》，何也？《师说》之师乃能者为师之师，所谓先觉觉后觉、先知觉后知者，此仅就师之责任言也！《师论》之师则为人师之师，所谓太子之师者，此乃就师之名位言也！《师说》之师之不言师之名位而言师之责任，犹不明在其位而欲谋其政者也。师者德才兼备也，可居师之尊、处臣之卑，以先知觉后知、以臣位处君位、以启者发蒙者也，为师之难，明矣。位尊治人、位卑治于人，师者以治于人之位担治人之任，诚如易之重卦之三四，实乃进退维谷，如履薄冰焉。师如是、生反是，理之通也。师之位名定师之任事清，明乎此始明师道也。或师道尊严之高抬或好为人师之讥刺，盖不明乎此者也！明师者之名位，方能担师之任。传道授业解惑，特为学知者设也。传道者，明天理，天理为人之与生俱来者也。授业者，精见闻，见闻为人之后天习成者也。解惑者，解道之不明、业之不精者也。道为一、业为众，明道则业精，反之业之难精矣。明道则纲举目张，事半功倍。以业为的则舍本求末，舍西瓜而求芝麻，事倍功半者也。圣人之师立教，明道使之自易其恶、自至其中者也。明道者，《大学》其次第、《中庸》其标的、《学记》其方法、《习铭》其实效，孔子所谓立志乃至从心所欲也。明道之要在修己以敬，修己安人、安百姓、安天下也。修己以诚、以仁、以道，此乃为师者名、位之所在也，此乃天地君亲师、君亲在师之先也。明乎此，则师可为、道可传，《大学》可习也。《师说》之舍本求末、《师论》之不得已而为之，可矣！

跋

《大学义证》即将付梓，杨郁先生嘱我为"跋"，此实乃诚惶诚恐之至哉！

"跋"者，"后记"也，犹古人之"序"焉，有"卒章显志"意，非当今之"前言"意。清孙奇逢《大学近指》文末曰："《大学》之书以此终、《孟子》之书以此始，道学之传，有自来矣。"《大学》传孔子、孟子传曾子、程朱理学传孔孟，而陆王心学则是继承发展了程朱理学，《大学义证》，庶几可为继承发展之、发现发明之乎？

多年以来，我之醉心阳明心学乃至朝思暮想、废寝忘食，于是乎组建陕西省阳明学会，访阳明遗迹、拜天下名师，窃以为收获颇丰、受益匪浅。然中华文化之博大精深，阳明心学之高深玄奥，常有知其然不知其所以然之憾。

戊戌之秋，贵州龙场初晤杨郁先生，相见恨晚。先生戏曰："得天下之圣人而师之，一大福也；得天下之英才而育之，一大乐也。愿获大福乎？愿享大乐乎？"我答曰："愿获大福！"己亥夏月，我不远千山万水、不惧山高水险，亲赴贵州瓜木底求教于先觉者。先生不吝赐教，当头棒喝，茅塞顿开，听君一席话，胜读十年书！

临别先生令我审读、修改《大学义证》书稿以助学。阳明心学之发端，盖研读体验朱熹之《大学章句》也。一部《传习录》、一部《王阳明全集》，师生问答、诗词书信，随处可见"解《大学》之难题、述孔学之深意"。目前治"阳明心学"者，时时处处都在攻阳明所解之"《大学》之难题"，而其中对《大学》之基本含义不甚了了者大有人在。基本含义尚且不明白，就去攻难题、逐奥义，此必"舍本逐末，急功近利，急于求成甚至走火入魔"者也。欲登堂入室于阳明心学，《大学》这关非过不可、《大学》此坎非越不能。先生曾语曰：读书是学习，学而后知不足；教书是学习，教而后知困；写书更是学习，写而后知大困。《大学义证》之为书，盖中华文化传统之理论之要也，乃象牙上微雕四库全书之独门绝技，难乎其难。是书高扬"修身为本"之大旗，秉承"人人皆可为尧舜"之本旨，以"三纲六证两条例六条目"一以贯之，其惟煌煌也哉！历叙且论郑玄、孔颖达、"二程"、朱熹、黎立武、王阳明、憨山大师、孙奇逢等之呕心沥血之作。数月以来，逐字玩味、逐句咀嚼，诚有大获也，实乃"道在是矣"。《大学义证》阐述《大学》原文，评点学人论述，指出其发现、扩充其未尽，斧正其不足。《大学义证》于程朱理学、阳明心学着墨多、用功深，贯通中华文化传统核心观念和天人诚学基本思想，即主客、物我、心物同一。是书，正本清源、揭蔽纠偏，发现发明，时有叹为观止处。

孔子有"共学、适道、与立、与权"之说，"共学者"多而"适道者"寡，"与立者"罕见，"与权者"不闻焉。我等以为，"两条例六条目"之说、"格物格心格诚"之论、"明明德、诚意、正心"之辨，"诚意至善、诚身至诚"之析，足以正往圣、启来学。是书必将为中华文化之复兴、阳明心学之宏大，添砖加瓦，然矣。

狗尾续貂，言不及义，是为跋。

王海峰
己亥年冬于陕西省阳明学会